Guy Damian-Knight

I GING der Liebe
Das altchinesische Orakel für Partnerschaft und Ehe

Weitere Titel im Falken-Verlag:
„Chinesisches Horoskop" (G. Haddenbach),
„Aztekenhoroskop" (C. M. und R. Kerler),
„Das Superhoroskop" (G. Haddenbach),
„Frauenträume, Männerträume" (G. Senger).

CIP-Kurztitelaufnahme der Deutschen Bibliothek

Damian-Knight, Guy:
I Ging der Liebe: d. altchines. Orakel für
Partnerschaft u. Ehe / Guy Damian-Knight. [Aus
d. Engl. übers. von Inge Uffelmann].
Niedernhausen/Ts.: Falken-Verlag, 1986.
(Sachbücher)
ISBN 3-8068-4244-2
NE: I Ging

ISBN 3 8068 4244 2

© 1986 by Falken-Verlag GmbH, 6272 Niedernhausen/Ts.
© der Originalausgabe 1984 by Blandford Press, Great Britain
Titelbild: Aquarell auf Seide (17. Jahrhdt., Sammlung Wang Fang Yu)
Umschlaggestaltung: Grafik Design-Studio Lothar Mielau
Übersetzung: Inge Uffelmann
Die Ratschläge in diesem Buch sind von Autor und Verlag
sorgfältig erwogen und geprüft, dennoch kann eine Garantie
nicht übernommen werden. Eine Haftung des Autors bzw. des
Verlages und seiner Beauftragten für Personen-, Sach- und
Vermögensschäden ist ausgeschlossen.
Satz: Studio Oberländer, Wiesbaden
Druck: Auer, Donauwörth

817 2635 4453 6271

Inhalt

Vorwort und Danksagung	7	Hexagramm 12	
		Oberflächlichkeit	68
Einleitung	9	Hexagramm 13	
Was ist das I Ging?	9	Weltfrieden	72
Wie man dieses		Hexagramm 14	
Buch benutzt	9	Reichtum	78
Wie Sie Ihr Hexagramm		Hexagramm 15	
erhalten	11	Bescheidenheit	82
Die Linien	12	Hexagramm 16	
Allgemeine		Harmonischer	
Vorbereitungen	13	Zusammenklang	86
Die Fragen	14	Hexagramm 17	
		Gegenseitigkeit	92
Hexagramm 1		Hexagramm 18	
Das Schöpferische	15	Arbeit an Verdorbenem	98
Hexagramm 2		Hexagramm 19	
Das Empfangende	21	Die offene Tür	102
Hexagramm 3		Hexagramm 20	
Anfangsschwierigkeiten	27	Weltanschauung	107
Hexagramm 4		Hexagramm 21	
Unerfahrenheit		Entschlossenheit zur Tat	112
der Jugend	32	Hexagramm 22	
Hexagramm 5		Ästhetik	117
Geduld	37	Hexagramm 23	
Hexagramm 6		Trennung	122
Toter Punkt	41	Hexagramm 24	
Hexagramm 7		Augenblick des	
Herausforderung	46	Übergangs	127
Hexagramm 8		Hexagramm 25	
Führung	50	Unschuld	132
Hexagramm 9		Hexagramm 26	
Eingeschränkte		In Schach	
Überzeugungskraft	55	gehalten werden	137
Hexagramm 10		Hexagramm 27	
Ernsthaftigkeit	59	Körperliche und geistige	
Hexagramm 11		Gesundheit	141
Frieden	64	Hexagramm 28	
		Unter Druck	146

Hexagramm 29		Hexagramm 50	
Zwielicht	*150*	Wertvolle Arbeit	*248*
Hexagramm 30		Hexagramm 51	
Glut des Herzens	*155*	Schicksalsschlag	*252*
Hexagramm 31		Hexagramm 52	
Natürliche		Zur Ruhe kommen	*256*
Anziehungskraft	*159*	Hexagramm 53	
Hexagramm 32		Entwicklung	*261*
Dauer	*162*	Hexagramm 54	
Hexagramm 33		Das heiratsfähige	
Strategischer Rückzug	*167*	Mädchen	*266*
Hexagramm 34		Hexagramm 55	
Führungsinitiative	*171*	Der randvolle Kelch	*270*
Hexagramm 35		Hexagramm 56	
Fortschritt	*175*	Der Reisende	*274*
Hexagramm 36		Hexagramm 57	
Drohende Schatten	*178*	Beeindruckbarkeit	*278*
Hexagramm 37		Hexagramm 58	
Die Familie	*183*	Freundschaft	*283*
Hexagramm 38		Hexagramm 59	
Opposition	*190*	Entwirrung	*287*
Hexagramm 39		Hexagramm 60	
Sackgasse	*195*	Beschränkung	*292*
Hexagramm 40		Hexagramm 61	
Genesung	*200*	Innere Wahrheit	*297*
Hexagramm 41		Hexagramm 62	
Äußerliche Armut	*204*	Überschwenglichkeit	*302*
Hexagramm 42		Hexagramm 63	
Spiritueller Reichtum	*208*	Erreichte Vollendung	*308*
Hexagramm 43		Hexagramm 64	
Persönlicher Mut	*212*	Letzte Vorbereitungen	*313*
Hexagramm 44			
Verführung	*218*	Tabellarische Übersicht	
Hexagramm 45		zum Auffinden	
Die Gruppe	*223*	der Hexagramme	*318*
Hexagramm 46			
Beginn des Aufstiegs	*227*		
Hexagramm 47			
Depression	*232*		
Hexagramm 48			
Der Brunnen	*236*		
Hexagramm 49			
Dynamik	*242*		

Vorwort

Das vorliegende Buch bietet eine neue Interpretation des großen Buchs der chinesischen Weisheit, des I Ging. Es ist meine Absicht, dieses bedeutende Werk einer modernen Leserschaft zugänglich zu machen, dabei aber zugleich dem Geist des I Ging, wie ich ihn verstehe, treu zu bleiben.

Während sich das I Ging mit allen Aspekten des menschlichen Lebens, mit menschlicher Erfahrung in all ihrer Vielfalt befaßt, habe ich mich in diesem Buch nur auf die Aspekte Liebe, Freundschaft und Partnerschaft beschränkt. Dieses Buch wird all jenen eine Hilfe sein, die ihre Beziehungen zu anderen Menschen – sei es in Liebe, Ehe oder Freundschaft – vertiefen wollen.

Danksagung

Richard Wilhelm und *Cary F. Baynes* bin ich zu Dank verpflichtet für ihre Übersetzung des I Ging (Routledge & Kegan Paul). Diese Übersetzung war mir bei der Arbeit an diesem Buch aufgrund ihrer inspirativen Kraft von unschätzbarem Wert. Auch die Schriften *C. G. Jungs* über das I Ging möchte ich erwähnen, besonders sein Buch »Seelenprobleme der Gegenwart«, das mir half, mich bei dem vorliegenden Buch auf die Liebe zu konzentrieren.

Außerdem möchte ich *Anthony Hudson* für seine freundliche Unterstützung bei der Arbeit an diesem Buch danken. Ohne

seine anstoßgebende Idee wäre diese Auslegung des I Ging niemals erschienen. Ich habe unendlich viel von seiner Zeit in Anspruch genommen, und er war immer bereit, sie mir freundlich und ohne Klage zu widmen – ganz im Sinne dieser Arbeit.

Dank auch *David Perkins,* der – weit über alles Pflichtbewußtsein hinaus – rechtzeitig letzte Vorbereitungen traf, Manuskriptseiten tippte, Witze riß und in jeder Hinsicht hilfreich war. Doch wofür sind Freunde schließlich da?

Dafür, daß Du mir deine elegante elektrische Schreibmaschine geliehen hast und für Dein Lachen am anderen Ende der Strippe – Tag und Nacht – sei auch Dir Dank, *Miles Hellon.*

Während des Sommers flüchtete ich mich in das Haus von *Bill* und *Margaret Torrington,* deren Gastfreundschaft, Herzlichkeit und Rücksicht mir ebenso halfen, mit der Arbeit fortzufahren, wie ihr Tee, der wunderbare Blick über den Hintergarten auf die See und das gelegentliche Quentchen Whiskey, das meine Geister wiederbelebte.

Es ist ganz unmöglich, hier all jene aufzuzählen, die mir nicht nur bei der Vorbereitung dieses Werkes, sondern auch schon in den vorausgehenden Jahren, in denen neue Erfahrungen zu neuen Einsichten führten, durch inspirative Einfälle und freundliche Zuwendung geholfen haben – manche taten es, ohne es zu wissen.

Besonders möchte ich *John Fuller* für seine vielen Ratschläge zur textlichen Ausgestaltung dieses Buches danken. Seine erste Befragung des I Ging, während wir an der Aufmachung dieses Buches arbeiteten, stand unter besonders günstigen Auspizien: Das Orakel warf das Hexagramm 48 – »Der Brunnen« – aus. Dieses Hexagramm beschreibt das I Ging selbst und die Rolle, die es in der Welt spielt.

Auch als die Idee geboren war, dieses Buch zu schreiben, schien es nur zu selbstverständlich, das I Ging dazu zu befragen. Anthony und ich fragten, ob ein solches Buch überhaupt geschrieben werden könne, ob es geschrieben werden sollte, und ob einem solchen Projekt irgend ein besonderer Wert beizumessen sei. Wir erhielten unsere Antwort mit Hexagramm 1 – »Das Schöpferische« – ohne sich wandelnde Linien. Dies war, zusammen mit dem Brunnen, das günstigste Omen, das wir uns für ein solches Vorhaben nur wünschen konnten.

Meiner Frau Debra gebührt natürlich meine größte Dankbarkeit und Liebe. Sie entwarf das Format, tippte das Manuskript in Reinschrift, redigierte und korrigierte die Fahnen und machte tausend Vorschläge zur Verbesserung des Werkes. Sie bewies bei dieser harten Arbeit unermüdliche Geduld.

Selbstverständlich bin ich allein verantwortlich für alle Fehler und Zweideutigkeiten, die sich trotz aller Mühe, sie auszumerzen, doch erhalten oder eingeschlichen haben.

In Liebe und Dankbarkeit
Guy Damian-Knight, London

Einleitung

WAS IST DAS I GING?

Das I Ging – auch das chinesische Buch der Wandlungen genannt – ist im Grunde ein Leitfaden. Es wurde von chinesischen Weisen als ein Orakel geschaffen, das jeder konsultieren konnte, der Hilfe oder Erleuchtung in jeder nur denkbaren Angelegenheit suchte. Die Weisheit des I Ging ist aus einer Zeit von vor über 3000 Jahren überliefert, das I Ging ist also älter als das Christentum und bildet die Grundlage zweier unterschiedlicher chinesischer Philosophien, des Konfuzianismus und des Taoismus. Seit seiner Erschaffung diente das I Ging Millionen von Menschen als Quelle geistiger, politischer und praktischer Hilfe.

Man sagt, bisher sei noch kein Mensch in der Lage gewesen, allein das ganze I Ging zu verstehen. Der Grund hierfür ist einfach: Die Reichweite, die Bandbreite der Weisheit des I Ging ist so groß, daß sie alle nur denkbaren Situationen in dieser Welt umfaßt, und das ist mehr, als ein einzelner Mensch leisten kann. Das I Ging ist einzigartig in seiner Weisheit und in seiner Bedeutung für alle Völker und Zeiten.

WIE MAN DIESES BUCH BENUTZT

Ursprünglich befragte man das I Ging, indem man Schafgarbenstengel immer wieder teilte und zählte. Heutzutage benutzt man der Einfachheit halber drei gleichartige Münzen. Diese Methode wird auch in diesem Buch angewendet.

Das I Ging umfaßt 64 Hexagramme, deren jedes aus zwei Halbzeichen oder Trigrammen besteht. Ein Hexagramm ist eine Gruppierung aus sechs (Hexa: griech./lat. = sechs) übereinanderliegenden Linien, die ungeteilt oder unterbrochen und sich wandelnd oder unbewegt sein können. Das erste Hexagramm beispielsweise, »Das Schöpferische«, sieht so aus:

Hexagramm 1
Das Schöpferische

Dieses Hexagramm besteht aus sechs ungeteilten Linien, auch Yang-Linien genannt.

Alle Linien dieses Hexagramms sind ungeteilt und wandeln sich nicht. (Auf die Bedeutung von unbewegten oder sich wandelnden Linien wird später noch eingegangen.) Im zweiten Hexagramm, »Das Empfangende«, sind alle sechs Linien geteilt:

Dieses Hexagramm besteht aus sechs geteilten Linien, auch Yin-Linien genannt.

Hexagramm 2
Das Empfangende

Jede der vier möglichen Linien

Yang
sich wandelndes Yang
Yin
sich wandelndes Yin

aus denen sich die Hexagramme zusammensetzen, hat einen Zahlwert. Um ein Hexagramm zu erstellen, müssen Sie gleichzeitig drei gleichartige Münzen werfen, für jede Linie einen Wurf. Die unten abgebildete Werttabelle zeigt, wie die Linien aussehen, und welcher Zahlwert ihnen zukommt. Jede Münze, die mit dem Kopf (Wappen, Revers) nach oben fällt, ist ein Yang und erhält den Wert 3. Die Zahl (das Avers) ist das Yin, ihm kommt der Wert 2 zu. Wenn man die Münzen wirft und dann ihre Werte addiert, erhält man eine Summe von entweder 6, 7, 8 oder 9. Die Abbildung macht dies deutlich:

Wurf	Zahlenwert	Linie
👤 👤 👤	(3 + 3 + 3) 9	——o——
👤 👤 ⑦	(3 + 3 + 2) 8	—— ——
👤 ⑦ ⑦	(3 + 2 + 2) 7	———————
⑦ ⑦ ⑦	(2 + 2 + 2) 6	——x——

Die Werte 6 und 9 zeigen sich wandelnde Linien an, die sich in ihr Gegenteil kehren werden. Bei der Niederschrift des Hexagramms markiert man eine sich wandelnde Yang-Linie, indem man einen Kreis in die ungeteilte Linie setzt. Die sich wandelnden Yin-Linien werden durch ein Kreuz im Zwischenraum gekennzeichnet.

WIE SIE IHR HEXAGRAMM ERHALTEN

Nehmen Sie drei gleichartige Münzen in die hohle Hand und schütteln Sie sie wie Würfel. Werfen Sie sie vor sich auf den Tisch oder den Boden. Wiederholen Sie diesen Vorgang sechsmal und zeichnen Sie die ermittelten Linien auf. Der erste Wurf ergibt immer die unterste Linie. Man zeichnet die Linien in zwei Trigrammen, also zwei Dreierpäckchen.

Beispiel:

Hexagramm 30 (Ausgangshexagramm)

Hexagramm 25 (Entstanden durch die sich wandelnden Linien 5 und 3 in ihr Gegenteil)

Beim Hexagramm 30 wandelt sich die erste Linie (Yang) nicht, auch nicht die zweite, vierte und sechste. Linie drei kam zustande, weil wir drei mal Kopf warfen (drei Yang), was einen Wert von neun ergibt und also eine sich wandelnde Linie. Dies ist in der Abbildung durch den Kreis auf der Linie angedeutet, das heißt, sie bewegt sich zu ihrem Gegenteil hin wie in Hexagramm 25 zu sehen. Linie fünf entstand durch den Wurf von dreimal Zahl (drei Yin), was einen Wert von sechs ergibt. Das X auf der geteilten Linie zeigt an, daß sie sich in ihr Gegenteil wandelt und zu einer ungeteilten Linie wird. Alle anderen Linien wandeln sich nicht, sie wurden unverändert in das neue Hexagramm übernommen. Hexagramm 25 ist das neue Hexagramm, das sich ergibt, wenn man der Aufforderung zur Wandlung in Hexagramm 30 folgt.

Haben Sie Ihr Hexagramm gezeichnet (und das zweite, das sich ergibt, wenn Ihr Hexagramm sich wandelnde Linien enthält), schlagen Sie in der Hexagrammtabelle auf Seite 318 nach. Die unteren Trigramme sind links in der senkrechten Spalte abgebildet, die oberen Trigramme laufen horizontal über die Tabelle. Suchen Sie nun die beiden Trigramme, die zusammen Ihr Hexagramm ergeben. Folgen Sie einer gedachten Linie von der senkrechten Spalte aus nach rechts und von der horizontalen Spalte aus nach unten. Im Schnittpunkt der gedachten Linien treffen Sie auf die Zahl des von Ihnen geworfenen Hexagramms. Unter der entsprechenden Zahl können Sie dann im Buch nachschlagen.

Beispiel

  } oberes Trigramm
} unteres Trigramm

Aufteilung des Hexagramms 1 in seine beiden Trigramme

Jedes Hexagramm gibt Antwort auf acht Fragen zu verschiedenen Bereichen menschlicher Beziehungen. Sie wurden für dieses Buch ausgewählt, weil sie die am häufigsten gestellten, wichtigsten Fragen im Zusammenhang mit Liebe, Ehe und Partnerschaft sind. Es mag sein, daß es genau eine der hier formulierte Frage ist, die Sie zur Zeit bewegt. Dann sollten Sie die Antwort des I Ging zu dieser Frage lesen und den Rat beherzigen. Doch kann es auch sein, daß die Situation verzwickter, die Frage komplexer ist. Dann empfiehlt es sich, die Antworten zu allen Fragen zu lesen, die Ihr Problem in irgendeiner Weise berühren.

DIE LINIEN

Jedes Hexagramm gibt also Antwort auf acht konkrete Fragen. Zusätzlich ist jeweils noch ein Abschnitt über die Linien aufgenommen. Die Linien sind von eins bis sechs numeriert, jede Linie und der dazugehörige Text bezieht sich auf die entsprechende sich wandelnde Linie Ihres Hexagramms. Schauen Sie sich noch einmal das Hexagramm 30 an: Es weist zwei sich wandelnde Linien auf, die dritte und die fünfte. Hätten Sie nun dieses

Hexagramm geworfen, würden Sie die Texte zu Linie drei und Linie fünf lesen, denn nur diese sind sich wandelnde Linien Ihres Hexagramms und nur sie haben hier Bedeutung.

Denken Sie aber daran, daß durch die sich wandelnden Linien auch ein neues Hexagramm entsteht. Schlagen Sie auch unter diesem Hexagramm im Buch nach und lesen Sie die Antworten zu Ihren speziellen Fragen. Die Linien haben in diesem Hexagramm dann allerdings keinerlei Bedeutung. Die Linien werden übrigens immer von unten nach oben gezählt, die unterste Linie ist die erste und die oberste die sechste.

ALLGEMEINE VORBEREITUNGEN

Bevor Sie das Orakel befragen, sollten Sie sich um die richtige Einstellung zur Sache bemühen. Setzen Sie sich in einen bequemen Sessel oder auf den Fußboden und entspannen Sie sich. Schließen Sie die Augen und machen Sie ein paar tiefe Atemzüge.

Wenn Ihr Kopf klar ist und Sie sich entspannt fühlen, konzentrieren Sie sich ganz auf die Frage oder die Fragen, die Sie stellen wollen. Versuchen Sie, sich die Situation genau vorzustellen.

Manche Leute schreiben sich die Fragen, die sie stellen wollen, auf, weil es ihnen hilft, sich darauf zu konzentrieren. Sie werden bald selbst herausfinden, welche Methode für Sie am geeignetsten ist.

Es ist übrigens nicht nötig, daß Sie sich während der ganzen Zeit, in der Sie die Münzen werfen, auf die Fragestellung konzentrieren. Es mag sogar sein, daß Sie es als hilfreich empfinden, an nichts zu denken.

Werfen Sie die Münzen, die sie zunächst in der hohlen Hand geschüttelt haben, und verzeichnen Sie jede Linie, bis das Hexagramm vollständig ist.

Nun lesen Sie den entsprechenden Text ganz für sich allein ruhig und konzentriert durch. Sie werden feststellen, daß sich Ihre Gedanken und Gefühle automatisch mit der gebotenen Hilfestellung verbinden.

Es ist die große Kunst des I Ging, daß es zu unserem innersten Herzen sprechen kann. Sie werden sehen, wie Ihre Selbsterkenntnis Schritt für Schritt wächst. Aber das kann man nicht beschreiben, diese Erfahrung muß jeder selber machen.

DIE FRAGEN

In der Liebe und in der Ehe können unzählige Probleme zwischen Menschen entstehen. Es gibt keine narrensichere Methode, um das ganze Feld möglicher Konflikte abzudecken. In diesem Buch wurde deshalb der Weg eingeschlagen, bestimmte Fragen so zu stellen, daß sie so viele Situationen wie nur möglich umfassen. Es kann sein, daß der Leser seine Situation mit einer oder mehreren Fragen verknüpfen kann. Jede einzelne Frage wurde so formuliert, daß sie die wichtigsten, entscheidensten Angelegenheiten des Herzens berührt.

So kann beispielsweise hinter all den Entschuldigungen und Selbstrechtfertigungen, die wir uns ausdenken, wenn wir über unsere Gefühle für andere nachdenken, die ganz einfache Frage stehen: »Liebt mich dieser Mensch« oder »Was ist mein eigentlicher Herzenswunsch?« Deshalb sind die acht Fragen zu Liebe und Ehe in diesem Buch so einfach und grundlegend formuliert. Die verschiedenen »Antworten« des Orakels sind dafür um so ausführlicher.

Es ist immer gut, Fragen zu stellen, wenn man Probleme hat. Die bloße Frage ist zwar kein Garant für eine Antwort, doch liegt der Wert des Fragens in der Tatsache, daß sich der Verstand auf das Problem konzentrieren muß. Hierin liegt der erste Schritt für eine mögliche Antwort.

Wenn Sie versuchen, eine einzige, klare Frage aus Ihren Gedanken herauszulösen, werden Sie sehen, wie sich die Verwirrung löst: wenn Sie einen klaren Geist und Verstand haben, werden Sie für die Führung, die das I Ging bietet, empfänglich sein.

Hexagramm 1
DAS SCHÖPFERISCHE

Kreative Energie;
Schaffenskraft;
unerschöpfliche Aktivität

Dies ist das Hexagramm der Stärke, des Lichts, der Klarheit, der Kraft, des Gefühls, der Liebe, der Entschlußkraft, der schöpferischen Energie. Haben Sie dieses Orakel geworfen, stehen Sie in Einklang mit dem Willen des Universums. Sie haben die besondere Gabe der Einsicht und der geistigen Klarheit, Sie fühlen sich befähigt, Ihre Weisheit an andere weiterzugeben. Sie haben die Macht und die Kraft, Menschen zu erreichen, sie im innersten Herzen anzurühren. Es ist Ihre Natur, ständig inspiriert zu sein und andere zu inspirieren, sie auf neue geistige Pfade zu führen, ihnen die Augen zu öffnen, sie sanft aus Schlaf und Verwirrung zu wecken. Sie sind eine Führergestalt, die das Potential des Wachstums im individuellen Bewußtsein ebenso erkennt wie im sozialen und kulturellen. Sie haben die natürliche Fähigkeit, das Wesen der Dinge zu erfassen, und da die Kraft, die dieses Hexagramm beschreibt, sich aus der Macht und Kraft der Liebe des Universums herleitet, haben Sie auch die Kraft, die Anstrengung durchzustehen, die es kostet, andere mit Erkenntnis zu erfüllen und ihnen zu helfen. Im Rahmen des Orakels steht Ihnen die Möglichkeit offen, Höchstes zu erreichen. Für das Oberflächliche, das Überflüssige, das Unnötige und Mittelmäßige ist kein Raum.

Dies ist das Orakel eines weisen Menschen, der weiß, daß sein Leben den Gesetzen des Universums Ausdruck verleihen muß. Im Buch der Wandlungen gibt es kein Hexagramm, das deutlicher die

überragende Kraft zu ständiger Selbsterneuerung, Führerschaft und zum schöpferischen Ausdruck tätiger Liebe darstellt. Dies sind keine vorübergehenden Eigenschaften, sie liegen vielmehr in Ihrer Natur verankert. Intuitiv erfassen Sie die Kräfte des Guten und Bösen, die in der Welt wirken, und Sie erkennen die Notwendigkeit des Austauschs zwischen ihnen, da dies erst die Spannungen und Dynamik schafft, die der Motor aller Aktivitäten ist.
Sie haben unerschöpfliche Energie und eine Hingabe, die aus dem Herzen kommt. Sie üben starke, positive Einflüsse auf andere aus. Sie haben ein natürliches Verlangen, zu den höchsten Höhen der Erkenntnis und Liebe vorzustoßen und verfolgen es schonungslos. Sie spüren, wie die Kraft des Universums Sie durchdringt, und dies verleiht all Ihren Bestrebungen Herzensgröße.

1. Ist dieser Mensch der geeignete Partner für mich?

Die Antwort ist kurz und eindeutig: ja. Da aber in diesem Fall das Hexagramm als Ganzes gesehen werden muß, kann man zur Frage, ob Sie und Ihr Partner zusammenpassen, keine Einzelangaben machen. Es sei Ihnen deshalb geraten, den einleitenden Text genau zu lesen und diejenigen Passagen, die auf Ihre Situation besonders zutreffen, genau zu beachten. Es läßt sich aber sagen, daß die Frage nach der Vereinbarkeit von Ihnen und Ihrem Partner ganz allgemein sehr günstig zu beantworten ist. Sie sind es, dem die Verantwortung für die Führung und Ausgestaltung der Beziehung zukommt. Die Initiative für schöpferische Tätigkeiten geht im allgemeinen von Ihnen aus, Ihr Partner ist eher der Empfangende. Ohne einen derart aufnahmewilligen Partner würde Ihr kreativer Anstoß an Kraft einbüßen. Sie sollten sich darüber im klaren sein, daß die Rolle Ihres Partners für das Gedeihen Ihrer Beziehung von großer Bedeutung ist – er oder sie steht zu Ihnen im Verhältnis wie Yin zu Yang. Ihr Partner hat die Eigenschaften, die Ihnen fehlen und umgekehrt.

2. Liebt mich mein Partner?

Von denjenigen, die aus Ihrem Einfluß Nutzen ziehen, wird Ihnen eine besondere Liebe und Bewunderung entgegengebracht. Sie haben die Gabe, diese Liebe zu spiegeln und so andere zu höheren Sphären der Erleuchtung führen zu können.

3. Haben wir eine gemeinsame Zukunft?

Es scheint, daß Sie das Wesen der Zeit besonders gut erfassen können. Wenn Ihnen auch einige Geheimnisse der Zeit noch nicht enthüllt sind, so arbeiten Sie doch bereits an der vollen Erkenntnis, ohne sich dessen bewußt zu sein. Anfang und Ende, Leben und Tod, Vergangenheit, Gegenwart und Zukunft, Raum und Gedanke bilden ein Muster und umreißen eine eigene Kosmologie, die Ihnen ungeahnte Einsichten in die tiefere Bedeutung der »Freiheit« gewährt. Hierin liegt der Keim Ihrer Kreativität. Tief verborgen im Netzwerk des Lebens selbst brennt die Flamme der Erleuchtung. Die Kraft an der Quelle des Feuers zwingt Sie vorwärts, treibt Sie, durch Ihre Arbeit der Welt unbegrenztes Licht zu bringen.

4. Wie soll ich mich jetzt am besten verhalten?

Seien Sie immer bereit, Ihre Zeit, Energie und Inspiration zu teilen. Sie können Ihre Talente nicht besser nutzen, als wenn Sie sie durch schöpferische Arbeit und den direkten Kontakt in den Dienst derer stellen, die Erleuchtung suchen. Sie dürfen nicht ungeduldig sein. Sie müssen mit der tieferen Harmonie, die der alltäglichen Existenz zugrunde liegt, in Einklang bleiben. Seien Sie immer bereit, Ihren klaren Verstand zu nutzen und vergessen Sie nie, daß nur die spürbare Liebe Ihrer Arbeit Kraft und Bedeutung verleiht. Sie müssen eine ständige Quelle positiver Energie für andere sein, die weniger wissend sind als Sie.

5. Warum ist unsere Beziehung zerbrochen?

Dies ist kein Orakel eines Fehlschlags. Die sechs ungeteilten Linien deuten schöpferische Kraft, nicht Schwäche an. Nur ein Aspekt Ihres Wesens könnte Sie veranlaßt haben, sich Ihrem Partner zu entfremden: Ihre Tendenz, sich in die Abgeschiedenheit eines Elfenbeinturms zurückzuziehen, wodurch Sie den Kontakt zu denjenigen Bestandteilen Ihres Wesens verloren haben, die Ihr Leben und Ihre Arbeit rechtfertigen.
Sie sind ein Mensch von außerordentlicher Willenskraft und großer Stärke, und wenn Ihnen Ihr Partner in dieser Beziehung nicht ebenbürtig ist, so liegt die Verantwortung für jede Entzweiung allein bei Ihnen.

6. Werden wir wieder zusammenkommen?

Ihnen ist die Macht gegeben, zu beeinflussen und zu inspirieren. Sie haben die Energie zu unermüdlicher Hingabe, Liebe und Kreativität. Sie also haben den moralischen und geistigen Vorteil, den ersten Schritt zur Versöhnung tun zu können. Diese Chance sollten Sie nutzen. Tun Sie es nicht, kann das als Zeichen einer wachsenden Selbstüberschätzung gewertet werden, die Ihre schöpferische Kraft zu unterhöhlen droht. Sie müssen auf diejenigen zugehen, von denen Sie sich entfremdet haben. An Ihnen liegt es, die Initiative zu ergreifen. Sie müssen Ihre Einsicht lenken, Ihnen obliegt es, die Glieder wieder zusammenzuschmieden, die zerbrochen sind. Stimmen Sie Ihren Geist auf dieses Ziel ein, und Sie werden Erfolg haben, selbst unter widrigen Umständen, an denen andere scheitern würden.

7. Wie kann ich die Dinge wieder ins Lot bringen?

Ihre allerwichtigste Aufgabe im Leben besteht darin, Ihre Energie dazu zu nutzen, Ordnung aus dem Chaos zu schaffen. Dies erfordert schöpferische Einsicht, Weisheit, die Gabe, das Gute im Menschen zu erkennen, die intuitive Fähigkeit, Ihre Energien auf die richtige Sache zu lenken.
Ihr Leben lang streben Sie danach, Ihre Empfindungen zu verfeinern und ihnen künstlerisch Ausdruck zu verleihen. Durch das, was Sie in Ihrem Leben vollbracht haben, sind Sie mitunter in der Lage, über existierende Ordnungen und Strukturen hinauszuwachsen und neue Ordnungen, neue Strukturen zu schaffen, die ausgeklügelter, komplizierter sind und dennoch die Möglichkeit in sich tragen, zu größerer Klarheit zu führen. Sie haben die bemerkenswerte Fähigkeit, auf vielschichtige Probleme einfache Antworten geben zu können, die – im Rückblick – schon immer ganz offenkundig die richtigen Antworten gewesen sind. Sie haben die Potenz und Fähigkeit, diese Antworten zu erkennen und sie verständlich zu machen. Auf diese Weise formen Sie Ordnung aus dem Chaos; mit Hilfe dieses Talents lösen Sie jedes Problem, das sich Ihnen stellt.

8. Was erhoffe ich mir vom Leben?

Andere durch eigene schöpferische Erleuchtung zur Erkenntnis führen zu können. Die Auflösung der Dualität durch ein drittes, höheres Selbst ist ein schöpferischer Akt, der Einheit hervorbringt.

DIE LINIEN

Eins

Sie sind ein geduldiger Mensch mit großen inneren Werten. Noch ist Ihre Zeit nicht gekommen, doch sind Sie nicht durch oberflächliche Gedanken behindert. Sie sind ruhig, ehrlich und abwartend. Fürchten Sie nichts, Ihre Zeit wird kommen. Vergeuden Sie Ihre Energie nicht mit unnützen Ängsten. Verlassen Sie sich auf Ihre geistige Stärke, die Ihnen signalisieren wird, wann Ihre Energien ausreichen, Sie voranzubringen.

Zwei

Sie haben genügend gute Eigenschaften und ausreichend Energie. Sie sind talentiert, Sie haben einen guten Einfluß auf andere, dessen Wirkung nicht durch Gedanken an persönliche Anerkennung, Gewinn oder Lob getrübt wird. Diejenigen, die Ihren Sinn für das Schicksalhafte teilen, erkennen Sie an. Sie müssen sich Ihren Platz erobern, aber Sie werden ihn erringen.

Drei

Ihre Arbeit ist von Erfolg gekrönt und findet weite Zustimmung. Augenblicklich findet ein Aufstieg zu den höchsten Höhen statt, und deshalb sind Sie etwas besorgt, können schwer Ruhe finden. Lassen Sie sich in dieser verwundbaren Stellung nicht von der Großartigkeit dieses Übergangs blenden. Lassen Sie sich von der Macht und dem Einfluß, die Sie gewonnen haben, nicht Ihre schöpferische Energie beschneiden. Lassen Sie sich durch Gedanken an frühere Fehler und Illusionen, Fehlschläge und alten Groll nicht in die Falle locken. Achten Sie darauf, daß Ihre kreativen Kräfte nicht von unangemessenen, nur der Unterhaltung dienenden Gedanken unterhöhlt werden. Bleiben Sie vielmehr eingestimmt auf das klare Schicksal, das in Ihrer Arbeit umrissen ist.

Vier ———————⊖———————

Sie haben die Weggabelung erreicht. Sie können Ihrer schöpferischen Kraft öffentlich oder privat Ausdruck geben. Das Orakel bevorzugt keinen der beiden Wege, es gibt keinen Hinweis darauf, welchen Weg Sie wählen sollten, doch es läßt keinen Zweifel, daß der Weg, den Sie einschlagen, der richtige ist. Beide Pfade – der in die Öffentlichkeit, wie der ins Private – erreichen die Höhen und loten die Tiefen aus. Welchen Pfad Sie auch wählen, Sie müssen sich selbst bei allen Unternehmungen treu bleiben.

Fünf ———————⊖———————

Die Linie bestätigt, daß Ihre Stellung von großer Bedeutung und von Einfluß auf die Welt ist. Alle, die Ihrem Rat folgen, werden daraus für ihr Leben großen Nutzen ziehen.

Sechs ———————⊖———————

Diese Linie enthält eine strenge Warnung. Zügeln Sie Ihren unbändigen, unersättlichen Ehrgeiz; denken Sie ernsthaft über den Wert Ihres Lebens nach, sowohl in Bezug auf die Menschheit als Ganzes als auch in Bezug auf die Menschen, die von Ihnen Hilfe und Rat erwarten. Wegen Ihres übersteigerten Selbstwertgefühls geht alles schief. Sie haben Ihrem Ego erlaubt, mit Ihnen durchzugehen. Solche Umstände gehen einem tiefen Fall voraus. In dieser Lage können Sie keine Hilfe erwarten. Sie müssen Ihre Einstellung von Grund auf ändern.

Haben Sie in diesem Hexagramm sechs sich wandelnde Linien geworfen, so ändert sich »Das Schöpferische«, das Ihre Situation darstellt, in die von Hexagramm 2 – »Das Empfangende«. Die gemeinsame Kraft dieser beiden Hexagramme ist größer als die jedes einzelnen, denn hier ist die Stärke, die aus der Klarheit des Geistes erwachsen ist, mit der Stärke vereint, die aus der Reinheit des Herzens kommt. Wo sich Entscheidungsfähigkeit mit der Tat verbindet, ist die Leistungsfähigkeit gesteigert. Dies ist der Augenblick, in dem sich die Kräfte des Yang und Yin in vollendeter Harmonie befinden.

Hexagramm 2
DAS EMPFANGENDE

Ergebenheit;
Nachgiebigkeit;
schutzbietender Schoß

*D*er Mensch, der dieses Hexagramm wirft, ist das ideale Gegenstück des Menschen, den Hexagramm 1 – »Das Schöpferische« – beschreibt. Die Führungsqualitäten des einen wandeln sich hier zu einer fruchtbar-empfangende Qualität. Nachgiebige Anpassung nimmt die Stelle der anspornenden Initiative ein, mit dem Effekt, daß die lebendigen Kräfte Bedeutung erhalten. Als Ergänzung der schöpferischen Kraft gibt der empfangende Mensch Glanz und Wärme und fügt so eine weitere Dimension zur Realität des Lebens hinzu. Dies ist das Hexagramm der Erdenmutter und der Mutter Erde.

1. Ist dieser Mensch der geeignete Partner für mich?

Sie haben keinen Hang zur Unabhängigkeit. Sie entfalten sich am besten in der Rolle des helfenden, ergänzenden Partners. Sie müssen nicht unbedingt eine Frau sein, auch wenn Sie die für weiblich gehaltenen Eigenschaften Zärtlichkeit, Freundlichkeit und Anpassungsfähigkeit besitzen. Sie sind mit der Gabe gesegnet, die Energiereserven anderer in produktive Bahnen lenken zu können. Sie haben die Macht, einer Idee Schönheit zu schenken, einer Form Gestalt zu geben, einem Bild Farbe zu verleihen, der Musik Harmonie hinzuzufügen.

Ihre Fähigkeit ist die zu nähren, die Dinge wachsen zu lassen, andere zu bereichern und aus Ideen, Gefühlen und Gedanken etwas Reales zu machen. Es sind Leute wie Sie, die dazu beitragen, daß sich die positiven Kräfte in das Werk der Natur auf der Erde übersetzen. Die Bedeutung all dessen wird am klarsten, wenn Sie mit einem anderen zusammen eine Arbeit vollbringen – besonders mit Ihrem Partner.

Doch gibt es Zeiten, in denen Sie sich in sich selbst zurückziehen müssen, um mit sich und der Welt ins reine zu kommen. Dies ist die einzige Gelegenheit, bei der Sie ohne die Führung und Hilfe anderer auskommen. Ansonsten sind Sie ein kooperativer Mensch. Sie haben die verdienstvolle Fähigkeit, ganz besonders hart arbeiten zu können. Als Partner sind Sie hingebungsvoll und hoch geschätzt.

2. Liebt mich mein Partner?

Die Antwort lautet ohne Vorbehalte: ja. Auf tiefgreifende Weise brauchen Sie sich beide für Ihre gegenseitige Erfüllung, in Ihrer Arbeit ebenso wie in Ihren Gefühlen. Ihr Partner und Sie sind emotional voneinander abhängig. Ihre Beziehung kann reifen, wenn Sie beide aufhören, dem anderen den eigenen Willen aufzuzwingen, sich aber den Zugang zu den Gefühlen des anderen ohne Furcht vor Zurückweisung offenhalten.

3. Haben wir eine gemeinsame Zukunft?

Die gemeinsame Zukunft wird ein zunehmend erfüllendes Erlebnis sein. Sie beide werden Ihr individuelles Potential voll verwirklichen können und gleichzeitig den anderen bei diesem Bemühen nach Kräften unterstützen, Sie werden sich als Yin und Yang ergänzen. Die Zukunft hält die Möglichkeit für ein fruchtbares, freudiges Zusammenleben bereit.

4. Wie soll ich mich jetzt am besten verhalten?

Sie sollten alle Verhaltensweisen meiden, die als Starrsinn, Engstirnigkeit oder mutwillige Unbeweglichkeit ausgelegt werden könnten. Alles, was man als unempfängliche Geisteshaltung umschreiben könnte, ist abträglich. Dagegen sollten Sie gesteigerte Aufnahmebereitschaft zeigen: Gehen Sie auf alle positiven, freundlichen Impulse ein!

5. Warum ist unsere Beziehung zerbrochen?

Als eine Person, die »Das Empfangende« symbolisiert, stehen Sie in einer besonderen Beziehung zu Ihrem Partner, der das kreative Gegenstück zu Ihnen darstellt. Da Sie Ihrem Wesen nach eine sich zuneigende Person sind, eher gebend als nehmend, eher intuitiv als logisch, können sich nur dann Unstimmigkeiten in Ihrer Partnerschaft einstellen, wenn Sie Ihrem Partner gegenüber eine unangemessen starre Haltung einnehmen. Vielleicht waren Sie zu aggressiv, zu impulsiv oder haben sogar versucht, die Führung in der Beziehung zu übernehmen. All dies wirkt sich hinderlich aus, es erweckt in dem Partner Groll und Mißtrauen. Indem Sie diese energisch-draufgängerischen Züge Ihres Wesens an die Oberfläche kommen lassen, unterhöhlen Sie Ihre Partnerschaft. Das ist sehr schade, denn in vielerlei Hinsicht passen Sie gut zusammen.

6. Werden wir wieder zusammenkommen?

Da Sie und Ihr Partner sich von Natur aus ergänzen, ist eine Versöhnung sicherlich möglich. Ist die Trennung aus dem im vorhergehenden Abschnitt erwähnten Gründen zustandegekommen, so sollten Sie zu Ihrer natürlichen Wesensart – Ihren guten Eigenschaften – zurückfinden, und Sie werden sehen, wie positiv, warm und offenherzig Ihr Partner reagiert. Leiten Sie die Versöhnung ein. Es könnte auch sein, daß Ihr Partner den ersten Schritt tut und Sie damit auffordert, in Ihrer ureigentlich, anziehenden Art auf ihn einzugehen. Erwecken Sie in sich die Schönheit, die Harmonie und Milde, die Sie in die Beziehung eingebracht hatten, zu neuem Leben. Zweifeln Sie nicht daran, daß es gerade diese Eigenschaften sind, die Ihr Partner am meisten an Ihnen schätzt und die er jetzt vermißt.

7. Wie kann ich die Dinge wieder ins Lot bringen?

Folgen Sie dem Rat, eine Aussöhnung mit Ihrem Partner in der Ihrem Wesen entsprechenden Weise anzugehen. Sie können nichts falsch machen, wenn Sie die Probleme sanft anpacken. Sie sollten in jedem Fall zugänglich und offen sein. Der Erfolg ist Ihnen sicher, wenn Sie ehrlich sind und davon ausgehen, Ihren Partner zu verstehen und selbst verstanden zu werden. Es besteht kein Grund, sich der Dienste eines Mittelsmannes zu bedienen oder ungewöhnliche Wege der Kommunikation einzuschlagen. Sie können direkt auf Ihren Partner zugehen, vorausgesetzt, Sie verhalten sich Ihrem Wesen entsprechend, denn das ist es, was Ihr Partner erhofft und an Ihnen liebt.

8. Was erhoffe ich mir vom Leben?

Auf dem Gebiet der zwischenmenschlichen Beziehungen ist es Ihr Herzenswunsch, die ideale Ergänzung Ihres Partners zu sein. Ihre Freude erwächst aus der Umhegung des Lebenden, wenn Sie Ihren schöpferischen Ideen Form geben. Für Sie ist das Leben an sich ein bereicherndes Erlebnis.

*DIE LINIEN*_____

Eins ——— **X** ———   *Zwei* ——— **X** ———

Die Natur nimmt ihren Lauf. Der Winter kündigt sich mit den ersten Herbstfrösten an. Die ersten grünen Schößlinge sind Vorboten des Frühlings. Die ersten Zeichen des Verfalls weisen auf das nun Kommende hin. Schauen Sie, welche Jahreszeit ihre ersten Boten schickt, und treffen Sie die entsprechenden Vorsichtsmaßnahmen.

Wenn die empfangenden Eigenschaften in der richtigen Relation zu den schöpferischen Eigenschaften stehen, bilden beide zusammen eine natürliche, fast an ein Wunder grenzende dritte Dimension, die keine der beiden Eigenschaften allein hervorbringen könnte. Hier ist ein unveränderliches Naturgesetz symbolisiert, das sich aufs beste in der

Beziehung zwischen Yin und Yang spiegelt, zwischen den Kräften des positiven und des negativen, des männlichen und des weiblichen Prinzips.

Wenn sich diese beiden Gesetze in Ihrem Wesen spiegeln, geschieht – wie selbstverständlich – etwas Wunderbares: Taten – Ihre Taten – sprechen ohne Prahlerei, Gepränge und Förmlichkeit lauter als Worte. Ihre Arbeit wird um Ihrer selbst willen geachtet und bewundert, sie spricht für sich selbst. Für das, was Sie geleistet haben, brauchen Sie keine Anerkennung oder Beförderung. Sie haben es nicht nötig, nach offizieller Zustimmung für Ihre Leistung zu suchen.

Das Orakel empfiehlt, daß Sie jetzt so unauffällig wie möglich leben, daß Sie eine undurchdringliche persönliche Reserve aufbauen. Sie können sich dafür entweder in Einsamkeit und Isolation zurückziehen oder inmitten der Menge untertauchen. Welchen Weg Sie auch wählen, es soll eine Zeit sein, in der Sie sich unbemerkt und unerkannt bewegen.

Drei ———— **X** ————

Dies ist die Linie eines Menschen, der in seiner Arbeit erfolgreich ist, Anerkennung ist die natürliche Folge. Doch gibt es auch einen starken Hinweis darauf, daß Sie nicht für sich selbst die Trommel rühren und Aufmerksamkeit auf sich lenken sollten.

Suchen Sie auf keinen Fall Ruhm und Anerkennung um ihrer selbst willen. Ihre Talente und Fähigkeiten sind noch in der Entwicklung begriffen; Sie sollten sich Zeit lassen, um mit den Möglichkeiten, die sich Ihnen bieten, wachsen zu können. Lassen Sie sich nicht durch Eitelkeit vom Weg abbringen, lassen Sie allein den Wert Ihrer Arbeit Maßstab für deren Beurteilung sein.

Vier ———— **X** ————

Es ist eine ungünstige Zeit, Aufmerksamkeit auf sich zu lenken. Manche Menschen beneiden Sie schon, sind eifersüchtig auf Sie. Wenn wir unserem Herzen treu folgen, können uns solche unguten Haltungen im allgemeinen nichts anhaben, aber im Augenblick ist das nicht der Fall. Sie sollten deshalb darauf achten, daß die Aufmerksamkeit, die man Ihnen entgegenbringt, Ihre Ziele nicht fördert, auch wenn Sie sich das vielleicht wünschen. Im Augenblick ist es viel besser, »incognito« zu bleiben, unauffällig seine Arbeit zu verrichten.

Es ist gleich, ob Sie sich in die Einsamkeit zurückziehen, oder sich in der Menge verstecken. Es kommt darauf an, das falsche Lob fernzuhalten, indem man der Versuchung widersteht, Lob auf sich zu ziehen.

Fünf ——— X ———

Der Wert Ihrer Arbeit steht überhaupt nicht in Frage. Ob Sie gezwungen oder gebeten wurden, wichtige Verantwortungen in der Zusammenarbeit mit anderen zu übernehmen, ist gleichgültig; versuchen Sie aber auf jeden Fall, Ihre persönlichen Vorzüge zurückhaltend darzustellen, nur so wird sich jede Feinheit und Nuance Ihrer Fähigkeiten effektvoll mitteilen. Die Linie ist vielversprechend, wenn diese ausgezeichneten Eigenschaften andauern.

Sechs ——— X ———

Diese Linie weist auf einen unnatürlichen und unnötigen Konflikt zwischen den empfangenden und den schöpferischen Kräften hin. Der Rat, den das Orakel auf Frage fünf gibt, trifft auch hier zu – nur sind hier beide Elemente betroffen, beide leiden.

Es bietet sich das Bild der dunklen Kraft, die versucht, die starke Lichtkraft zu verdrängen. Eine dunkle Kraft möchte sich an die Stelle bringen, an der normalerweise eine helle Kraft steht. Die dunkle Kraft verletzt sich selbst, doch dabei auch die helle. Die Linie zeigt eine bewußte Behinderung eines natürlichen Prozesses an. Das dunkle Element wird schließlich überwältigt, doch der Preis ist hoch.

Hexagramm 3
ANFANGSSCHWIERIGKEITEN

Rascher Wandel;
Chaos und neuer Beginn

1. Ist dieser Mensch der geeignete Partner für mich?

In bezug auf Ihren Partner ist dieses Orakel recht günstig. Doch sind es nicht so sehr die Eigenschaften und Charakterzüge des Partners, die ins Blickfeld rücken, als vielmehr die Umstände, unter denen Sie und Ihr Partner leben. Die äußeren Umstände färben das Bild, das Sie sich von den Menschen machen.
Augenblicklich haben Sie eine schwere Zeit durchzustehen, denn es kommen große Veränderungen auf Sie zu. Alles um Sie herum ist in Bewegung, die Dinge ändern sich und alles geschieht sehr schnell. Der Weg zu ganz neuen, ja ungeahnten Möglichkeiten wird geebnet, doch ist in den Strömungen, die Sie spüren, noch nichts Endgültiges festgelegt. So viele Einzelheiten spielen eine Rolle, daß es unmöglich ist, sie jetzt in ein überschaubares Muster zu ordnen. Doch das Orakel deutet an, daß hinter all der verwirrenden Aktivität eine klare Ordnung steht. Das plötzliche Auftauchen Ihres Partners in dieser verworrenen Situation mag der Grund für das offensichtliche Chaos sein, aus

dem aber neue Möglichkeiten erwachsen. Alle Anzeichen sind positiv. Ein Neuanfang ist ein positiver Gedanke, obgleich er anfangs neue Probleme mit sich bringt – Sie und Ihr Partner sind von Anfangsschwierigkeiten umgeben.

2. Liebt mich mein Partner?

Es ist im Augenblick nicht möglich, die Frage eindeutig zu beantworten. Es ist einfach noch zu früh für eine Antwort. Doch wenn gerade diese Frage Sie am meisten bewegt, so sollten Sie sie im Gedächtnis behalten, während Sie andere Probleme lösen, die jetzt auftauchen. Beobachten Sie mit wachen Sinnen und hüten Sie sich vor einer verfrühten Entscheidung hinsichtlich Ihrer Beziehung, es ist noch alles offen.

3. Haben wir eine gemeinsame Zukunft?

Da dieses das Orakel der Geburt, des Anfangs ist, und es sich deshalb auf Dinge bezieht, die noch im Fluß sind, ist es sinnvoll anzunehmen, daß die Basis für eine gute gemeinsame Zukunft durchaus gegeben ist. Voraussetzung ist, daß die Anfangsphase befriedigend durchlaufen wird. Wenn Sie die momentanen Probleme nicht nutzbringend überwinden, wird sich Ihre Zukunft auf eine andere Basis gründen müssen, die neue Umstände, vielleicht sogar die Bekanntschaft mit neuen Menschen mit sich bringt. Das Orakel deutet an, daß der Prozeß noch nicht abgeschlossen ist, ja, Sie stehen gerade erst am Anfang; in diesem Sinne sollten Sie sich im voraus wappnen. Wenn Sie diesem Rat folgen, wenn Sie für alles gewappnet sind, haben Sie allen Grund, optimistisch in die Zukunft zu blicken.

4. Wie soll ich mich jetzt am besten verhalten?

Wenn Sie mit Schwierigkeiten konfrontiert sind, von denen Sie glauben, daß Sie sie nicht allein bewältigen können, dann müssen Sie eine demütige Haltung einnehmen und die Hilfe und den Rat anderer suchen. Das Orakel deutet an, daß Sie Ihre Probleme kaum ohne solche Hilfe lösen können; Sie müssen also bereit sein, Unterstützung zu suchen und sich willig führen zu lassen.

5. Warum ist unsere Beziehung zerbrochen?

Da Sie sich schon lange darüber im klaren waren, daß die Situation schwierig ist, viel Umsicht und vor allem auch Unterstützung von anderen erfordert, kann es nur einen Grund für den Zusammenbruch Ihrer Beziehung geben: unangebrachte, unnötige Gewalt. Sind Sie gewaltsam vorgegangen, während Geduld angebracht gewesen wäre? Haben Sie die Probleme nur flüchtig überdacht? Haben Sie Einzelheiten vom Tisch gewischt, statt sie sorgsam zu beachten? Haben Sie wohlgemeinten, guten Rat unbeachtet gelassen? Jeder dieser Fehler kann zum Scheitern der Beziehung beigetragen haben.

6. Werden wir wieder zusammenkommen?

Wenn Sie bescheiden sind und sich der richtigen Führung anvertrauen, dann sind die Chancen für eine Versöhnung sehr gut. Nur Sie selbst können die Frage aus Ihrem Wissen und der Beobachtung Ihres Verhaltens heraus beantworten.

7. Wie kann ich die Dinge wieder ins Lot bringen?

Noch deutet sich nicht an, daß Sie bereits zu weit gegangen sind. Wäre dies der Fall, dann könnten Sie nichts mehr retten. Wenn Sie nicht zu rückhaltlos und ungestüm gehandelt haben, dann ist jetzt noch Zeit, die Hilfe anderer zu suchen und sich ihrer Führung in Demut anzuvertrauen. Nur so können Sie die Probleme überwinden.

8. Was erhoffe ich mir vom Leben?

Wegen der Vielzahl Ihrer momentanen Probleme fällt es Ihnen schwer, Ihre Aufmerksamkeit auf eine einzelne Sache zu konzentrieren. Doch läßt sich sagen, daß Ihr Bestreben dahin geht, gerade durch diese Schwierigkeiten zu befriedigender innerer Größe zu wachsen.

DIE LINIEN

Eins ———————O———————

Behalten Sie Ihr Ziel immer im Auge, welche Hindernisse auch immer sich Ihnen in den Weg stellen mögen. Doch brauchen Sie dazu die richtige Unterstützung und Sie sollten sie mit angemessener Demut und mit Respekt suchen.

Zwei ——————X——————

Alle möglichen Hindernisse tauchen auf. Sie sind überrascht, daß plötzlich eine neue Person aufgetreten ist, die Ihnen hilfreich entgegenkommt, der Sie aber zu Unrecht mißtrauen. Sie werden erkennen, daß Sie diese Person verkannt haben, dennoch lehnen Sie die angebotene Hilfe ab, weil es im Moment nicht die richtige Hilfe für Sie ist. Nach Jahren oder nach einem neuen Zeitzyklus werden Sie in der Lage sein, mit der richtigen Person, die die richtige Unterstützung bieten kann, eine Beziehung einzugehen.
Sie stehen in einer ganz besonderen und schwierigen Situation. Der Kern des hier gegebenen Rates lautet: Nehmen Sie nicht jede beliebige Hilfe an, seien Sie geduldig, warten Sie ab, bis die ganz genau richtige Hilfe geboten wird. Nur so wird sich das Problem in angemessener Zeit lösen. Die richtige Einstellung heißt jetzt: durch Urteilskraft gemilderte Demut.

Drei ——————X——————

Obgleich die Lage bei oberflächlicher Betrachtung nach verworrener Bewegung aussieht, unterliegt sie doch einer Ordnung. Diese Ordnung zeigt sich jetzt langsam. Gegenwärtig sind Sie noch nicht in der Lage, sich selbst erfolgreich durch alle Schwierigkeiten zu lotsen. Wenn Sie es versuchen, werden Sie scheitern. Der Rat des Orakels heißt deshalb: Suchen Sie eine Person, die weiß, wie die Klippen zu umschiffen sind.

Vier ——————X——————

Die Zeit ist reif zur Tat, doch fehlen Ihnen die Kraftreserven. Es ist keine Schande, um Hilfe zu bitten. Im Gegenteil, ein solcher Schritt ist ratsam und das Ergebnis wird höchstwahrscheinlich vorteilhaft sein, trotz eines gewissen Gefühls der Selbsterniedrigung.

Fünf ——— ❂ ———

Sie haben die richtigen Ideen –
und die bestmöglichen Motive –
doch die anderen um Sie herum
sind nicht aufnahmebereit. Sie
können nicht begreifen, was Sie
sagen oder tun möchten. Versuchen Sie nicht, sich mit Gewalt
durchzusetzen, es gibt andere
Mittel. Sie müssen erkennen, daß
diese Sache nicht ohne die Mitarbeit aller anderen zu verwirklichen ist. Um diese Mitarbeit zu
erreichen, müssen Sie erst einmal in sich selbst alle Zweifel
abbauen. Fahren Sie fort, hart
und unbeirrt an Ihrer Sache zu
arbeiten, und Sie werden sehen,
daß sich nach einer gewissen
Zeit die Situation ändert. Sie werden Ihre Vorstellungen mit der
Hilfe anderer weiterverfolgen
können. Wenn Sie dem Rat des
Orakels folgen, werden sich alle
Hindernisse auflösen.

Sechs ——— X ———

Mitunter geschieht es, daß ein
Mensch, der einer neuen Situation gegenübersteht, von
Schwierigkeiten geradezu überschwemmt wird. Sie stehen in
einer solchen Situation und fühlen sich wahrscheinlich recht
mutlos und niedergeschlagen.
Vielleicht haben Sie sogar schon
aufgegeben und sich mit Ihrer
Niederlage abgefunden. Kopf
hoch! Auf Regen folgt Sonnen-
schein. Das I Ging selbst erkennt
das unabänderliche Gesetz seines Namens an: »Buch der
Wandlungen«. Wenn es Ihnen
jetzt nicht gelingt, Ihre negativen
Gefühle durch die Kraft Ihres Willens in positive zu verwandeln,
so werden die Kräfte des größeren Wandels, dem Sie und alles
Leben unterliegen, über Ihr
Leben hinfluten, und wenn die
Zeit gekommen ist, werden Sie
die Erneuerung Ihres Herzens
erleben.

Hexagramm 4
UNERFAHRENHEIT DER JUGEND

Naivität;
Lehrling und Meister;
sich willig helfen lassen

1. Ist dieser Mensch der geeignete Partner für mich?

Dieses Hexagramm weist auf einen unerfahrenen, naiven Menschen hin, der auf die Wechselfälle des Lebens noch nicht reif und abgeklärt zu reagieren vermag, auf einen jungen Menschen, der noch viel über das Leben lernen muß, der aber vor allem noch nicht weiß, wie die Kräfte des Universums wirken. Der hier gemeinte junge Mensch ist nicht dumm, er ist nur unerfahren.
Das Orakel beschreibt eine besondere Beziehung, nämlich die zwischen Schüler und Meister. Es ist wichtig, daß Sie erkennen, daß Sie einer Führung bedürfen, weshalb Sie ohne alle Anmaßung von Ihrer Seite nach einem Menschen Ausschau halten müssen, der sich die Zeit nimmt, Sie zu lehren. Zwei Eigenschaften müssen Sie zur Schau stellen, um einen Lehrmeister auf sich aufmerksam zu machen: Geduld und Ehrerbietung. Sie müssen sich darüber im klaren sein, daß niemand verpflichtet ist, Ihnen zu helfen. Schließlich werden Sie einen Menschen finden, der Sie leitet. Sie müssen auf das, was er Ihnen sagt, gut hören und seinem Rat folgen.

Das Orakel gibt hier eine Warnung: Es spricht nur einmal! Weil Sie arglos sind, zieht Sie niemand Ihrer Fehler wegen zur Rechenschaft. Beziehungen halten, solange Sie es ernst meinen. Sie haben das Potential zur Erkenntnis, es entspringt Ihrer Unerfahrenheit und Ihrer Bereitschaft zu lernen, doch wird Ihnen der Rat erteilt, nicht über Gebühr viel zu fragen. Befragen Sie das I Ging nicht erneut, ehe Sie nicht gründlich über seine Antwort nachgedacht haben. Wenn Sie aus Unzufriedenheit heraus das Orakel zu oft bemühen, wird es Ihnen mit Schweigen begegnen. Mißbrauchen Sie die Geduld Ihres Lehrmeisters nicht. Er fühlt sich verantwortlich, Sie auf den rechten Pfad der Erkenntnis zu führen. Sie müssen bereit sein, an jedem Punkt dieses Weges Wissen aufzunehmen.

2. Liebt mich mein Partner?

Zwischen einem Lehrmeister und dem, der Kenntnis und Wissen sucht, besteht eine Beziehung besonderer Art. Vor allem im hier vorliegenden Fall gibt es daran keinen Zweifel. Wenn Sie sich gewissenhaft bemühen, ehren Sie damit die Ihnen entgegengebrachte Zuneigung am besten.

3. Haben wir eine gemeinsame Zukunft?

Die Zukunft beinhaltet die Möglichkeit der Weisheit. Wenn Sie und Ihr Lehrmeister zueinander passen, wird die Verbindung Früchte tragen. Es gibt keine Abkürzung zur Erkenntnis, Sie müssen – wie jedermann – alle Stadien durchlaufen. Vorausgesetzt, Sie meinen es ernst und geben Ihr Bestes, ist Ihnen auch der Erfolg sicher.

4. Wie soll ich mich jetzt am besten verhalten?

Ein erfahrener Lehrmeister verdient Ihr Vertrauen und Ihren Respekt. Diese Person hat nicht den Wunsch, Sie zu verwirren. Ein aufrichtiger Lehrer bietet unzweideutige Erklärungen und ist ein klares Beispiel. Wenn Sie aufmerksam sind, ist Ihnen der Erfolg am Ende sicher.

5. Warum ist unsere Beziehung zerbrochen?

Sie stehen erst am Anfang der Erkenntnisfindung. Wenn Sie sich selbst die Sache verdorben haben, dann deshalb, weil Sie auf guten Rat nicht gehört haben. Sie haben die Antworten, die man Ihnen gab, immer wieder in Zweifel gezogen, Sie waren unehrlich, ja grob. Seien Sie sich darüber im klaren, daß kein Mensch verpflichtet ist, Ihnen beizustehen oder zu helfen. Das Orakel empfiehlt Ihnen, Disziplin zu üben und weder Zeit noch Kraft zu vergeuden.

6. Werden wir wieder zusammenkommen?

Zeigen Sie, daß es Ihnen ernst ist mit Ihrem Vorhaben, daß Sie guten Willens sind zu lernen, und Sie werden Gunst und Wohlwollen ernten.

7. Wie kann ich die Dinge wieder ins Lot bringen?

Was Sie versäumt haben, sollten Sie nachzuholen bereit sein. Machen Sie das, was Sie zu tun haben, gut. Ihre Fehler werden Sie hinter sich lassen, aber Sie müssen die rechte Gesinnung dazu haben. Wenn Sie kein Vertrauen haben, wird dies nicht unbemerkt bleiben.

8. Was erhoffe ich mir vom Leben?

Sie haben dieses Orakel zu diesem Zeitpunkt geworfen, weil es Ihr Bestreben ist, größere Selbsterkenntnis zu erlangen. Sie möchten sich in jeder Hinsicht verbessern und entwickeln. Folgen Sie diesem Pfad, und Sie werden andere treffen, denen es geht wie Ihnen und zu denen Sie sich hingezogen fühlen. Sie verfolgen ein wertvolles Ziel und werden an jedem Punkt Ihres Weges auf Hilfe stoßen.

DIE LINIEN

Eins ——— **X** ———

Sie müssen sich Selbstdisziplin auferlegen. Nur so können Sie hoffen, Ihre Unwissenheit zu überwinden. Diese Maßnahme greift aber nur, wenn die Art der Selbstdisziplin mit Ihrem natürlichen Wesen in Einklang steht. Seien Sie nicht zu hart mit sich selbst – zu viel Selbstkritik ist ebenso schädlich wie zu wenig –, Sie würden nur Ihrer Motivation schaden. Trotzdem geht es hier um eine sehr ernste Angelegenheit, der gegenüber Sie den nötigen Respekt aufbringen müssen.

Zwei ——— **O** ———

Die Linie ist grundsätzlich günstig. Sie beschreibt einen Menschen in bescheidener Position, der aber die Anlage in sich trägt, dereinst Autorität zu genießen. Da Sie ohne Dünkel und Einbildung sind, werden Ihre Kräfte nicht eingeengt. So können Sie auch die Dummheit anderer ertragen, was unter den gegebenen Umständen gut ist. Diese Haltung sollte sich aber nicht nur auf Menschen anderen Geschlechts beziehen, auch denen des eigenen Geschlechts gegenüber sollten Sie Rücksicht zeigen. Das Orakel zeigt deutlich, daß sich Ihre persönlichen Charakterzüge gut entwickeln, was Erfolg und Wohlwollen nach sich ziehen wird.

Drei ——— **X** ———

Sie sind nicht stark genug, um in irgendeiner Situation die Initiative zu ergreifen. Da Sie – Ihrer Unerfahrenheit wegen – naiv und leichtgläubig sind, kann man Sie leicht beeindrucken. Dies gelingt besonders solchen Leuten, die älter, klüger, stärker sind, deren Persönlichkeit weiter entwickelt ist und die mehr Erfahrung haben als Sie. Seien Sie deshalb auf der Hut, lassen Sie sich von Ihrer Umgebung nicht zu stark beeinflussen.

Vor allem jungen Frauen und Mädchen gilt der Rat, Zurückhaltung dem anderen Geschlecht gegenüber zu üben, um sich vor schlechten Erfahrungen zu schützen. Wo freilich auf beiden Seiten Anstand und Höflichkeit gewahrt bleiben, schließt das Orakel eine gute Beziehung nicht aus. Es muß das richtige Maß an Zurückhaltung und Höflichkeit im Umgang miteinander gefunden werden, sonst entspringt der Beziehung nichts Gutes.

Vier ——— **X** ———

Sie werden leicht Opfer wilder Phantasien. Ihre Gedanken wandern, Sie sind ein Traumtänzer. Sie dürfen sich solchen Stimmungen nicht hingeben. Letztlich haben solche Phantasien keinen Sinn, und wenn Sie in ihnen verharren, werden Sie nur Enttäuschung erleben. Es ist nicht nötig, daß Sie – nur um zu lernen – eine solche Erfahrung machen; beherzigen Sie diese Warnung.

Fünf ——— X ———

Diese Linie verweist Sie auf die Antwort zurück, die auf Frage vier gegeben wurde. Wenn Sie die dort anempfohlene Haltung einnehmen, wird man Ihnen die Hilfestellung geben, die Sie brauchen, um Ihren Weg zu finden. Vorausgesetzt, Sie erhalten sich Ihre Arglosigkeit und Unschuld, werden Sie die Lehren begreifen, die Sie erhalten haben und noch erhalten werden.

Sechs ——— O ———

Dies ist die Linie eines Menschen, der keinen guten Rat beherzigen will. Sie bezeichnet jemanden, der schon so weit vom Wege abgekommen ist, daß nur ein Schockerlebnis ihn wieder zur Besinnung bringt. Die einzige Absicht hinter einem solchen Schlag ist aber, Sie wieder auf den richtigen Weg zu bringen, ehe es zu spät ist. Ein solches Ereignis hat seine Rechtfertigung darin, daß es Ihnen hilft, Ihr Gleichgewicht und Ihren inneren Frieden wiederzufinden.

Hexagramm 5

GEDULD

Planung;
wohlkalkuliertes Abwarten

1. Ist dieser Mensch der geeignete Partner für mich?

Ihr Partner und Sie passen gut zusammen. Die Probleme, denen Sie sich momentan gegenübersehen, erwachsen nicht aus einer grundsätzlichen Unvereinbarkeit. Es besteht aber kein Zweifel, daß die augenblicklichen Probleme Auswirkungen auf die Zukunft haben werden.

Alle häuslichen Probleme, ob in der Familie oder nur zwischen Ihnen und Ihrem Partner, werden von Ihnen von außen herangetragen. Vielleicht bringen Sie Ihre beruflichen Probleme mit nach Hause? Es steht Ihnen nicht zu, auf andere mit dem Finger zu zeigen, niemand ist schuld! Obgleich Sie sehen, daß es eine Menge Dinge gibt, um die man sich Sorgen machen muß, entzieht sich die Quelle Ihrer Besorgnis Ihrem Zugriff. Indem Sie alle anderen mit Ihren Sorgen behelligen, sie aufscheuchen und ängstigen, machen Sie die Sache nicht besser, sondern schlimmer. Wenn Sie so weitermachen, könnte es sein, daß Sie im entscheidenden Moment die falsche Entscheidung treffen. Trotzdem wird sich die Sache schließlich günstig entwickeln. Das heißt aber nicht, daß Sie sich gemütlich zurücklehnen und den Dingen ihren Lauf lassen können. So geht es nicht! Sie müssen auf dem beharren, was richtig ist; dies ist der einzige Weg, der Ihnen offensteht.

2. Liebt mich mein Partner?

Ihre persönliche Beziehung ist nicht in ihren Grundfesten erschüttert. Im Gegenteil, Sie sollten Ihr Familienleben im Augenblick als Quelle der Stärke betrachten. In Ihrem Herzen wissen Sie längst, daß alles gut ausgehen wird.

3. Haben wir eine gemeinsame Zukunft?

Sie sollten inzwischen in der Lage sein, selbst entscheiden zu können, welche Dinge Sie in der Hand haben und welche sich Ihrer Kontrolle entziehen. Konzentrieren Sie Ihre Anstrengungen auf die Dinge, die Sie beeinflussen können, und überlassen Sie das andere dem Schicksal. Dieses Hexagramm bezieht sich auf Dinge, die der Vorsehung unterliegen. Es gibt keinen Grund anzunehmen, daß die unsichtbaren Mächte Sie nicht unterstützen, doch sollten Sie ihnen nicht ins Handwerk pfuschen, denn das käme einer Überschätzung Ihrer eigenen Kräfte gleich. Gehen Sie Ihrem Vergnügen nach.

4. Wie soll ich mich jetzt am besten verhalten?

Dieses Hexagramm hat die Bezeichnung »Geduld«, und diese Haltung sollten Sie einnehmen. Stürzen Sie nicht blindlings vorwärts, wenn Sie nicht genau wissen, wo das Land liegt.

5. Warum ist unsere Beziehung zerbrochen?

Ihre Beziehung kann nur an Ihrer Ungeduld gescheitert sein, wenn Sie ohne die angemessene Vorsicht gehandelt haben, wenn Sie nach Sündenböcken gesucht haben, statt sich in aller Ruhe Rechenschaft abzulegen. Der Zusammenbruch der Beziehung war völlig unnötig. Ihre Beziehung war keinem Druck ausgesetzt, sie hätte nicht scheitern müssen; nur Geduld war gefragt.

6. Werden wir wieder zusammenkommen?

Das Orakel macht deutlich, daß die Verbindung noch nicht völlig abgerissen ist. Das wäre unter den gegebenen Umständen auch ganz außergewöhnlich. Wenn Sie Ihre Mitschuld eingestehen, können die unnötigen Spannungen abgebaut werden. Sie müssen sich vor allen Dingen um eine richtige Einschätzung der Sachlage bemühen. So verlockend es auch sein mag: Geben Sie sich keinen Selbsttäuschungen hin! Es ist zwingend notwendig, in dieser Schicksalsangelegenheit klaren Kopf zu bewahren, denn die Entscheidungen, die Sie jetzt fällen, sind ausschlaggebend.

7. Wie kann ich die Dinge wieder ins Lot bringen?

Wir können den Lauf des Schicksals durch unser Verhalten nicht beeinflussen. Es ist deshalb doppelt wichtig, jede Selbsttäuschung zu meiden und mit sich selbst und anderen geradeheraus und ehrlich zu sein. Auf dieser Basis können Sie die nötige innere Stärke gewinnen, die Sie brauchen, um, ohne Ihre Ruhe zu verlieren, diese Zeit durchzustehen. Konzentrieren Sie sich darauf, Ihre innere Haltung zu wahren. Nur ein in sich gefestigter Mensch weiß sich zur rechten Zeit in Geduld zu fassen – und jetzt ist eine solche Zeit. Das heißt nicht, daß Sie tatenlos zusehen sollen, Sie müssen tun, was nötig ist, aber Sie müssen Selbstkontrolle üben und unterscheiden lernen, welche Dinge Sie beeinflussen können und welches der Einfluß des Schicksals ist, dem Sie sich nicht in den Weg stellen dürfen.

8. Was erhoffe ich mir vom Leben?

Vor allem möchten Sie die Verantwortung, die Ihre Arbeit mit sich bringt, mit Ihrem Familienleben in Einklang bringen. Sie erhoffen sich von der jetzigen Situation einen erfolgreichen Ausgang. Sie müssen aber mehr Vertrauen in die Kräfte des Schicksals haben, auch jetzt noch glauben Sie nicht wirklich an diese Einflüsse.

DIE LINIEN

Eins ———O———

Probleme und Schwierigkeiten liegen noch in weiter Ferne. Seien Sie wachsam, verhalten Sie sich in der Zwischenzeit ganz normal. Tun Sie nichts, was sie später bereuen könnten.

Zwei ———O———

Wenn Probleme auf sie zukommen, neigen viele Menschen dazu, sich gegenseitig die Schuld zuzuschieben und die sich daraus ergebenden Differenzen aufzubauschen. In der jetzt herrschenden Situation gibt es keine Schuldigen. Wenn jemand häßlich zu Ihnen ist, so ist das kein Grund, daß auch Sie häßlich zu ihm sind. Es verschlechtert nur die Stimmung. Entspannen Sie!

Drei ———O———

Sie machen einen Fehlstart, Ihre größten Anstrengungen bringen Sie nicht zum Ziel. Im Augenblick sind Sie sehr leicht verwundbar. Sie sollten sich nicht mit einem »das nächste Mal wird's schon klappen« trösten. Die Konsequenzen Ihrer gegenwärtig mißlichen Lage können sehr ernst sein. Seien Sie vorsichtig!

Vier ———X———

Dies ist eine Sache auf Leben und Tod und es gibt kein Entrinnen.

Verzweifeln Sie nicht, bleiben Sie ruhig, zeigen Sie sich vor allen Dingen nicht widerspenstig, es würde die Gefahr vergrößern! Dies ist Ihre einzige Chance!

Fünf ———O———

Dies ist die Oase in der Wüste, das Auge des Sturms. Es ist Ihre Bestimmung, daß Ihr Einsatz zum Erfolg führt, doch nutzen Sie auch die Windstille. Gehen Sie einstweilen Ihrem Vergnügen nach und erlauben Sie anderen, gleiches zu tun. Sammeln Sie jetzt Kräfte, um den Schwierigkeiten, die auf Sie zukommen werden, trotzen zu können; mit großer Sicherheit werden Sie siegen.

Sechs ———X———

Sie haben einen kritischen Punkt erreicht. Zuerst mag es scheinen, als sei alles verloren, und Sie fühlen sich hilflos, doch unsichtbare Kräfte werden eingreifen. Es wird eine unerwartete Wendung geben. Ob zum Guten oder zum Schlechten ist noch offen, doch Gottes Wege sind wunderbar. Das Glück kommt auf unerkannten, unerklärlichen Wegen. Eine Macht, die so das Glück lenkt, verdient Ihren Respekt, und Sie sollten mit angemessener Reife auf sie eingehen. Zum guten Schluß werden Sie voller Heiterkeit sein.

Hexagramm 6

TOTER PUNKT

Streitigkeiten;
stures Beharren;
mangelnde Kompromißbereitschaft

1 Ist dieser Mensch der geeignete Partner für mich?

Ihr Partner und Sie sind wie füreinander geschaffen, doch da sie beide Ihre Individualität wahren wollen und beide sehr von sich überzeugt sind, glauben Sie, in allen Angelegenheiten konträre Standpunkte einnehmen zu müssen. Ob es um Kleinigkeiten oder um wichtige Dinge geht, keiner von Ihnen will nachgeben.
Die Konflikte zwischen Ihnen erwachsen aus Ihrer beider Sturheit. Sie sind beide willensstark und jeder von Ihnen ist überzeugt, im Recht zu sein. Das Orakel entscheidet nicht, wer von Ihnen beiden Recht hat. Wenn Sie dieser Frage wegen das Orakel bemühten, haben Sie keinen Verbündeten in ihm. Das Orakel warnt Sie lediglich: Wenn Sie beide auf ihrem Standpunkt beharren, werden Sie sich endgültig entzweien! Wenn Sie nicht beide kompromißbereit sind, wird der Streit böse ausgehen.

2. Liebt mich mein Partner?

Sie lieben sich gegenseitig sehr, das ist offensichtlich, doch auf verschiedene Weise. Liebten Sie sich nicht, würden Sie es nicht für Wert erachten, so heftig zu streiten. Doch wenn Sie es zu weit treiben, driften Sie auseinander. Das muß nicht sein!

3. Haben wir eine gemeinsame Zukunft?

Sie müssen lernen, Ihre Schwierigkeiten und Meinungsverschiedenheiten zu lösen, selbst wenn das Kompromisse und nötigenfalls Zustimmung zu etwas bedeutet, mit dem Sie eigentlich nicht einverstanden sind. Das gilt für jetzt und für die Zukunft. Sie müssen beide lernen, sich selbst weniger wichtig zu nehmen. Arbeiten Sie beide auf geistige Harmonie hin. Wenn Sie im anderen die positiven, wertvollen Eigenschaften erkennen und anerkennen, werden Sie merken, wie nichtig im Grunde Ihre Differenzen sind. Die Mahnung des Orakels lautet: Entwickeln Sie beide einen Sinn für Verhältnismäßigkeiten.

4. Wie soll ich mich jetzt am besten verhalten?

Sowohl Sie als auch Ihr Partner müssen zwischen Streit und klarer Argumentation zu unterscheiden lernen. Leute, die sich streiten, sind nur daran interessiert, ihren eigenen Standpunkt durchzusetzen; wer dagegen argumentiert, der möchte auch den Standpunkt des anderen verstehen. Wie aber wollen Sie vernünftig miteinander reden, wenn Sie den Standpunkt des Partners nicht akzeptieren? Wie können Sie behaupten, es läge Ihnen etwas an Ihrem Partner, wenn Sie nicht einmal bereit sind, sich seine Ansicht in Ruhe anzuhören? Vielleicht stellt sich heraus, daß Ihrer beider Argumente zu entkräften sind?
Über eines müssen Sie sich im klaren sein: Es ist sinnlos, eine Diskussion zu beginnen, wenn Ihr Ziel von vornherein nur darin besteht, Recht zu behalten. Die einzige Rechtfertigung für ein Streitgespräch ist die, die Situation klären zu wollen. Polemische Streitereien sind nur ein Zeichen von Charakterschwäche. Letztlich führen sie zur Trennung.
Am besten ist es deshalb, wenn Sie sich aufgeschlossen zeigen, auch wenn das auf Kosten Ihres Selbstwertgefühls gehen sollte.

5. Warum ist unsere Beziehung zerbrochen?

Noch ist Ihre Beziehung intakt. Doch kann sich aus der momentanen Situation eine irreparable Trennung entwickeln. Sie sind augenblicklich beide nicht in der Lage, die Situation von außen zu betrachten und sie richtig einzuschätzen.

6. Werden wir wieder zusammenkommen?

In Ihrem Fall müßte die Frage lauten: »Können wir unseren Streit vernünftig und freundschaftlich beilegen?« Es gibt Fälle, da können Menschen einfach keine Übereinstimmung finden, so sehr sie sich auch bemühen. Dann ist es günstig, jemanden einzuschalten, den beide respektieren und dessen unparteilichem Urteil beide vertrauen. Dies ist nur eine vorübergehende Hilfe, doch es könnte Ihnen beiden zu weniger extremen Positionen verhelfen. Die Lösung des eigentlichen Problems besteht aber darin, daß Sie beide erkennen, daß Ihre Streitigkeiten aus selbstsüchtigen Standpunkten erwachsen, und das wiederum heißt, sie entspringen einer Charakterschwäche. Keiner von Ihnen beiden ist bereit, den anderen nur deshalb als Sieger anzuerkennen, weil er lauter schreien kann oder etwas gewitztere Argumente parat hat, denn Sie sind sich beide im klaren darüber, daß solche Kriterien ein Zeichen von Unreife sind und letztlich zu nichts führen. Sieger in diesem »Streit« wird der sein, der zuerst seine übertriebene Selbsteinschätzung ablegen kann. Nichts bedroht den Frieden – den inneren wie den äußeren – zwischen Menschen so nachhaltig wie die Selbstüberschätzung. Sie beide können nur gewinnen, wenn Sie sich über die Streitfrage erheben!

7. Wie kann ich die Dinge wieder ins Lot bringen?

Gelingt es Ihnen nicht, Ihre Schwierigkeiten selbst zu überwinden, so müssen Sie den Rat und die Vermittlung einer unparteiischen Person einholen. Dies muß jemand sein, dessen Autorität und Urteil Sie beide anerkennen, und dessen Entscheidung Sie beide anzunehmen bereit sind. Beim gegenwärtigen Stand Ihrer Feindseligkeit sind Sie gegen Angriffe von außen nicht gewappnet, als Ehepaar sind Sie schwach und verwundbar. Erst wenn Sie wieder zur Übereinstimmung gefunden haben, können Sie wieder Pläne schmieden.

8. Was erhoffe ich mir vom Leben?

Sie glauben, Sie müssen gewinnen. Was Sie aber brauchen, ist Übereinstimmung mit dem Partner. Mit ihm in Harmonie zu leben, wird Sie am glücklichsten machen. Sie beide brauchen einen größeren Blickwinkel.

DIE LINIEN

Eins ———— **X** ————

Hören Sie auf zu streiten, ehe die Sache außer Kontrolle gerät! Mag sein, daß Sie noch ein wenig miteinander zanken, doch zum Schluß werden Sie beide lächeln.

Zwei ———— **O** ————

Wenn Sie sich absichtlich mit Ihrem gegenwärtigen Gegner auf einen Kampf einlassen, werden Sie verlieren, das sieht jeder. Es bedeutet wahrhaftig keine Schande, wenn Sie sich weigern, sich auf einen so ungleichen Kampf einzulassen. Wenn Sie jetzt nachgeben, werden Sie es sicherlich nicht bereuen.

Drei ———— **X** ————

Stellen Sie sich vor, Sie haben ein Gedicht geschrieben, aber jemand anders stiehlt es Ihnen und veröffentlicht es unter seinem Namen, ohne seine Quelle anzugeben. Die Frage ist: Wessen Gedicht ist es nun, Ihres oder das des anderen? Die Antwort lautet: Ruhm und Ehre gehen an den anderen, das Gedicht aber ist und bleibt Ihres, weil Sie es geschrieben haben, selbst wenn es außer Ihnen niemand weiß. Was also wirklich Ihres ist, kann Ihnen nicht genommen werden – auch wenn es äußerlich so scheint. So wie die Kopie eines Meisterwerks eben doch nur eine Kopie ist. Erheben Sie also keine Ansprüche auf irgendetwas, nur weil Ihnen die Lobhudelei anderer guttut. Sie haben es nicht nötig, sich derart herabzuwürdigen, das können andere tun.

Vier ———— **O** ————

Unzufriedenheit stachelt Sie an, mit jemandem in den Clinch zu gehen, von dem Sie wissen, daß Sie ihm überlegen sind. Ein kleiner Sieg würde Sie jetzt moralisch aufrichten, meinen Sie. Aber bedenken Sie auch, daß Sie keinen wirklichen Grund zu dieser Handlung haben, und daß Sie nur die Schwäche des anderen ausnutzen – ein solch plumper Sieg kann doch keinen Wert für Sie haben; er würde nur einen bitteren Nachgeschmack hinterlassen! Beherzigen Sie diese Warnung, um Ihre eigenen inneren Konflikte zerstreuen zu können! Sie werden einen Sieg über sich selbst erringen, den Sie als würdigen Ausgleich empfinden. Auf die Art wird Ihnen die Sache für die Zukunft zur Ehre gereichen. Viel Erfolg!

Fünf ———————— O ————————

Dies ist die Linie des Friedensstifters, eines Menschen, an den sich Kontrahenten wenden, wenn sie ihre Probleme nicht allein lösen können. Man kann sich darauf verlassen, daß diese Person ein faires, unparteiisches Urteil abgibt, weil sie das Für und Wider beider Seiten genau abwägt. Beide Parteien können der endgültigen Entscheidung zustimmen.

Sechs ———————— O ————————

Ihr Sieg – wenn Sie es denn so nennen wollen – ist plump und unverdient. Den Siegeslorbeer können Sie nicht tragen, man zweifelt an der Rechtmäßigkeit Ihres Sieges. Sie haben das Wesentliche nicht begriffen: Gewinnen oder verlieren ist nicht gleichbedeutend mit Recht und Unrecht haben. Weil Sie das Wortgefecht gewonnen haben, sind Sie noch lange nicht im Recht. Wenn Ihnen ein stärkerer Gegner entgegentritt, der dazu noch wirklich im Recht ist, wird Ihre Niederlage um so demütigender sein. Auf Ihren Sieg sollten Sie nicht stolz sein.

Hexagramm 7
HERAUSFORDERUNG

Verantwortlichkeit;
disziplinierte Führung;
gute Organisation

1. Ist dieser Mensch der geeignete Partner für mich?

Wegen der reichen inneren Gaben, über die Sie und Ihr Partner verfügen, kann Ihre Verbindung nur funktionieren, wenn Sie sich beide einer strikten Disziplin unterwerfen. Dies ist keine Verbindung zwischen zwei Gleichgestellten. Sie sind die führende, leitende Kraft, in allem, was Sie gemeinsam unternehmen. Und Sie sind nicht nur für Ihren Partner, sondern auch für andere Menschen verantwortlich. Um diese Verantwortung erfolgreich tragen, um die Menschen, die von Ihrer Führung abhängig sind, mit Entschlußkraft und moralischem Mut leiten zu können, brauchen Sie Disziplin und Kraft.

2. Liebt mich mein Partner?

Die Liebe, die Ihr Partner Ihnen entgegenbringt, drückt sich in unerschütterlichem Vertrauen in Ihre Entscheidungen und Ihre Eignung als Führer aus.

3. Haben wir eine gemeinsame Zukunft?`

Unterschätzen Sie die gegenwärtige Situation nicht, sie kann die Ausgangslage zukünftiger Herausforderungen sein! Erinnern Sie sich an alles, was geschehen ist. Wenn Sie Ihre Situation unvoreingenommen betrachten, werden Sie erkennen, daß zwischen Sieg und Niederlage nur eine hauchdünne Trennlinie verläuft. Sie können zwar optimistisch in die Zukunft blicken, aber dennoch gilt es, eine Warnung zu beachten. Wenn Sie dieses gegenwärtige Problem gemeinsam gelöst haben, sollten Sie diesen Sieg nicht zum Anlaß nehmen, bei zukünftigen Herausforderungen eine weniger überlegte Haltung einzunehmen. Erhalten Sie sich Ihren Sinn für Fairness. Wenn Sie die Spielregeln mißachten, müssen Sie in der Zukunft mit Niederlagen rechnen.

4. Wie soll ich mich jetzt am besten verhalten?

Dies ist das Hexagramm von Menschen, die im Begriff stehen, mit anderen in Konflikt zu geraten. Gute Organisation ist alles, wenn man sich auf einen wie auch immer gearteten Kampf vorbereiten muß, sei es ein sportlicher oder ein geistiger Wettkampf. Eine leitende Persönlichkeit muß in der Lage sein, Ihre Kräfte ökonomisch und systematisch einzusetzen. Es besteht kein Zweifel daran, daß Sie sich über den Ernst Ihrer Lage im klaren sind.

5. Warum ist unsere Beziehung zerbrochen?

Der Grund für das Scheitern Ihrer Beziehung liegt darin, daß Sie ihre Rolle nicht ausfüllen können. Sie haben nicht die nötigen Führungsqualitäten. Es geht Ihnen die Fähigkeit ab, die Liebe und den Respekt Ihres Partners und derer, die auf Ihre Führung angewiesen sind, zu erwecken. Vor allem aber fehlt Ihnen die Kraft, klar zu organisieren und Ihre Fähigkeiten optimal einzusetzen.

6. Werden wir wieder zusammenkommen?

Wenn Ihnen die Menschen, denen Sie als Vorbild dienen, noch Respekt entgegenbringen, dann ist noch nicht alles verloren. Vorausgesetzt, Sie bleiben sich Ihrer Verantwortung bewußt und überdenken die Einteilung Ihrer Kräfte, dürfen Sie mit einem befriedigenden Ergebnis rechnen.

Dies ist nur eine von vielen Schlachten. Der Ausgang der zukünftigen Schlachten wird vom Ausgang dieser abhängen. Es geht hier nicht so sehr um die Beziehung zwischen zwei Menschen, als vielmehr darum, was aus dieser Beziehung hervorgehen kann, wie dieses Team den Herausforderungen des Lebens entgegentreten kann.

7. Wie kann ich die Dinge wieder ins Lot bringen?

Nur ein ausgeprägter Gerechtigkeitssinn und die Bereitschaft, all Ihren Mut zusammenzunehmen, wird Sie befähigen, mit dieser Situation fertigzuwerden. Wenn Sie diese Voraussetzungen nicht erfüllen können, müssen Sie sich dem unterwerfen, der es kann.

8. Was erhoffe ich mir vom Leben?

Vor allem streben Sie den fairen Sieg an. Das gibt Ihnen Selbstvertrauen für die folgenden Kämpfe.

*DIE LINIEN*_____

Eins ———— **X** ————

Diese Linie deutet auf die Vorbereitungen zu einem Kampf hin. Zwei Dinge müssen in Ordnung sein, ehe Sie sich auf die Herausforderung einlassen. Erstens müssen Sie einen guten, absolut unantastbaren Grund haben, den anderen herauszufordern. Zweitens müssen Sie sich auf Ihre gute Organisation und auf die Zuverlässigkeit der Leute verlassen können, die den Kampf mit beeinflussen werden. Beide Konditionen müssen erfüllt sein, oder Sie werden verlieren.

Zwei ———— **O** ————

Wer zum Duell auffordert, sollte auch am Ort des Duells erscheinen. Macht sollte nicht aus Feigheit delegiert werden.

Die Auszeichnungen und Ehrungen, die die Mächtigen zu verteilen haben, sollten an die Soldaten, nicht an deren Vorgesetzte gehen – an das Fußvolk, nicht an die Generäle.

Das Orakel deutet an, daß der Führer persönlich am Ort des Kampfes erscheinen sollte, er sollte die Dinge nicht aus der Ferne dirigieren.

Drei ———— **X** ————

Hier wird die Situation kritisch, weil im Augenblick des Kampfes zu viele leitende Kräfte auftauchen, statt daß einer als absoluter Führer anerkannt wird. Wenn aber die Befehle von überall kommen, weiß niemand, was wirklich zu tun ist.

Es kann sein, daß die Regierung der herausfordernden Macht während des Kampfes gestürzt wird, so, als würde ein Bürgerkrieg ausbrechen, während die Truppen des Landes im Ausland kämpfen.

Vier ———— **X** ————

Wenn Ihnen die gegnerischen Kräfte so eindeutig überlegen sind, daß Sie nur verlieren können, dann sollten Sie Ihre Kräfte schützen und sich mit Würde zurückziehen.

Fünf ———— **X** ————

Diese Situation ist fast nicht zu meistern. Die Opposition dreht durch; Ihre eigenen Truppen brauchen eine kräftige Hand, jemanden, der sie zu Raison bringen kann. Aber auch wenn ein solcher Führer erschiene und die Sache in die Hand nähme, wären die Chancen auf Erfolg noch immer gering. Dennoch ist es von höchster Wichtigkeit, daß alles unter Kontrolle gebracht wird. Ein erfahrener Stratege sollte mit der Aufgabe betraut werden.

Sechs ———— **X** ————

Sie haben den Sieg errungen. Die Belohnungen derjenigen, die Ihnen bei diesem Kampf zur Seite standen, sollten allerdings nicht in Privilegien oder in Machtzuteilung bestehen, denn es könnten sich schlechte, zerstörerische Kräfte in den Händen der Helfer sammeln. Ehre, wem Ehre gebührt, doch der Rahmen sollte gewahrt bleiben.

FÜHRUNG

Solidarität; Gruppenidentifikation;
gleiche Wellenlänge;
gemeinsam angestrebte Ziele

Dieses Hexagramm umfaßt einen weiteren sozialen Rahmen als den, der zwei Menschen in einer persönlichen Beziehung umschreibt. Es bezieht sich auf eine Gruppe von Leuten, die zusammen leben oder arbeiten. Vielleicht bewohnen sie gemeinsam ein Haus, leben in einer Wohngemeinschaft, einer Kommune, einem Kibbutz oder arbeiten in einem Büro oder in der gleichen Fabrik.

1. Ist dieser Mensch der geeignete Partner für mich?

Sie und Ihr Partner sind Mitglieder einer Gruppe. Ihr Zusammengehörigkeitsgefühl als Paar wird durch die Identifikation mit der Gruppe gestärkt oder geschwächt. Jede soziale oder kulturelle Gruppierung gleicht einer Familie, doch braucht die Gruppe, um die es in Ihrem Fall geht, keine Familie im traditionellen Sinn zu sein. Im Rahmen der Gruppe passen sie gut zusammen, Sie erkennen beide Ihren übergeordneten Führer an. (Falls Sie sich für den Leiter der Gruppe halten und meinen, die Fähigkeiten zu besitzen, die notwendig sind, eine Gruppe zusammenzuhalten, sollten Sie das Orakel zu diesem Punkt noch einmal gezielt befragen, um sicherzustellen, daß Sie wirklich über die erforderlichen Führungsqualitäten verfügen). Wichtig ist allerdings, daß Sie aus freien Stücken Mitglied dieser Gruppe sind und auch den Gruppenleiter voll akzeptieren können. Sie müssen außerdem das Gefühl haben, daß nicht nur die Gruppe Ihnen etwas zu bieten hat, sondern auch Sie für die Gruppe wichtig sind.

Ihr Zugehörigkeitsgefühl zu einer Gruppe ist von diesen Faktoren abhängig. Wichtig ist, daß Ihnen die Mitglieder der Gruppe auch sympathisch sind. Ohne diese Übereinstimmung in der »Wellenlänge« würden Sie sich nämlich in keiner Gruppe wohlfühlen.

2. Liebt mich mein Partner?

Die Basis aller Solidarität ist gegenseitige Zuneigung. Dies gilt für kleine aber auch für sehr große Gruppen – im Grunde für alle Gesellschaften dieser Erde. Fehlt die Zuneigung, ist das innere Gefüge jeglicher sozialer Ordnung, gleich welchen Niveaus, gefährdet. Es ist die Liebe zwischen den einzelnen Mitgliedern einer Gruppe, die der Gruppe als Ganzes ihre Stärke verleiht.

3. Haben wir eine gemeinsame Zukunft?

Das Sozialgefüge, das dieses Orakel beschreibt, hängt von der Qualifikation des Führers ab. Die Gruppe kann nur weiterbestehen, wenn der Leiter die Fähigkeit hat, die Gruppe weiterhin zusammenzuhalten. Das heißt, der Führer der Gruppe ist zugleich auch ihre potentiell größte Schwachstelle.

Steht der Leiter allerdings stellvertretend für eine höhere Idee, der sich die Gruppe verpflichtet fühlt, dann wird die Gruppe auch überdauern, wenn ihr Leiter versagen sollte, denn dann erwächst die Solidarität aus dem gemeinsamen Glauben.

4. Wie soll ich mich jetzt am besten verhalten?

Wenn Sie der Führer der Gruppe sind, dann müssen Sie sich der Tragweite Ihrer Verantwortung bewußt sein, die Ihre Position mit sich bringt. Sie müssen stark, tolerant und mit Begeisterung bei der Sache sein. Ohne das Gefühl einer inneren Berufung können Sie in Ihrer Arbeit nicht effektiv sein.

Sind Sie Mitglied der Gruppe, müssen Sie bereit sein, sich mit den Zielen der Gruppe zu identifizieren, es sei denn, Sie müßten dafür Ihre innersten Überzeugungen leugnen. Wenn Sie aber das Gefühl haben, daß Sie der Gruppe etwas zu bieten haben, und daß auch die Gruppe Ihnen etwas Positives geben kann, dann werden Sie sich ohne innere oder äußere Widersprüche in ihr bewegen können.

5. Warum ist unsere Beziehung zerbrochen?

Die Frage ist sehr komplex, denn hier geht es sowohl um Ihre Beziehung zu Ihrem Partner als auch um Ihre Beziehung zur Gruppe. Wenn Sie mit den Zielen und Ideen der Gruppe nicht mehr übereinstimmen, so möchten Sie auch nicht mehr Teil der Gemeinschaft sein. Wenn Ihrem Partner das auffällt, wird es zu Spannungen zwischen Ihnen beiden kommen. Ihre Zweierbeziehung kann nicht gedeihen, wenn einer von Ihnen beiden mit dem Gruppenziel nicht mehr im Einklang ist.

Ein schwacher Führer, der die Gruppe nicht zusammenhalten kann, wird ihren Zerfall herbeiführen. Dies kann sich wiederum auf individuelle Beziehungen innerhalb der Gruppengemeinschaft auswirken, denn die Zweierbeziehungen sind ohne die bindende Kraft der übergeordneten Idee nicht lebensfähig. In diesem Fall wäre der Grund für das Auseinanderbrechen Ihrer Beziehung in der Auflösung der Gruppe zu suchen.

6. Werden wir wieder zusammenkommen?

Gegenstand dieses Hexagramms ist das Zusammenkommen und der Zusammenhalt von Menschen durch das Band der Liebe, durch Zuneigung und gegenseitigen Respekt. Wenn es innerhalb der Gruppe zu Auflösungserscheinungen kommt, dann deshalb, weil eines der beteiligten Individuen diese positiven Eigenschaften vermissen läßt. Nur Liebe, Zuneigung und Respekt können die Bande neu knüpfen.

7. Wie kann ich die Dinge wieder ins Lot bringen?

Wer die Position des Führers einnimmt, kann die Qualitäten, über die er verfügen muß, um die Gruppe zusammenzuhalten, nicht mechanisch produzieren, sie müssen ihm eingegeben sein. Nicht jeder kann also ein Führer sein. Manche fühlen in sich die Berufung zum Führer und können Menschen zusammenführen. Solange die Führungskraft dieses Menschen nicht in Frage gestellt wird, können kleine Meinungsverschiedenheiten der Gruppe nicht schaden. Ein guter Führer weiß, daß Uneinigkeiten zu den Grunderfahrungen in jeder Gruppe gehören, und daß sich aus ihrer Schlichtung die Basis für Solidarität entwickelt.

Wenn jemand in der Gruppe nicht zufrieden ist, soll er ungehindert seiner Wege gehen dürfen, weder der Leiter noch die anderen Mitglieder sollten Druck auf ihn ausüben. Niemand soll gegen seine Natur handeln, auch der Gruppenleiter nicht. Wenn der Gruppenleiter meint, nicht die nötigen Qualifikationen zu besitzen, um die Gruppe weiterhin zusammenzuhalten, so ist er verpflichtet, aus der Gruppe auszuscheiden.

8. Was erhoffe ich mir vom Leben?

Ihr Ziel ist bescheiden. Sie möchten ein nützliches Mitglied einer gesellschaftlichen Gruppierung sein. Dabei möchten Sie ganz Ihrer Überzeugung folgen und so viel geben, wie es Ihre Fähigkeiten erlauben. Diese Zielsetzung repräsentiert die vornehmste Bestrebung der Menschheit.

DIE LINIEN

Eins ——— X ———

Wenn Sie ehrlich zu sich selbst
sind, können Sie anderen gegenüber nicht unehrlich sein. Eine
wertvolle Beziehung kann nicht
auf Unaufrichtigkeit aufbauen.
Wenn Sie sprechen, sprechen Sie
mit dem Herzen – so erzeugen
Sie ein gutes Karma.

Zwei ——— X ———

Wenn Sie, um die Anerkennung
anderer zu erlangen, in bezug
auf Ihre Ehrlichkeit Kompromisse eingehen, verdienen Sie
das Lob nicht. Lob, das auf
Kosten der persönlichen Ehrlichkeit gewonnen wird, ist nichts
wert.

Drei ——— X ———

Man sagt: »Wer mit allen gut
Freund ist, der ist am Ende einsam.« Man kann nicht mit allen
Menschen innige Freundschaft
schließen, und Sie sollten es
auch nicht versuchen. Auch wo
kein Raum für innige Einfühlung
ist, gibt es Höflichkeit und Zuvor-
kommenheit. Bewahren Sie sich
für die Menschen, denen Sie sich
wirklich tief verbunden fühlen,
mit Ihnen ist der innige Kontakt
angemessen.

Vier ——— X ———

Wen Sie Ihrem Anführer bedin-
gungslos folgen können, ohne in
inneren Widerspruch mit sich
selbst zu geraten, dann haben Sie
auch keinen Grund, Ihre Loyalität zu verbergen.

Fünf ——— O ———

Diese Linie steht für das Recht
auf freie Verbindungen. Wenn
Menschen frei und offen Beziehungen miteinander eingehen,
können sie ohne Furcht und Vor-
urteil sein. Solche Verbindungen
ziehen automatisch die richtigen
Leute an und stoßen Kriecher
und Schmeichler ab. In einer
Atmosphäre, in der man eine
freie Wahl treffen kann, braucht
man keine Vertrautheit vorzutäuschen, die in Wahrheit nicht
besteht. Dieses Prinzip gilt für alle
Verbindungen und Beziehungen
im Leben.

Sechs ——— X ———

»Soll ich mich binden oder
nicht?« Sie müssen eine Entscheidung fällen, ehe es zu spät
ist, Sie werden es sonst bereuen.

Hexagramm 9
EINGESCHRÄNKTE ÜBERZEUGUNGSKRAFT

Vorsichtiges Taktieren;
sanfte Kräfte;
Stärke des Schwächeren

1. Ist dieser Mensch der geeignete Partner für mich?

Momentan sind Sie der schwächere Teil in der Verbindung. Ihr Partner ist willensstark und selbstsüchtig, rücksichtslos geht er über Ihre Gefühle hinweg. Es gibt nur eine Möglichkeit, diesen Menschen zu hindern, es zu weit zu treiben: vorsichtige Hinweise und zarte Andeutungen. Nur so können Sie Ihren Partner langsam zu der Erkenntnis führen, daß genug eben genug ist. Sie selbst müssen bestimmen, wann das Verhalten Ihres Partners Schaden verursacht. Wenn Sie vorsichtig vorgehen, ist es möglich, Ihren Partner dahin zu bringen, daß er sich etwas zahmer verhält.

2. Liebt mich mein Partner?

Das gegenwärtige Verhalten Ihres Partners kann man schwerlich als Liebe bezeichnen. Er (sie) muß noch viel über die Liebe lernen, aber es liegt keine Unbelehrbarkeit vor. Freundlichkeit ist der beste Lehrer Ihres Partners.

3. Haben wir eine gemeinsame Zukunft?

Es mag Ihnen eigenartig erscheinen, doch die Zukunft ihrer Verbindung liegt in Ihren Händen. Es hängt mehr von Ihrer Entscheidung ab, als von der Ihres Partners. Wenn Sie eine gemeinsame Zukunft wünschen, dann werden Sie auch mit Hilfe Ihrer sanften Kräfte den Weg dazu finden.

4. Wie soll ich mich jetzt am besten verhalten?

Am meisten werden Sie erreichen, wenn Sie erkennen, daß Ihr Machteinfluß im Reich der sanften Beeinflussung nicht in dem der direkten Tat liegt. Seien Sie freundlich!

5. Warum ist unsere Beziehung zerbrochen?

Ihre Macht und Kraft, Ihren Partner zur Vernunft zu bringen, waren von vornherein begrenzt. Mehr noch als Ihre Schwäche hat aber wohl die Gefühllosigkeit Ihres Partners den Zusammenbruch bewirkt. Wenn Sie freilich in Ihrem Versuch, mit Milde Einfluß zu nehmen, Ihren Partner allzusehr unter Druck gesetzt haben, dann können auch die daraus resultierenden Streitigkeiten die Zerstörung Ihrer Beziehung herbeigeführt haben.

6. Werden wir wieder zusammenkommen?

Ein gewisses Maß an Verständigungsmöglichkeit besteht wohl immer zwischen zwei Menschen, doch gibt es hier keine Anzeichen dafür, daß Ihre Verständigung auf gegenseitiger Einfühlung beruht. Vorausgesetzt, Ihr Partner ist nicht schon zu weit gegangen oder Sie haben die Verbindung nicht schon längst abgeschrieben, besteht noch eine Möglichkeit zur Versöhnung. Sie müssen sich dann nach dem Rat des Orakels richten. Obgleich Sie es vielleicht nicht wissen oder erkennen, liegt doch die Initiative bei Ihnen; es kommt nur darauf an, wie Sie Ihre Möglichkeiten nutzen. Wenn es Ihnen gelingt, Ihre Freundlichkeit zu bewahren und zugleich objektiv zu bleiben, besteht eine echte Chance, die Beziehung wieder zu flicken.

7. Wie kann ich die Dinge wieder ins Lot bringen?

Es steht nicht in Ihrer Macht, das Verhalten oder die Stimmungen Ihres Partners unter Ihre Kontrolle zu bringen. Tiefes gegenseitiges Verständnis ist kaum zwischen Ihnen möglich, vor allem läßt sich Ihr Partner nicht wirklich beeindrucken. Ein Mensch, der nur seinen eigenen Kopf durchsetzen will, ist weisem Ratschlag gegenüber nicht aufgeschlossen.

Das einzige, womit Sie Ihren Partner vielleicht beeindrucken können, ist ruhige Überzeugungskraft, die sich aber in Andeutungen erschöpfen muß. Wenn Sie hier das rechte Maß finden, ist es vielleicht möglich, daß Sie einen Zugang zu ihm (ihr) finden und Ihre Beziehung in das Licht der Vernunft erheben. Unterschätzen Sie Ihre Macht in dieser Hinsicht nicht, erhoffen Sie sich aber auch nicht zuviel.

Erfolg liegt im Bereich des Möglichen, es sei denn, die Grenzen Ihrer Leidensfähigkeit sind bereits überschritten.

8. Was erhoffe ich mir vom Leben?

Sie müssen Ihre Fähigkeit, Leiden mit Geduld zu ertragen, noch weiter entwickeln. Geduld gepaart mit einem starken Willen sind zwei mächtige Verbündete.

DIE LINIEN

Eins ———⊖———   *Zwei* ———⊖———

Einige Betätigungsfelder passen nicht zu Ihren guten Eigenschaften. Obgleich Sie geneigt sind, Herausforderungen anzunehmen, wären Sie in diesem Fall besser beraten, wenn Sie sich weiterhin verhalten wie bisher.

Am Beispiel Ihrer Vorgänger können Sie ablesen, daß Ihr Weg Sie nicht zum Ziel führen wird. Sie brauchen den Weg nicht zu Ende zu gehen, um den Grund dafür herauszufinden. Kehren Sie um!

Drei ———— Ⓞ ————

Sie schätzen die Situation falsch
ein. Sie halten Ihren Einfluß für
größer, als er ist. Die Zeichen
waren deutlich, aber Sie haben
sie ignoriert. Sie glaubten, Sie
könnten auf Ihre Umgebung Eindruck machen und alles würde
sich nach Ihnen richten, doch die
Reaktion war unfreundlich und
Sie gerieten in eine peinliche
Situation. Der Kern des Problems
liegt in der Tatsache, daß die
Umstände komplizierter und
verworrener sind, als Sie dach-
ten. Durch Ihre Vereinfachung
der Angelegenheit hat Ihr Selbstwertgefühl einen Schlag erlitten.
Das Ergebnis ist häuslicher Streit.

Vier ———— X ————

Sie haben ganz erheblichen Einfluß, denn Sie beraten diejenigen, die die Macht ausüben. In
der gegenwärtigen Angelegenheit steht viel auf dem Spiel. Sie
erteilen den entscheidenden Rat.
Sehen Sie zu, daß er der Situation
in jeder Hinsicht gerecht wird.
Auf diese Art können Sie sich
durch die vorhandenen Probleme hindurchlavieren, ohne
zu gewaltsamen Mitteln greifen
zu müssen. Sie dürfen Erfolg
erwarten.

Fünf ———— Ⓞ ————

Jeder Freundschaft sollte Loyalität zugrunde liegen. Für manche
Menschen bedeutet Loyalität
völlige Hingabe an eine Gruppe;
für andere, die mit Verantwortung betraut sind, erfordert sie
Glaubwürdigkeit und Selbstvertrauen. Im sozialen Kontext und
im Rahmen einer Arbeitsge-
meinschaft ist solche gegenseitige Loyalität ein gutes Zeichen,
das Gefühl der Zusammengehörigkeit wird gestärkt.

Sechs ———— Ⓞ ————

Ihre unablässigen Bemühungen
lassen nun die Möglichkeit eines
echten gegenseitigen Verständnisses in greifbare Nähe rücken.
Aber Sie müssen sich weiter
anstrengen. Werden Sie jetzt
nicht verwegen, bedenken Sie,
daß der wichtigste Teil Ihrer
Bemühungen Zurückhaltung
sein muß! Bisher haben Sie Ihre
Sache gut gemacht, verlieren
Sie jetzt nicht das Ziel aus den
Augen – noch liegt ein Stück
Weges vor Ihnen.

Hexagramm 10
ERNSTHAFTIGKEIT

Ehrliche Absicht;
scheinbare Unvereinbarkeit;
Spiel der Spannungskräfte;
Heiterkeit schlägt Brücken

1. Ist dieser Mensch der geeignete Partner für mich?

Ihr Partner sieht die Welt ganz anders als Sie. Das kann mitunter sehr interessant sein, kann aber auch zu Mißstimmungen, ja zum Zusammenbruch aller Kommunikation führen. Wirklicher Gedankenaustausch ist nur zwischen Gleichgestellten möglich. Hier scheint eine Situation vorzuliegen, in der sich zwei so grundverschiedene Menschen gegenüberstehen, daß kaum eine Brücke zwischen ihnen geschlagen werden kann. Wenn der »Unterlegene« freilich Humor hat, dann kann der »Überlegene« darauf freundlich eingehen. Humor ist also die Basis und der Katalysator dieser Beziehung.

Wenn die Ungleichheiten zwischen Ihnen einen realen Grund haben, besteht die Möglichkeit der charakterlichen Entwicklung. Sind aber Über- und Unterlegenheit nur Oberflächenerscheinungen, so besteht die Gefahr, daß Sie sich beide gegenseitig täuschen. Jeder von Ihnen muß also versuchen, den wahren inneren Wert des anderen zu ergründen. Keiner sollte dem anderen Werte zusprechen, die er nicht hat, mit denen sich aber leichter leben ließe. Wenn Sie beide Sinn für Humor haben, können Sie durch die Kraft des Lachens aneinander wachsen.

2. Liebt mich mein Partner?

Ihr Partner versteht Sie besser, als Sie Ihren Partner verstehen. Das schafft für sie beide Verständigungsschwierigkeiten. Wenn Sie sich aber ernsthaft bemühen, die Zuneigung Ihres Partners zu erringen, wird er (sie) Ihnen wohlwollend entgegenkommen. Die Aussichten sind gut, solange Ihre Gefühle ernsthaft sind, dennoch ist die Situation nicht einfach. Wenn Sie sich der Schwierigkeiten bewußt sind, werden Sie weniger Fehler machen.

3. Haben wir eine gemeinsame Zukunft?

Wo Menschen bereit sind, ein freundschaftliches Gefühl zwischen sich anzunehmen, da hängt der Fortbestand dieses Gefühls ganz von ihrem weiteren Verhalten ab, von ihrer Einfachheit, Ehrlichkeit und einer angemessenen Einschätzung der Gefühle des anderen.
Verhalten Sie sich so, daß Sie auf dem aufbauen können, was Ihre Beziehung bereits geschaffen hat. Wenn Sie von Ihrem freundlichen Verhalten abweichen, werden Sie das, was schon vorhanden ist, wieder zerstören. Die Zukunft gründet sich auf alltägliches Geschehen, und deshalb ist auch Ihr alltägliches Verhalten das Gebiet, auf das Sie nun Ihre größte Aufmerksamkeit richten müssen.

4. Wie soll ich mich jetzt am besten verhalten?

Vor allem müssen Sie einsehen, daß andere Menschen Ihnen etwas sehr Wertvolles zu bieten haben, das Sie respektvoll annehmen sollten. Versuchen Sie, weniger von sich selbst eingenommen zu sein, und Sie werden sich selbst einen Teil Ihrer Persönlichkeit eröffnen, der auch anderen hilft, Ihre wahren Werte zu erkennen.

5. Warum ist unsere Beziehung zerbrochen?

Das Universum ist voll von Ungleichheiten. Dies ist keineswegs schlecht, denn Ungleichheit ist der Motor für das dynamische Spiel der Kräfte, das Veränderungen in der inneren und äußeren Welt hervorbringt. Beziehungen, in denen diese Ungleichheiten nicht beachtet oder respektiert werden, können nicht wachsen und gedeihen.

Sie spielen mit der Liebe, aber Sie meinen es nicht ernst. Früher oder später wird sich das rächen, denn das Opfer ist in einer solchen Situation immer der, der unehrlich war.

6. Werden wir wieder zusammenkommen?

Ehrliche Absichten sind immer die beste Grundlage fruchtbarer Lösungen. Wo es grundsätzliche Unterschiede in der persönlichen und geistigen Entwicklung gibt, muß die Verbindung zwischen Menschen so humorvoll wie möglich gestaltet werden. Es ist sinnlos, eine Haltung vorzugaukeln oder Gefühle vorzutäuschen, das kann die Kluft zwischen Ihnen nur vergrößern und wird letztlich zur Unversöhnbarkeit führen. Denken Sie mehr darüber nach, was Sie geben, als darüber, was Sie bekommen können. Legen Sie Ihre Selbstsucht ab, mit der Sie sich nur das Herz schwer machen. Dies ist der Weg nach oben, wo immer er hinführt, müssen Sie ihm folgen.

7. Wie kann ich die Dinge wieder ins Lot bringen?

Nur da kann Ordnung aus dem Chaos entstehen, wo Gefühl und Gedanke an einem Punkt der Klarheit zusammenkommen. Sie müssen sich selbst im Griff haben, ehe Sie hoffen können, auf andere Einfluß nehmen zu können. Der Kern jeder Beziehung sollte eine natürliche, ehrliche Zuneigung sein – diese muß man fühlen, man kann sie nicht denken. Wenn Sie unehrlich sind, dann behandeln Sie Menschen wie Gegenstände, die man beliebig herumschieben kann. Doch in Herzensangelegenheiten kann das nur zu weiterer Entfremdung führen, besonders da zwischen Ihnen und Ihrem Partner ohnehin große Unterschiede bestehen. Wenn Sie Ihre unehrliche Haltung beibehalten, werden Sie irgendwann ohne Freunde und ohne inneren Frieden dastehen.

8. Was erhoffe ich mit vom Leben?

Sie sind sich darüber im klaren, daß zwischen Ihnen und Ihrem Partner große Unterschiede bestehen, daß Ihrer Beziehung eine grundlegende Ungleichheit innewohnt; gerade deshalb aber ist Ihr größter Wunsch wahrer Gedankenaustausch, echtes Gespräch mit Ihrem Partner, das heißt, Sie suchen Gleichheit. Sie wissen, daß nur unter Gleichen echter Gedankenaustausch möglich ist. Wenn Ihre Liebe der Ihres Partners ent-

spricht, dann – und nur dann – ist ungetrübtes Verständnis zwischen Ihnen möglich. Ziel des Gedankenaustauschs ist es doch, immer mehr Möglichkeiten des Verständnisses für sich selbst und die Welt zu schaffen. Wer sich selbst versteht, versteht auch andere. Intuitiv wissen Sie das schon lange, Sie müssen jetzt bewußt daran arbeiten, diesen Zustand der Selbsterkenntnis zu erreichen.

*DIE LINIEN*_____

Eins ———— O ————

Gehen Sie vorwärts, doch lassen Sie sich nicht von oberflächlichem Ehrgeiz treiben. Wenn Sie Wichtiges erreichen wollen, dann soll es um der Sache selbst willen sein, nicht weil Sie auf Lob und Belohnung aus sind. Es ist nicht alles Gold, was glänzt. Lassen Sie sich nicht blenden vom Glanz hohler Ziele. Bewahren Sie sich Ihre innere Haltung, besonders, wenn die Umstände wenig günstig sind.

Zwei ———— O ————

Sie sind ehrlich zu sich selbst im Kreise solcher, die es nicht sind. Sie lassen sich nicht von den oberflächlichen Verlockungen des Lebens verführen, Sie verlassen sich lieber auf den Weg, den Sie als richtig erkannt haben. Sie verlangen nichts von anderen, denn diese sehen Ihren Weg nicht und können Sie also weder hindern noch fördern. Sie erkennen klar die Situation und schenken sich nichts. Es wird Sie zu einem günstigen Geschick führen.

Drei

Um mit Autorität vorzugehen, sind sie in keiner günstigen Position, obgleich Sie es gern täten. Ihre Sicht der Dinge ist nebulös und Ihre Selbsterkenntnis ist auch noch nicht weit gediehen. Jetzt wichtige Dinge anzugehen, könnte nicht nur für Sie, sondern auch für anderen Folgen haben. Machen Sie Halt und ziehen Sie Bilanz, damit Sie andere nicht derart verletzen, daß es Ihnen nicht vergeben werden kann.

Vier

Obgleich die Situation nicht eindeutig ist, sind Sie in optimistischer Stimmung, und das nicht ohne Grund. Sie fühlen sich veranlaßt, aufgrund Ihrer Fähigkeiten ein gewisses Risiko einzugehen, zur rechten Zeit den rechten Schritt in die richtige Richtung zu tun. Sie werden Glück haben und Ihre angestrebten Ziele erreichen.

Fünf ———————

Sie sind entschlossen, den Weg, den Sie gewählt haben, weiterzugehen. Mitunter kann es Leiden nach sich ziehen, wenn man zu zielstrebig ist. Die fehlende Einsicht in die Auswirkungen Ihrer Handlungen und Einstellung kann Sie zu schweren Fehlern verleiten. Es kommt ganz entscheidend darauf an, daß Sie sich Ihrer Haltung und Einstellung bewußt sind.

Sechs ———————

Sie werden ernten, was Sie gesät haben.

Hexagramm 11
FRIEDEN

Ungestörtes Wachstum;
Harmonie;
Schaffensfreude und Leistungsfähigkeit

1. Ist dieser Mensch der geeignete Partner für mich?

Ja! Sie sind von Natur aus ein Herz und eine Seele; zwischen Ihnen besteht Harmonie, Sie üben gegenseitig einen guten Einfluß aufeinander aus. Schieben Sie die alten Sorgen beiseite. Lassen Sie Ihre Gefühle für Ihren Partner in einer Atmosphäre von Heiterkeit, Mitgefühl und gutem Willen blühen. Dies ist eine günstige Zeit, sich näher zu kommen.

2. Liebt mich mein Partner?

Sollten Sie in der Vergangenheit an der Liebe Ihres Partners gezweifelt haben, so wird dazu in Zukunft immer weniger Grund sein. Wenn Sie Ihr Herz öffnen, um Liebe zu empfangen, werden Sie nicht enttäuscht werden, und wenn Sie keine Furcht haben zurückzugeben, was Sie empfangen, werden Sie das große Glück anziehen.

3. Haben wir eine gemeinsame Zukunft?

Nutzen Sie den Augenblick, säen Sie guten Samen für die Zukunft! Je größer jetzt Ihre Anstrengungen desto reicher wird die Ernte ausfallen. Die Zukunft sieht vielversprechend und überreich aus.

4. Wie soll ich mich jetzt am besten verhalten?

Bereiten Sie sich auf Arbeit vor. Es ist die Zeit, in der der Bauer den Acker bestellt und die Saat aussät, der Kaufmann Bilanz zieht und optimistisch das neue Geschäftsjahr erwartet. Führen Sie einen Terminkalender, es wird Ihnen helfen, Ihr Leben zu ordnen.

5. Warum ist unsere Beziehung zerbrochen?

Wenn Sie stur und dickköpfig sind, Ihren Partner aufgrund von alten Streitigkeiten beurteilen und nicht verzeihen können, wenn Sie ständig auf vergangenen Geschichten herumhacken, dann weisen Sie das liebevolle Gefühl, das man Ihnen entgegenbringt, schroff zurück. Sie ersticken die keimende Pflanze.

6. Werden wir wieder zusammenkommen?

Wenn Sie sich getrennt haben, ist dies die richtige Zeit, sich wieder zu versöhnen. Das Orakel läßt erkennen, daß alle Anstrengungen, die in dieser Richtung unternommen werden, erfolgreich sein werden. Doch wenn die Beziehung nicht erneuert werden kann, sollten Sie die alte Verbindung aufgeben und eine neue suchen, denn Ihr Glück liegt vor Ihnen. Erliegen Sie nicht der Versuchung, weit zurückzuschauen; dies ist keine Zeit, um über Vergangenes nachzudenken.

7. Wie kann ich die Dinge wieder ins Lot bringen?

Was vorbei ist, ist vorbei. Seien Sie Ihrem Partner gegenüber aufgeschlossen und natürlich, verbergen Sie Ihre Gefühle nicht, teilen Sie sie. Ermuntern Sie Ihren Partner, sich Ihnen zu öffnen. Eine gute, starke Kraft durchdringt Ihre Beziehung. Sie können viel erreichen, wenn Sie in Harmonie zusammenhalten. Machen Sie das Beste aus dieser Zeit, denn sie hält nicht an. Seien Sie aktiv, vermeiden Sie Grübelei. Schreiben Sie auf, was Sie gern gemeinsam unternehmen möchten, und dann teilen Sie sich die Zeit so ein, daß Sie es tun können. Ihre Beziehung erlebt einen neuen Frühling, schütteln Sie das alte Laub der Nachdenklichkeit ab. Erforschen Sie neue Wege, sich zu lieben.

8. Was erhoffe ich mir vom Leben?

Die Erfahrung hätte Sie lehren sollen, daß Sie am meisten erreichen, wenn Sie Ihre natürlichen Talente pflegen. Wenn Sie das tun, was Sie gut können, und sich dabei immer noch zu steigern versuchen, werden Sie enorme Schritte vorwärts machen. Sie werden rundum mit sich zufrieden sein.

*DIE LINIEN*_____

Eins ———— ⦵ ————

Sie nähern sich einer Lebensphase voller Schaffenskraft. Sie sind nicht der Typ, der dasitzt und wartet, daß die Dinge auf ihn zukommen, Sie gehen in die Welt hinaus und veranlassen Dinge. Sie ziehen Leute an, die mitmachen wollen. Dies ist ein gutes Vorzeichen, denn wenn Sie klug sind, können Sie sicher sein, daß alle davon profitieren. Dies ist die richtige Zeit für große Leistungen.

Zwei ———— ⦵ ————

Sie können viel unternehmen; seien Sie großzügig und hilfsbereit. Sie können sogar, wenn Sie vorsichtig planen, gewisse Risiken eingehen.

Wenn Sie mit anderen zusammenarbeiten und dabei organisatorische Leitung haben, dann sehen Sie zu, daß jedem die Chance gegeben wird, seinen optimalen Beitrag zum Gelingen des Ganzen zu leisten. So arbeitet jeder zum Besten aller. Bei keinem Mitglied der Gruppe sollte der Wunsch nach Loslösung aufkommen; wenn jeder seine Aufgabe genau kennt und weiß, was von ihm erwartet wird, kann die Arbeit in Frieden fortgesetzt werden. Wählen Sie die goldene Mitte – nicht zu viel, nicht zu wenig. Ausbalancierte Harmonie hilft bei der Erledigung der Dinge.

Drei

Das Pendel des Wandels schwingt unablässig zwischen den Polen Glück und Unglück. Um im Leben einen geraden Kurs steuern zu können, muß man Herr seines Schicksals sein. Nur so kann man sich gegen die Wechselfälle des Lebens wappnen. Wir können die unveränderlichen Gesetze des Wandels nicht beeinflussen, doch wir können ihre Auswirkungen auf uns so gering wie möglich halten. Trotz des Auf und Ab im Leben können wir also, wenn wir uns selbst treu bleiben, den Fallstricken des Unglücks ausweichen.

Vier

Die Reichen und die Armen werden durch gegenseitige Zuneigung zusammengeführt. Die motivierende Kraft ist der spontane Wunsch, Gutes zu tun. Solches Handeln verleiht den Bemühungen um Frieden ihren wahren Sinn.

Fünf

Es gibt Phasen im Leben, in denen sich die sozialen Unterschiede zwischen den Menschen auflösen, in denen sie ohne Pomp, Zeremonien und Heuchelei aufeinander zugehen. Wenn keine Naturkatastrophen auftreten oder der Tod eingreift sind dies gewöhnlich sehr glückliche Zeiten.

Sechs ——— X ———

Böse Kräfte erheben sich wieder, und Sie können sie nicht aufhalten. Es ist sinnlos, Vergeltung üben zu wollen, Sie sind nicht im Besitz der dazu notwendigen Stärke. Schmach und Schande wären das Ergebnis für Sie und Ihre Lieben. Sie können sich nur in Ihre Lage fügen. Doch das heißt nicht, daß Sie mit den bösen Kräften gemeinsame Sache machen sollen. Das wäre ebenso falsch, wie gegen sie zu kämpfen. Sie sind in einer hoffnungslos unangenehmen Lage.

Hexagramm 12
OBERFLÄCHLICHKEIT

Selbstsucht;
mangelndes Einvernehmen;
schöne Fassade

1. Ist dieser Mensch der geeignete Partner für mich?

Die Antwort ist kurz: nein. Dieser Mensch hat noch so manche Lektion über das Leben zu lernen. Er hängt ganz und gar oberflächlichen, inhaltslosen, verächtlichen Wertvorstellungen an. In ihrem Kern ist diese Person nur auf sich selbst und ihre billigen Begierden fixiert. Sie sollten mit diesem Menschen keinen Umgang pflegen. Doch Sie sollten sich selbst streng prüfen, ob Sie nicht vielleicht ganz ähnliche Charakterzüge aufweisen.

2. Liebt mich mein Partner?

Es mag so scheinen, doch in diesem Fall ist es sicherlich nur Trug. Die fragliche Person ist in der Lage, eine wunderschöne Fassade aufzubauen, doch sie ist nicht zu wirklicher Liebe fähig. Liebe zieht Liebe an, doch wenn Sie sich zu diesem Menschen hingezogen fühlen, mag das auch andere Gründe haben. Lassen Sie sich nicht täuschen. Liebe ist nicht die Wurzel dieser Anziehung! Sie müssen also davon ausgehen, daß in Ihrem eigenen Wesen ein ungesunder Zug vorhanden ist, der sich zu diesem Menschen hingezogen fühlt. Finden Sie das heraus! So kann der Konflikt zwischen Schein und Sein in Ihrem Herzen gelöst werden.

3. Haben wir eine gemeinsame Zukunft?

Die Zeit ist ungünstig, um an eine zukünftige Liebesbeziehung zu denken. Das Orakel spricht da eindeutig. Unternehmen Sie jetzt nichts!

4. Wie soll ich mich jetzt am besten verhalten?

Das Orakel empfiehlt Ihnen, sich zurückzuziehen und Ihre geistigen Kräfte zu sammeln. Ignorieren Sie die Forderungen, die Geringere an Sie stellen. Nur in der ruhigen Selbstversenkung werden sie einen klaren Kopf bekommen und hören können, was Ihr Herz Ihnen zu sagen hat. Erst wenn Sie das wissen, können Sie mit Überzeugung und Stärke handeln. Noch ist die Zeit nicht reif, handeln Sie noch nicht!

5. Warum ist unsere Beziehung zerbrochen?

Ihre Beziehung war auf den Sand materieller Werte gebaut und von oberflächlichen Begierden getragen. Von Anbeginn an waren die Wurzeln dieser Verbindung zu schwach, sie konnte nicht wachsen. Aus einer solchen Beziehung sollte man sich zurückziehen. Finden Sie Ihre innere Kraft, Ihr Selbstvertrauen und das Vertrauen auf das, was Sie als wahrhaft wertvoll erkannt haben, wieder.

6. Werden wir wieder zusammenkommen?

Die Zeit ist für jegliches Wachstum ungünstig. Dies kann also nicht der Moment sein, um über eine wie auch immer geartete Versöhnung nachzudenken; vielmehr ist es Zeit für eine ehrliche Selbstprüfung.

7. Wie kann ich die Dinge wieder ins Lot bringen?

Sie dürfen sich nicht vom Glanz der äußeren Erscheinungen blenden lassen. Halten Sie sich an die höheren Werte, die Ihrer Natur eigen sind, selbst wenn dies Trennung von einem anderen Menschen bedeutet. Große Nähe zu einem Menschen mit oberflächlichem Wesen ist jetzt nicht günstig; ein solcher Mensch nutzt andere nur für seine selbstsüchtigen Ziele aus. Auch Sie können einer der Ausgebeuteten sein. Umgekehrt könnten aber auch Sie verleitet sein, Ihren Partner auszubeuten. Wenn das so ist, sollten Sie dieses Vorgehen umgehend einstellen.

8. Was erhoffe ich mir vom Leben?

Sie wollen sich unter allen Umständen Ihre Rechtschaffenheit erhalten. Sie bleiben standhaft, auch wenn die Welt versucht, Sie von Ihrem Weg abzubringen.

*DIE LINIEN*_____

Eins ——— **X** ———

Haben Sie auf die Möglichkeiten Ihrer Zukunft ein wachsames Auge, selbst wenn dies Trennung von Menschen bedeutet, die Ihre Redlichkeit bedrohen.

Zwei ——— **X** ———

Hüten Sie sich vor der Arglist derer, die etwas von Ihnen wollen, aber selbst nichts zu bieten haben. Es kann aber sein, daß Sie diesen Menschen helfen, ohne es direkt zu wollen, aber nur, wenn Sie fest an Ihren eigenen Prinzipien festhalten und wenn sich diese auf Rechtschaffenheit gründen. Diese Hilfeleistung ist gut, wenn Sie die Konsequenzen daraus tragen können. Doch sollten Sie jegliche Vertraulichkeit mit diesen Menschen meiden.

Die Bereitschaft, schwierige Zeiten durchzustehen, ohne mit schlechten Menschen Kompromisse einzugehen, befähigt Sie, Erfolge zu erringen.

Drei ——— X ———

Sie sollten sich darüber im klaren sein, daß Menschen, die Einfluß über andere beanspruchen ohne diese Machtposition zu verdienen, sich irgendwann ihrer Unzulänglichkeit bewußt werden. Diese Erkenntnis führt solche Menschen dann zu sich selbst zurück und erschließt ihnen die Möglichkeit der ehrlichen Selbsterkenntnis, die sie dann auf einen neuen, besseren Pfad lenken kann.

Vier ——— O ———

Starre wandelt sich in Bewegung, Stillstand in Dynamik. Ein Pfad erstrahlt in der Dunkelheit. Um gewisse, wichtige Verantwortungen zu begreifen, muß man eine innere Berufung fühlen, nur so wird man die nötige Kontrolle über die Situation haben. Wenn ein Mensch sich etwas auf seine Position einbildet, kann er versagen. Hat ein Mensch aber wirklich die Berufung für eine bestimmte Sache, werden andere das erkennen und den Menschen unterstützen, denn sie sind ihm wesensverwandt und arbeiten in die gleiche Richtung. Wenn Beruf und Berufung sich ergänzen, kommt der Erfolg ganz von allein; doch beachte man die Warnung vor Arroganz und Überheblichkeit.

Fünf ——— O ———

Auch wenn alles gut und nach Plan läuft, muß man vor verborgenen Gefahren auf der Hut sein. Hier heißt die Gefahr: Überheblichkeit wegen eines allzu günstigen Verlaufs der Ereignisse. Wer bescheiden ist, macht nicht so schwerwiegende Fehler, er wird die gebotenen Möglichkeiten besser nutzen und so auch seine Chancen auf dauerhaften Erfolg vergrößern. Wer sich aber vor Überheblichkeit nicht hütet, wird auf Verwirrung stoßen.

Sechs ——— O ———

Festgefahrene Situationen können nur von den richtigen Menschen wieder in Schwung gebracht werden. Die statische, leblose Situation kann so lange unbewegt bleiben, bis die richtige Energie sie löst. Eine kreative Natur muß unermüdlich Anstrengungen unternehmen, um die Inaktivität zur Bewegung anzureizen. Nur tätige Beharrlichkeit wird belohnt; verlassen Sie sich nicht auf einen wohlmeinenden Zufall.

Wichtig hier: Die Ernsthaftigkeit der Anstrengung wirkt mit den guten Eigenschaften des Menschen zusammen. Beides ist von äußerster Wichtigkeit, um inneres Gleichgewicht und dynamische Tatkraft zu ermöglichen.

Hexagramm 13

WELTFRIEDEN

Universelle Gemeinschaft;
weltumspannende Brüderschaft;
friedliches Miteinander

1. Ist dieser Mensch der geeignete Partner für mich?

Sie haben einen ausgeprägten Sinn für die Bedeutung der Liebe. Die Frage nach dem geeigneten Partner umfaßt für Sie auch die Frage nach der Einbettung Ihrer Beziehung in einen größeren gesellschaftlichen Rahmen. Das heißt, Sie beziehen auch die gemeinsamen Freunde, die Familien, die Gesellschaft als Ganzes mit ein.

Sie erkennen die Bedeutung eines friedlichen Miteinanders. Sie wissen, wie sehr dies die persönliche Stärke und die gegenseitige Bereitschaft, auf die Gedanken und Gefühle des anderen einzugehen, mitbestimmt. All diese Überlegungen spielen in Ihrer Beziehung eine Rolle, sie birgt deshalb die Anlage zu größtmöglicher Entwicklung.

Gemeinsam können Sie und Ihr Partner viel zum Wohlergehen anderer in bestimmten Lebensbereichen beitragen. Wo ein Wille ist, da ist auch ein Weg. Es gibt nur wenig, das Sie nicht gemeinsam erreichen könnten. Als Paar verfügen Sie über die außerordentliche Begabung, Ihre Wertvorstellungen im Einklang mit dem Willen des Universums zu verwirklichen.

2. Liebt mich mein Partner?

Sie empfinden eine tiefe Liebe füreinander: Sie haben so viel Liebe, daß Sie sie mit anderen teilen können.

3. Haben wir eine gemeinsame Zukunft?

Die Antwort ist schon in der Frage enthalten, das ausschlaggebende Wort ist »gemeinsam«. Ihre privaten Ziele sind auch die Ziele der gesellschaftlichen Gruppierung, aus der heraus Sie Ihre Identität entwickeln. Wenn innerhalb dieser Gruppe unterschiedliche Ziele angestrebt werden, so steht auch Ihre Zukunft auf wackligen Füßen. Wo man sich über die Ziele einig ist, kommen die Menschen ganz von selbst zusammen. Gemeinsame Gefühle und gemeinsame Ziele schweißen ein Team zusammen. Fragen Sie sich also: »Streben mein Partner und ich grundsätzlich gleiche Ziele an? Stehen diese Ziele im Einklang mit den übergeordneten Zielen der Menschheit, so wie wir sie verstehen? Sind wir an den gleichen Dingen interessiert? Sind diese Dinge wichtig genug, daß wir deshalb miteinander leben möchten?«
Positive Antworten bedeuten auch eine positive Zukunft und umgekehrt.

4. Wie soll ich mich jetzt am besten verhalten?

Die persönliche Einstellung eines Menschen gründet sich oft auf viele unterschiedliche Voraussetzungen. Hier ist die Voraussetzung einfach: Einheit und Einigkeit mit anderen ist von überragender Bedeutung für Sie. Richten Sie Ihre Haltung und Einstellung an dieser Idee aus. Für Seitenwege ist kein Raum.

5. Warum ist unsere Beziehung zerbrochen?

Statt Ihre Fähigkeiten darauf zu verwenden, Ihrem Leben Sinn und Ordnung zu geben, haben Sie die Dinge nur unnötig kompliziert und Verwirrung gestiftet. Sie haben den Wert dieser Beziehung nicht erkannt, denn Sie unterlagen dem Irrtum, andere Dinge seien wichtiger. Das hat eine Kluft zwischen Ihnen und Ihrem Partner aufgerissen. Trennungen, die aus falscher Einschätzung der Lage resultieren, bringen Schmerz und Zerstörung mit sich; sie sind selten wiedergutzumachen.

Das Universum unterliegt einer Ordnung. Handlungen, die gegen das Gesetz des Universums verstoßen, gehen immer auf Kosten der handelnden Person. Für jede Gesetzesüberschreitung müssen wir zahlen. Das Orakel sagt: Wenn du Spaltungen in der Welt bewirkst, dann bewirkst du Spaltungen in dir selbst und das führt zu schmerzhafter Verwirrung. Es ist schwer, einem solchen Zustand lange Paroli zu bieten, keine Beziehung kann in einer solchen Zerrissenheit überleben.

6. Werden wir wieder zusammenkommen?

Anfänglich folgte Ihre Beziehung einem guten Kurs, und Sie beide erkannten das in ihr liegende Potential, doch dann fiel sie dem Chaos anheim, da die von Ihnen beiden verfochtenen Werte im Widerstreit miteinander lagen. Vielleicht begann alles, als Sie anfingen, Ihre Netze zu weit auszuwerfen? Vielleicht hat einer von Ihnen Dinge verlangt, die der andere nicht geben konnte – vielleicht haben Sie beide den Bogen Ihrer Forderungen überspannt; vielleicht waren Ihre Erwartungen zu hoch; vielleicht ist eine allzu große Intimität in häßliche Verachtung umgeschlagen?

Dieses Hexagramm befaßt sich mit der Einheit von Menschen, und das schließt Ihren Partner mit ein. Sie haben dieses Hexagramm geworfen, weil Sie Einheit und nicht Trennung anstreben. Deshalb haben Sie guten Grund, optimistisch zu sein. Voraussetzung ist aber, daß Sie beide Ihre Beziehung im Lichte eines größeren Kontextes sehen und nicht allein auf die Probleme ihrer Verbindung fixiert sind. Eine Versöhnung ist nur dann von Dauer, wenn Sie Ihre Beziehung wachsen lassen.

7. Wie kann ich die Dinge wieder ins Lot bringen?

Wenn Sie eine wahre Verbindung mit Ihrem Partner anstreben, müssen Sie erst einmal alle Geheimnisse zwischen sich aus dem Weg räumen. Sie müssen bereit sein, sich gegenseitig in jeder Hinsicht zu vertrauen. Alle dunklen Geheimnisse müssen ans Tageslicht gebracht und ehrlichen Herzens verziehen werden.

Freude, die aus der Einheit mit anderen erwächst, muß man teilen. Alles was sich dem entgegenstellt, ist schädlich. Vertrauen ist die Basis jeder Beziehung, und große Dinge erwachsen nur aus solchem Vertrauen. Bevor Sie eine Beziehung eingehen, müssen Sie sich darüber im klaren sein.

Sprechen Sie selbst mit Ihrem Partner, direkt, von Angesicht zu Angesicht – Sie brauchen keine Mittelsleute. Sprechen Sie als Menschen miteinander, nicht als bedeutende Persönlichkeiten.

8. Was erhoffe ich mir vom Leben?

Ihr Herzenswunsch ist sehr ehrenwert – Sie möchten sich in eine soziale Ordnung einfügen und dort von Nutzen sein, damit höhere Ziele erreicht werden können, die nicht nur dem Einzelnen, sondern der ganzen Menschheit dienen.

*DIE LINIEN*_____

Eins ——— **O** ———   *Zwei* ——— **X** ———

Sie müssen sich über die Gründe klar werden, warum Sie mit anderen zusammenarbeiten wollen, bevor Sie mit dieser Arbeit anfangen. Solange es Ihr aufrichtiges Bestreben ist, mit anderen zu kooperieren, wird alles gutgehen.

Oft bilden sich innerhalb großer Arbeitskreise kleine Untergruppen. Wenn diese kleinen Gruppen Ziele verfolgen, die dem großen Ziel des Arbeitskreises nicht entsprechen, kommt es zu Abspaltungen. Eine kleine Gruppe, die dem allgemeinen Interesse der übergeordneten Gruppierung entgegenarbeitet, handelt immer aus selbstsüchtigen und bösartigen Motiven. Das ist gefährlich, denn es bringt die ganze Ordnung aus dem Gleichgewicht. Der Idee, eine eigene Fraktion zu bilden, oder auch nur eine Untergruppe zu dulden, muß entgegengewirkt werden. Eine kleine Fraktion kann rasch wachsen und stark werden, und die ganze Gruppe kann letztlich gedemütigt und geschwächt werden.

Drei ———O———

Eine Fraktion innerhalb einer Gruppe, die von selbstsüchtigen Motiven geleitet wird, ist wie ein Krebsgeschwür, das sich in gesundes Gewebe hineinfrißt. Sie verstehen Wesen und Ziele der großen Gruppe aber falsch, wenn sie diese Krebsgeschwulst bekämpfen wollen, indem sie eine weitere Fraktion ins Leben rufen. Damit verstärken Sie nur das Mißtrauen gegenüber der ganzen Gruppe. Sie tun der Gruppe als Ganzes keinen Gefallen, wenn Sie auf Ihrer Position beharren und versuchen die »andere Seite« auszuschalten.
Wenn Sie darauf beharren, erreichen Sie nur eins: Sie werden alle Mitglieder der Gruppe einander entfremden und die ganze Gruppe zerstören. Verlassen Sie Ihren Pfad und zeigen Sie denjenigen, die Ihnen bisher folgten, wie vernünftig Ihr Handeln ist.

Vier ———O———

Sie und Ihr Vorbild schauen sich an, und Sie erkennen, daß ein Kampf zwischen Ihnen beiden nur die Zerstörung all dessen mit sich brächte, was Sie beide im Leben für wert und teuer erachten. Das läßt Sie Ihre momentane Lage in einem neuen Licht sehen. Da Ihnen beiden diese Erkenntnis kommt, öffnen sich Türen zu beiden Seiten, es ergeben sich Möglichkeiten für neue Lösungen. Eine ehrliche Versöhnung bringt allen Beteiligten Glück.

Fünf ———O———

Es böte sich die Möglichkeit für eine Versöhnung in Frieden, doch die Umstände sind frustrierend. Eine Seite kann die andere nicht bekämpfen, ohne daß beide Seiten verlieren. In diesem Kampf hat keine Seite die geringsten Gewinnchancen.
Sie beide wissen das, deshalb können Sie eine verantwortungsvolle, gesunde Haltung einnehmen, Sie können eine friedliche Übereinkunft treffen, basierend auf einem echten Sinneswandel und ehrlichem Vertrauen. Sie haben erkannt, daß unter dem Streit über Kleinigkeiten grundsätzliche Übereinstimmung herrscht. Diese Erkenntnis wird Ihnen helfen, letztlich alle Schwierigkeiten in dieser Sache zu überwinden.
Freude wird an die Stelle der

Traurigkeit in Ihren Herzen treten, und – wie Konfuzius sagt: »Wer versteht, was in seinem Herzen vorgeht, dessen Worte werden süß und stark sein, wie der Duft von Orchideen.«

Sechs ———— O ————

Im Grunde unseres Herzens sind wir mit allen einig, dennoch empfinden wir augenblicklich eine nagende Leere. Es kommt daher, weil wir am Vorabend großer Ereignisse stehen. Wir müssen teilnehmen am Entwurf neuer Ideen, um die Wärme des echten Einklangs zu spüren. Die Situation ist keineswegs ideal, dennoch ist unser Herz am rechten Fleck, und deshalb können wir in das hohe Ziel der Menschheit, die Erlangung vollkommener Einheit, hineinwachsen.

Wir können Trost ziehen aus der Erkenntnis, daß der Wille des Herzens einen Weg finden wird, daß schließlich ein noch unbestimmbares Gefühl der Wärme sich ausbreiten wird. Die Lebenserfahrung ist erst dann vollendet, wenn Frieden im Herzen aller Menschen und Völker herrscht. Dann kann die Menschheit sich auf einer neuen Stufe der Erkenntnis weiter entfalten. Viele Menschen wissen bereits, was diese Erkenntnis bedeutet.

*Anmerkung des Verfassers:*_____

Das I Ging geht von der Grundannahme aus, daß nichts und niemand in der Welt entbehrlich ist außer dem Bösen. Nur innerhalb einer Gruppe kann das Individuum hoffen, eine angemessene Handlungssphäre zu finden. Das I Ging stellt ein Postulat auf und verlangt von denen, die es um Rat und Hilfe angehen, daß sie eine Grundbedingung erfüllen.

Das Postulat besagt: Alles befindet sich in dauerndem Wandel, nichts ist auf ewig unveränderlich. In jeder Situation – und also auch in uns selbst – ist der Keim des Wandels eingeschlossen, des Wachstums, der Veränderung. Ständig werden neue Zustände erzeugt, Hoffnung, Liebe und Freude können nie verdorren.

Die Grundbedingung ist diese: Wir müssen immer bereit sein, uns neuen Gegebenheiten anzupassen und zu jedem Problem eine passende Lösung zu finden; wir müssen nach immer neuer Nahrung für das innere Festessen suchen und bereit sein, sie zu verdauen.

Wahre Brüderschaft ist erst möglich, wenn die Welt – alle Länder, alle Kulturen, alle Glaubensgemeinschaften – Frieden gefunden hat. In ihrem innersten Herzen sprechen alle Völker die gleiche Sprache, die Sprache des Friedens. Die gebrochenen Herzen dieser Welt können nur mit unser aller Liebe geheilt werden.

Hexagramm 14

REICHTUM

Großes Vermögen;
Besitz;
geistige und materielle Güter

1. Ist dieser Mensch der geeignete Partner für mich?

Schätzen Sie sich glücklich, daß Ihnen dieser Mensch begegnet ist. Wenn er auch äußerlich unscheinbar, vielleicht auch sehr zurückhaltend ist und gern sein Licht unter den Scheffel stellt, so verfügt er doch, ob männlich oder weiblich, über die Uneigennützigkeit und die Fähigkeit, die Welt mit ruhiger Weisheit zu betrachten.

2. Liebt mich mein Partner?

Ja, Ihr Partner ist Ihnen zugeneigt, doch es ist Raum für weiteres Wachstum. Stellen Sie Ihre eigenen Gefühle der Zuneigung deutlicher heraus!

3. Haben wir eine gemeinsame Zukunft?

Gewiß haben Sie die, doch der Weg wird nicht immer leicht sein. Sie müssen mit Schwierigkeiten rechnen, doch wenn Sie sich Ihre guten Eigenschaften erhalten, können Sie gegen die Probleme ankämpfen.

4. Wie soll ich mich jetzt am besten verhalten?

Viele Ihrer Schwierigkeiten erwachsen aus Ihrer Einstellung zum Reichtum, was wiederum Ihre Haltung anderen Menschen gegenüber beeinflußt. Sie sind eingebildet, und das macht Sie blind für die Gefühle anderer. Materielle Werte sind Ihnen wichtiger geworden als die ideellen Werte im einzelnen Menschen; so konnten negative Einflüsse von Ihrem Herzen Besitz ergreifen. Diese äußern sich jetzt in Form von gefühlloser Arroganz und Verschwendung; das ist der Grund für den Tadel, den Sie allenthalben auf sich ziehen. Sie sollten sich jetzt in Bescheidenheit üben und Ihre Verblendung erkennen. Vielleicht täte es Ihnen gut, wenn Sie andere an Ihrem Reichtum teilhaben ließen.

5. Warum ist unsere Beziehung zerbrochen?

Obgleich gute innere Qualitäten wie Uneigennützigkeit und Bescheidenheit vorhanden sind, können sie nur im ständigen Kampf gegen deren Widersacher erhalten bleiben. Wenn eine Beziehung wie die Ihre zerbrochen ist, dann deshalb, weil sich in Ihnen, Ihrem Partner, oder in beiden Selbstsucht, Arroganz, Gier, Überheblichkeit und Dünkel breitmachen konnten. Diese Charakterzüge werfen einen Schatten über Ihre Beziehung. Sie führen auch – obgleich das hier nicht von Bedeutung ist – zu einer schlechten Verwaltung des Besitzes und somit letztlich zum Verlust. Wenn Ihre Beziehung zerbrochen ist, so ist es allein der Habgier zuzuschreiben.

6. Werden wir wieder zusammenkommen?

Wenn Sie und Ihr Partner sich tatsächlich getrennt haben, dann ist eine Wiedervereinigung nur auf der Grundlage geistig-emotionaler Werte, nicht aber auf materieller Basis möglich. In Zeiten des Elends und der Trauer kann Reichtum sehr lästig sein, vielleicht wünschen Sie sogar insgeheim, Sie verfügten nicht darüber. Sie und Ihr Partner stehen vor einer Prüfung. Können Sie die materiellen Anhängsel als das erkennen, was sie sind, so werden Sie erfahren, daß die beste Grundlage einer Beziehung seelische Harmonie ist.

7. Wie kann ich die Dinge wieder ins Lot bringen?

Wenn Sie die Sache für sich und andere nicht schlimmer machen wollen, müssen Sie Ihre Einstellung radikal ändern. Wenn Sie bisher mit Ihrem Reichtum und Besitz selbstsüchtig umgegangen sind, nur zögernd mit Freunden und Familie geteilt haben, dann ist jetzt die Zeit umzudenken. Gierige Menschen, die Besitz anhäufen, verlieren ihn oft wieder und selten haben Sie Freude, solange sie im Besitz des Reichtums sind. Wo Reichtum geteilt wird, wo er dazu dient, anderen Freude zu bringen, da vermehrt er sich. Hier ist nicht vom verschwenderischen Verteilen von Almosen die Rede, hier geht es um das tiefe Bedürfnis, wirklich gütig sein zu wollen.

8. Was erhoffe ich mir vom Leben?

Ihr wichtigstes Anliegen heißt: mehr Reichtum anhäufen. Wenn Sie diesen Reichtum dazu nutzen könnten, Ihre vorhandene gütige Grundhaltung zum Ausdruck zu bringen, so würden Sie eine neue, befriedigende Dimension des Lebens entdecken; andere werden Ihnen mehr Freundlichkeit entgegenbringen, und Sie selbst werden Ihr Vermögen mehren.

DIE LINIEN

Eins ———— O ————

Im Stand des Reichtums zu sein, ist neu für Sie. Noch sind Sie niemandem auf die Zehen getreten. Bedenken Sie, daß Ihre Situation ganz selbstverständlich Schwierigkeiten anzieht. Wenn Sie sich Ihre Bescheidenheit und Ihre Zurückhaltung bewahren, werden Sie kaum schwerwiegende Fehler begehen.

Zwei ———— O ————

Nützlicher Besitz zieht nützliche und fähige Menschen an. Sie werden gewarnt, nicht zuviel unbewegliche Habe aufzuhäufen.

Drei ———— O ————

Sie werden gewarnt, nicht zu gierig in materiellen Angelegenheiten zu sein. Sie sollen Ihren Reichtum nicht verschleudern, aber Sie sollten begreifen, daß er geteilt werden kann. Nur wenn Sie Ihren Besitz teilen, wird er Ihnen Freude bereiten.

Vier ———— O ————

Machen Sie nicht den Fehler, Ihren Reichtum mit dem des Nachbarn zu vergleichen, es wird nur Neid und Mißgunst daraus erwachsen. Es würde Ihr Leben unglaublich komplizieren.

Fünf ———— X ————

Sie sind ein gutherziger Mensch, anderen gegenüber nett und freundlich. Doch sollten Sie Ihre Wohltätigkeit zügeln und die Art und Weise, wie andere Menschen ihre Dinge regeln, zur Kenntnis nehmen und respektieren.

Sechs ———— O ————

Sie haben Ihren Reichtum und Ihre Stellung einem guten und weisen Menschen zur Verfügung gestellt. Auf diese Art kommen Sie in den Genuß der Weisheit dieses Menschen und stellen den Fortbestand Ihres Vermögens sicher.

Hexagramm 15
BESCHEIDENHEIT

Wahre, nicht berechnende Zurückhaltung;
Anspruchslosigkeit;
Hilfsbereitschaft

1. Ist dieser Mensch der geeignete Partner für mich?

Ihr Partner fühlt sich zu Ihnen hingezogen, da Sie von Natur aus ein bescheidener Mensch sind. Dies ist ein äußerst erstrebenswerter Charakterzug. Daß Sie bescheiden sind, heißt aber weder, daß Sie sich künstlich kleinmachen, noch, daß Sie ein Narr sind.

Ein bescheidener Mensch ist eher in der Lage, andere mit klarem Blick zu beurteilen als ein eingebildeter Mensch. Ein Aufschneider, eine arrogante Person wird Sie nicht anziehen, keinen Eindruck auf Sie machen. Sie sind eher geneigt, sich ähnlich disponierten Personen zuzuwenden. Leute wie Sie stellen an andere keine große Anforderungen. Es ist sehr gut möglich, daß Sie Ihren Partner richtig einschätzen. Ihr Vertrauen in den guten Charakter Ihres Partners ist gerechtfertigt.

2. Liebt mich mein Partner?

Bescheidene Menschen muß man lieben. Sie stellen den ehrlichen Gefühlen anderer keine Hindernisse in den Weg.

Bescheidene Menschen werden von anderen immer respektiert, und leicht entwickelt sich Respekt zu Liebe.

3. Haben wir eine gemeinsame Zukunft?

Das Orakel steht Ihnen wohlwollend gegenüber. Die Zukunft liegt in Ihren Händen, und aus der Sicht Ihres Partners ist das auch gut so. Sie sind nicht der Typ, dem das Glück zu Kopf steigt.

Als erdverbundener Arbeiter wollen Sie alles, was Sie tun, so gut wie möglich machen. Diese Einstellung stellt eine gute Grundlage für die zukünftige Entwicklung dar.

4. Wie soll ich mich jetzt am besten verhalten?

Eine bescheidene Person ist in einer guten Ausgangsposition, die Welt objektiv zu betrachten. Da Sie keine Einbildung kennen, handeln Sie geradeheraus, was Sie anderen Menschen sympatisch macht. Erhalten Sie sich diese Einstellung, denn sie wird Ihnen helfen, auch die schwierigsten Probleme im Leben leichter zu bewältigen.

5. Warum ist unsere Beziehung zerbrochen?

Berechnende, wenig ausgeglichene Menschen sehen im bescheidenen Menschen eine leichte Beute. Für jemanden mit starkem Willen ist es ein leichtes, Sie auszunutzen. Es ist möglich, daß Sie Opfer einer solchen Ausbeutung wurden, es merkten und die Konsequenzen daraus zogen. Darin ist, zumindest oberflächlich, der Grund für den Zusammenbruch der Beziehung zu suchen.

6. Werden wir wieder zusammenkommen?

Bescheidenheit ist nicht mit Gehemmtheit oder Schüchternheit gleichzusetzen – das sind gänzlich andere Charakterzüge. Bescheidene Menschen sind Menschen von außerordentlicher Rechtschaffenheit, die die hohe Gabe der Vergebung besitzen. Wenn Ihr Wahrnehmungsvermögen nicht durch ein übersteigertes Selbstwertgefühl getrübt ist, dann werden Sie die Schwächen anderer nicht zu Ihrem Vorteil ausnutzen.

Ihre Bescheidenheit ist Ihre Stärke. Wenn Sie bereit sind, zu vergeben, dann ist eine Versöhnung möglich. Doch könnte es sein, daß Sie sich unter den gegebenen Umständen lieber an den Spruch halten: »Gebranntes Kind scheut das Feuer.« Vertrauen Sie Ihrer Weisheit!

7. Wie kann ich die Dinge wieder ins Lot bringen?

Sie verfügen über enorme Fähigkeiten, wenn es darum geht, die Dinge ins Lot zu bringen und die Harmonie wiederherzustellen.

Wenn Sie im vorliegenden Fall Versöhnung anstreben, liegt es im Bereich Ihrer Macht, das zu erreichen.

8. Was erhoffe ich mir vom Leben?

Bescheidenheit ist eine Eigenschaft, die das Beste im Menschen zum Vorschein bringt. Ihr Bestreben ist es, ein Leben in Weisheit zu führen. Vor allem aber wollen Sie anderen Menschen dienen und nützen. Besonders aus diesem Grund sieht das Orakel Sie in bevorzugter Stellung.

DIE LINIEN——————————————————————

Eins ——— **X** ———

Ihre Haupttugend ist Ihre Anspruchslosigkeit. Diese Eigenschaft befähigt Sie, sich jeder Herausforderung zu stellen. Da Sie die Dinge nicht aufbauschen, können Sie die schwierigsten Aufgaben bewältigen, ohne daß andere Ihnen die Mühe anmerken.

84

Zwei ——— X ———

Es gibt Zeiten, in denen haben Sie wegen Ihrer Bescheidenheit großen Einfluß auf andere. Dies ist eine solche Zeit; handeln Sie mit dem Herzen und es wird Ihnen Glück bringen!

Drei

Sie haben etwas erreicht und dafür Anerkennung erhalten. Ihre Bescheidenheit dabei trägt Ihnen die Zuneigung anderer ein und befähigt Sie, Ihre gute Arbeit fortzusetzen. Sie werden gerechten Lohn erhalten.

Vier ——— X ———

Übertriebene Bescheidenheit kann dazu führen, daß man sich künstlich kleiner macht, als man ist. Wahre Bescheidenheit zeigt sich am besten im Rahmen der Arbeit, die man zu leisten hat oder in dem, was man für andere tut. Nichts ist Ihnen zu viel, Sie kümmern sich auch um das kleinste Detail. Eine zu bescheidene Person glaubt aber oft, dies stünde ihr nicht zu. Unterschätzen Sie Ihren Wert nicht, schon gar nicht, um sich der Verantwortung zu entziehen.

Fünf ——— X ———

Eine wahrhaft bescheidene Person ist nicht schwach, sie läßt sich nicht von anderen ausbeuten. Die jetzige Zeit erfordert es, daß Sie Ihre Bescheidenheit mit Festigkeit paaren, um zu tun, was getan werden muß, ohne andere dabei zu erzürnen. Die erforderliche Festigkeit ist unpersönlich. Sie müssen sich wieder darüber klar werden, was Bescheidenheit für Sie bedeutet, Sie müssen sich selbst gegenüber Disziplin üben.

Sechs ——— X ———

Sie kennen den Unterschied zwischen echter und vorgetäuschter Bescheidenheit. Nur unter Einsatz wahrer Bescheidenheit können Sie hoffen, die falschen Vorstellungen zu zerstreuen, die andere über sich selbst haben. Es ist wichtig, daß Sie in diesem Sinne arbeiten, um das angestrebte Ziel zu erreichen. Ohne Zweifel verdient die Situation Ihre Aufmerksamkeit, auch wenn Sie aus Bescheidenheit zögern, einzugreifen. Bauen Sie sich daraus keine Entschuldigung auf. Bescheidenheit lehrt vor allem durch das Beispiel, nicht durch Erläuterungen.

Hexagramm 16
HARMONISCHER ZUSAMMENKLANG

Begeisterung; anstoßgebende Taten und Ideen;
die Sprache der Musik;
Einsatzfreude; spontaner Ausdruck

Dieses Hexagramm wählt das Bild »Musik«, spricht aber dabei nicht nur die Musik an, sondern benutzt diese Metapher auch, um auf Handlungsweisen hinzuweisen, die aus dem Fluß entstehen und scheinbar mühelos sind, ähnlich wie das Wasser den Berg hinunterfließt und dabei den Weg des geringsten Widerstands nimmt.
Musik ist eine Anordnung von Tönen, die in strukturierte Zeitabschnitte geordnet sind. Durch die Kraft der Musik werden verschiedene Elemente verbunden. Musik kann, was keine Sprache zu leisten vermag, sie spricht direkt von Herz zu Herz. Musik kann emotionale Spannungen abbauen und Gefühlen, die sonst dunkel und dumpf bleiben würden, zur Klarheit verhelfen. Musik ist die natürliche Sprache des Universums. In ihrer inneren Symmetrie und Struktur sind viele Geheimnisse des Lebens verborgen.
Das Universum ist ständig in Bewegung und Musik spiegelt diese Bewegung am besten. Die Musik hat nicht nur die Möglichkeit, gemeinsame Gefühle auszudrücken, sondern auch gemeinsame Gefühle zu erwecken, die die Menschen zusammenführen. In diesem Sinne ist Musik in der Lage, soziale Unterschiede aufzuheben. Menschen kommen sich eines gemeinsamen musikalischen Geschmacks wegen näher; Nationen finden ihre kulturelle Identität in der Musik, die sie hervorbringen.

1. Ist dieser Mensch der geeignete Partner für mich?

Für den Menschen, der dieses Orakel geworfen hat, spielt die Musik eine wichtige Rolle im Leben. Sie sind sich darüber längst im klaren, und wenn Sie vielleicht auch kein Komponist sind, so genießen Sie die Musik doch, weil sie Ihnen hilft, sich Ihrer tiefsten Empfindungen bewußter und klarer zu werden. Sie verfügen über eine natürliche Fähigkeit zu ständiger Veränderung, Sie können und wollen dem Gesetz des Universums folgen. Dies zeigt sich in der Art, wie Sie dem Leben gegenüberstehen und wie Sie Beziehungen zu anderen Menschen – nicht nur zu Ihrem Partner – gestalten. Sie suchen nicht bewußt nach Hürden und Schwierigkeiten; deshalb finden Sie die einfachen, die natürlichen Wege der Kommunikation und Einigkeit. Solange Sie und Ihr Partner sich erlauben, spontan Ihre Gefühle zum Ausdruck zu bringen, passen Sie ausgezeichnet zusammen. Sie machen nur dann einen Fehler in der Wahl Ihres Partners, wenn Ihr Wunsch, sich mit anderen zusammenzutun, nicht Ihren wahren Empfindungen entspricht, wenn Sie sich also zu etwas zwingen.

Jemand wie Sie täuscht sich selten über die Gefühle anderer, Sie können sie erfassen und sich ihnen leicht angleichen. Sie sind ein Mensch, der seiner Freude spontan Ausdruck gibt, der das Herz des Partners erreicht und dadurch eine wortlose Verständigung zustande bringt.

2. Liebt mich mein Partner?

Sie brauchen einen Menschen, der seine Gefühle für Sie in zarter, dabei aber unkomplizierter Weise ausdrücken kann. Die natürliche Sprache der Gefühle ist die Musik, die Sprache des Körpers ist der Tanz, die Sprache des Herzens ist sein Rhythmus, die Sprache der Freude ist Enthusiasmus. Positiv eingestellte, furchtlose Menschen sind für Sie am anziehendsten. Obwohl man sich zum Beispiel in der Sprache der Musik und des Tanzes mit mathematischer Präzision aus- drücken kann, werden die eigentlichen Aussagen doch nur von wahrhaft intuitiven Menschen verstanden. Bestimmte Formen der Musik haben eine geheimnisvolle, verborgene Möglichkeit, uns hintergründige Ideen mitzuteilen, die nur die Intuition erfassen kann.

Die Herausforderung der Liebe heißt für Sie, neue Wege zu finden, um ihre Gefühle in noch feinerer, klarerer Weise zum Ausdruck bringen zu können.

3. Haben wir eine gemeinsame Zukunft?

Die Zukunft Ihrer Beziehung verspricht noch größere Nähe zueinander. Musik ist das Medium, durch das Ihre Liebe zu noch höherem Ausdruck kommen kann. Es besteht die Möglichkeit, daß Sie gemeinsam eine erweiterte Vorstellung von der Bedeutung der Zeit entwickeln können, das heißt, die Zukunft löst in Ihnen nicht die üblichen Ängste aus, weil Sie die Möglichkeiten der Gegenwart besser im Griff haben. Das Potential für eine wunderbare, gemeinsame Entfaltung ist gegeben.

4. Wie soll ich mich jetzt am besten verhalten?

Das Wort »verhalten« beinhaltet eine bewußte Eingrenzung der Weltsicht. Die Weltsicht eines begeisterten Menschen wird von einer angeborenen Freude getragen, mit der er immer in Berührung steht, gleich welche Erlebnisse er durchmacht. Daß Sie zu diesem Zeitpunkt dieses Orakel geworfen haben, ist ein Zeichen dafür, daß Sie mit Teilen Ihrer Persönlichkeit bereits in Einklang und Harmonie mit der Ordnung des Universums stehen, wie sie sich in den tiefen menschlichen Gefühlen der Begeisterung ausdrückt. Bewußt oder unbewußt tendieren Sie dazu, auf ganz natürliche Art mit Ihrem Partner und der Welt als Ganzer zu harmonieren.

5. Warum ist unsere Beziehung zerbrochen?

Die Gesetze, die die Natur regieren, sind unverletzlich. Wenn Sie sich gegen die Natur stellen, stellen Sie sich gegen sich selbst. Wenn Sie das Gleichgewicht der Natur stören, stören Sie Ihr eigenes Gleichgewicht. Wir können unserer übernatürlichen Verbindung mit allem in der Welt nicht entfliehen. Wir können lediglich die Gegenstände dieser Welt unterscheiden und Handlungsweisen wählen, je nach unserer Kenntnis der Wahlmöglichkeiten und unserer Sicht der Welt.
Musik kann der Liebe Ausdruck

verleihen. Sie hat die Macht, Körper und Seele zu vereinen, sie kann das Bewußtsein der linken Hirnhälfte mit dem Bewußtsein der rechten Hirnhälfte verbinden, sie kann als Medium dienen, durch welches die unsichtbare Welt mit der sichtbaren in Kontakt tritt, sie hat die Macht, den Dialog zwischen dem Schöpfer und der Menschheit zu übermitteln. Sie ist deshalb die größte Errungenschaft der Menschheit. Durch die Musik ist die Menschheit in der Lage, mit einer einzigen Stimme zu singen.

Musik hat die Kraft, Gefühle des Herzens freizusetzen, Empfindungen hervorzurufen, sie lebendig zu machen. Es ist die Macht und Kraft der Musik, die die Beziehung zu Ihrem Partner regiert. Wenn Ihre Beziehung zerbrochen ist – und das Orakel deutet eigentlich nicht an, daß es soweit gekommen ist –, dann kann es nur daran liegen, daß Sie diese Kräfte übergangen, sie in irgendeiner Weise verletzt haben. Disharmonien haben den Platz der Harmonien eingenommen. In Ihrem Fall scheint sich gegenseitiger Groll entwickelt zu haben. Die sprengende Kraft dieses Gefühls wird die Kluft aufgerissen haben.

6. Werden wir wieder zusammenkommen?

Der Weg zurück zu gegenseitigem Verständnis ist der Weg des geringsten Widerstandes. Folgen Sie dem Pfad, der sich Ihnen als der selbstverständlichste anbietet. Suchen Sie keine Hindernisse, wo es keine gibt. In Ihren erhabensten Gefühlen verstehen Sie sich am besten, diese also sollten Sie im Partner ansprechen. Nur die Inspiration kann Ihnen den Weg weisen, ein Rezept gibt es nicht.

7. Wie kann ich die Dinge wieder ins Lot bringen?

Unmut und Groll erwachsen aus Stolz und Intoleranz. Sie können den Bruch zwischen sich nicht heilen, solange Sie nicht den Groll zwischen sich abgebaut haben. Musik und Tanz als verbindende Aktivitäten sind die Sprachen Ihrer Versöhnung; sie können die Brücke zwischen Ihren Herzen bilden.

8. Was erhoffe ich mir vom Leben?

Sie dürfen erwarten, daß Ihnen die größten Freuden zuteil werden. Zusammen mit Ihrem Partner wollen Sie die erhabensten geistigen Empfindungen ausdrücken. Sie wollen mit Ihrem Herzen die unsichtbare Symmetrie der Liebe berühren, die Sie umgibt; die Schwingen der Inspiration werden Sie dabei tragen.

*DIE LINIEN*_____

Eins ———— **X** ————

Sie haben die innere Bedeutung der Begeisterung mißverstanden, was sich in einer zur Schau gestellten Arroganz äußert. Begeisterung ist Ausdruck der Freude, aber kein Podest, auf das man steigt, um anderen immer eine Nasenlänge voraus zu sein. Ihre »Begeisterung« schafft Entzweiung und letztlich werden Sie damit nur Unglück anziehen.

Zwei ———— **X** ————

Sie leben mit sich in Frieden. Sie sind nicht zwischen extremen Gefühlen hin- und hergerissen und können deshalb die Dinge sehen, wie sie sind. Eine neue Zeit bricht an, doch die anderen um Sie herum können die Zeichen nicht wie Sie deuten. Handeln Sie nach dem, was Sie sehen. Sie verfügen über die seltene Gabe der Einsicht und andere werden sich darauf verlassen. Sie erkennen Gut und Böse, Licht und Dunkel, Stärke und Schwäche; dies verleiht Ihren Entscheidungen eine eigene Kraft, derentwegen andere sie bewundern. Glücklicher Ausgang ist das Ergebnis.

Drei

Sie verlassen sich zu sehr darauf, daß andere Ihnen Handlungsanweisungen geben; das ist an sich nicht tadelnswert, doch sollten Sie Ihren Sinn für zeitliche Abstimmung schärfen. Das Richtige muß zur richtigen Zeit getan werden, um den richtigen Effekt zu haben. Sie selbst müssen zur rechten Zeit die Entscheidung zur Handlung treffen.

Vier

Sie verfügen über die seltene Eigenschaft, sich selbst rundum positiv einschätzen zu können, Sie kennen keine einengenden Zweifel an Ihren Fähigkeiten. Sie können auch anderen Leuten Selbstvertrauen geben, so daß sie den Herausforderungen entgegentreten können. Indem Sie in anderen den Geist der Zusammenarbeit erwecken, stützen Sie einen schon ohnehin sicheren Erfolg.

Fünf ——— **X** ———

Ihre Begeisterung findet nicht die Zustimmung anderer. Es ist, als wäre eine nasse Decke über ein Feuer gebreitet. Seltsamerweise hat dies auf Sie eine heilsame Wirkung, denn es verhindert, daß Sie sich von Ihrer Begeisterung hinreißen lassen. Wenn dies geschähe, würden Sie sich in Schwierigkeiten bringen.

Sechs ——— **X** ———

Ihre Begeisterung ist völlig fehl am Platz. Dennoch ist es unwahrscheinlich, daß Sie zu weit gehen werden; Sie werden sich zügeln und so den Schaden vermeiden, der eventuell hätte entstehen können.

Hexagramm 17

GEGENSEITIGKEIT

Rücksichtsvolle Pflichterfüllung;
offenherzige Bereitschaft;
Geben und Nehmen

1. Ist dieser Mensch der geeignete Partner für mich?

Tief im Herzen haben Sie den Wunsch, Ihr Bestes zu geben, doch Sie stoßen auf Schwierigkeiten. Das Problem liegt nicht darin, ob Ihr Partner der richtige ist oder nicht, das Problem ist, wie Sie mit den Umständen, in denen Sie sich befinden, am besten zurechtkommen können. In Ihrer Beziehung besteht die Notwendigkeit, zu geben und zu nehmen, diese Gegenseitigkeit betont das Orakel. Der Akzent liegt auf Ihrer Fähigkeit, die Initiative Ihres Partners gelten zu lassen, wenngleich Sie selbst glauben, initiativ sein zu müssen.
Man muß ein sehr offenherziger Mensch sein, um auf die Anstöße anderer eingehen zu können. In Ihrem Fall hängt also alles davon ab, ob Sie Ihrem Partner gegenüber empfänglich sind. Widerstehen Sie der starken Versuchung, durch hinterlistige Mittel Ihrem Partner eine Reaktion zu entlocken.

Sie sollten mehr Vertrauen zu Ihrem Partner haben. Das heißt, es genügt nicht, daß Sie jetzt mal Zugeständnisse machen; Sie müssen erkennen, daß Sie ihm nur dann näherkommen können, wenn Sie bereit sind, ständig mit Aufmerksamkeit auf seine Empfindungen einzugehen. Wenn Sie sich ernsthaft darum bemühen, wenn Sie also mehr geben, werden Sie mit tieferer Kenntnis der Gefühle und Empfindungen Ihres Partners belohnt werden. Sie wachsen so weiter zusammen und einer folgt dem anderen: beide führen, beide folgen. In diesem Paradox der Liebe drücken sich Glück und Freude aus.

Die hierin enthaltene Warnung lautet: Wenn Sie sich den Signalen des Partners nicht anpassen können, werden Sie den Moment nicht erkennen können, wann Sie führen und wann Sie folgen müssen. Sie verlieren dann den ganzen Sinn der Beziehung aus den Augen. Doch wenn Sie sich angleichen, werden Sie lernen, Zuneigung zu empfangen und zu geben und der Kreis bleibt geschlossen.

2. Liebt mich mein Partner?

Man kann von einem anderen Menschen keine Liebe verlangen. Man kann nur versuchen, Liebe zu erwecken, indem man bereit ist zuzuhören und die Wünsche des anderen zu erspüren. Dabei aber haben schlaue Tricks und ausgeklügelte Manipulationen nichts zu suchen. Die Bereitschaft dazu muß aus dem Herzen kommen, aus dem eigenen und aus dem des Partners, sonst ist sie nichts wert. Wenn diese Voraussetzungen erfüllt sind, darf man erwarten, daß man zurückerhält, was man gibt.

3. Haben wir eine gemeinsame Zukunft?

Für einige Menschen ist es sehr schwer, die Kunst der Geduld zu lernen. Es gibt Zeiten, in denen muß alles rasch gehen, aber es gibt auch Zeiten, in denen brauchen die Dinge ihre Zeit. Dies ist eine solche Situation, und Sie müssen sich in Geduld üben.
Der Keim der Zukunft liegt in der Gegenwart. Jeder vorübergehende Augenblick hat für das wachsame Auge einen eigenen Rhythmus und ein Muster, das man entweder mit Freude oder Furcht beobachten kann. Hier läßt sich sagen, daß die Tendenz positiv ist, doch bedenken Sie: Die Zukunft ist am einladensten, wenn man am wenigsten von ihr erwartet.

4. Wie soll ich mich jetzt am besten verhalten?

Seien Sie optimistisch! Ihr Optimismus kann sich allerdings auf zwei Fundamente stützen; das eine ist falsch, das andere richtig. Ihr Optimismus ist dann angebracht, wenn Sie sich ganz sicher sind, daß er sich auf das richtige Fundament gründet. Ihre jetzigen Umstände verheißen Ihnen eher Freude als Sorgen, was das Orakel dadurch andeutet, daß Sie zur Zeit gut in der Lage sind, auf die Gefühle und Empfindungen Ihres Partners einzugehen. Folgen Sie dieser natürlichen Tendenz, und es wird Sie näher zusammenbringen.

5. Warum ist unsere Beziehung zerbrochen?

Der natürliche Zustand zwischen Menschen ist eine dynamische Harmonie. Wenn diese Harmonie absichtlich zerstört wird, zerbricht eine Verbindung automatisch.

Der Zuammenbruch Ihrer Beziehung ist eine direkte Folge Ihrer Unfähigkeit, sich der Initiative Ihres Partners anzugleichen. Sie waren für die Zuneigung Ihres Partners nicht empfänglich. Sie sind nicht in der Lage zu folgen, weil Sie selbst den unbändigen Wunsch haben zu führen. Das kommt daher, daß Sie sich selbst mehr Bedeutung beimessen als anderen, in diesem Fall Ihrem Partner. Ihre Selbstüberschätzung macht Sie starr und unempfänglich, unbeweglich und folglich unfähig, sich anzupassen. Es fehlt Ihnen an Weite und Klarheit der Sicht, beides aber brauchen Sie, um zu verstehen, was um Sie herum geschieht und wie die Dinge sich ändern.

6. Werden wir wieder zusammenkommen?

Ist der Kreis einmal unterbrochen, kann er nur noch durch die Hilfe und Zustimmung Ihres Partners wieder geschlossen werden. Das I Ging macht diesbezüglich keine Versprechungen, denn jeder Umstand trägt seine eigenen komplexen Verwicklungen in sich.

7. Wie kann ich die Dinge wieder ins Lot bringen?

Zunächst müssen Sie sich darüber klar werden, daß Ihre Unbeweglichkeit, Ihre fehlende Empfänglichkeit der begehrten Person gegenüber die Trennung herbeigeführt hat. Der Weg zurück führt nur über die Erkenntnis, wie wichtig es ist, sich den Umständen anzupassen und zu dieser Anpassung auch innerlich bereit zu sein. Handlungen, die vom Herzen geleitet werden, nehmen auf die herrschenden Begleitumstände Rücksicht. Es ist von äußerster Wichtigkeit, daß Sie lernen, flexibel zu werden, schwärmerische Phantasien haben kein Gewicht. Sie müssen aus Ihrem Innern heraus verstehen wollen, Sie müssen empfänglich sein wollen.

8. Was erhoffe ich mir vom Leben?

Ihr größter Herzenswunsch drückt sich in Ihrer größten Angst aus: Sie fürchten, wenn Sie Ihrem Partner vertrauen, werden Sie verletzt werden. Die Angst ist unbegründet. Sie müssen sich von ihr lösen. Solange Sie das Risiko nicht eingehen, Ihrem Partner zu vertrauen, werden Sie die Wahrheit nicht erfahren.

DIE LINIEN

Eins ———— O ————

Hat ein Mensch eine wichtige Position inne, dann gibt es nur eine Möglichkeit, wie er sich weiterentwickeln kann; Er muß außerhalb seines gewohnten Kreises Menschen suchen, die eine Herausforderung für seine Idee und Vorstellung darstellen. Ein Mensch kann sich nicht entwickeln, wenn er immer nur sein Spiegelbild in der Reflexion seiner treuen Anhänger sucht. Man darf sich von Lobhudeleien nicht blenden lassen.

Wir müssen bereit sein, so viele Standpunkte wie möglich kennenzulernen, nur so können Weisheit und Einsicht wachsen. Weisheit entspringt oft ungeahnten Quellen. Halten Sie nach Menschen außerhalb Ihres Freundeskreises Ausschau, ziehen Sie sich nicht auf die Zustimmung jener Menschen zurück, mit deren Gedankenmustern Sie vertraut sind und mit denen Sie übereinstimmen.

Zwei ———— X ————

Suchen Sie sich Ihre Freunde mit Sorgfalt aus. Die Menschen, die unsere Erfahrungen teilen, färben auf uns ab. Das ist ganz natürlich, aber wir müssen fähig sein zu unterscheiden. Manche Menschen sind beeindruckender als andere – das Orakel betont deshalb die Fähigkeit zur Unterscheidung als eine Warnung. Wenn wir uns mit Leuten zusammentun, die es nicht wert sind, können wir werden wie sie. Wir müssen lernen zu unterscheiden zwischen denen, die wirklich mit uns zusammensein wollen, und denen, die dieses Ziel aus niederen Beweggründen ansteuern.

Drei ———— X ————

Sie wissen schon lange, daß Sie auf der Suche nach der richtigen Richtung sind. Jetzt haben Sie den Punkt der Erkenntnis erreicht, Sie wissen, welchen Pfad Sie einschlagen müssen. Dies bedeutet eine Erleichterung für Sie, doch auch eine gewisse Traurigkeit, denn Sie müssen Menschen zurücklassen, denen Sie sich verbunden fühlten. Doch nun, da sich ein neuer, höherer Pfad auftut, müssen Sie ihm folgen, ohne sich ablenken zu lassen. Sie dürfen jetzt nicht schwankend werden. Sie müssen stark bleiben. Sie werden andere Menschen anziehen, die auch diesem Pfad folgen; am Ende wird es kein Bedauern geben.

Vier ———— O ————

Einflußreiche Menschen ziehen oft Speichellecker an, Menschen also, die durch Lobhudelei die Aufmerksamkeit der einflußreichen Person zu ihren Zwecken zu erregen wünschen. Beziehungen, deren Basis nicht gegenseitige Gefühle sind, erweisen sich als schädlich. Es gibt nur eine Art, mit Kriechern umzugehen: Man muß ihnen seine Ziele unmißverständlich klarmachen und sichergehen, daß sie einen auch verstehen. Es ist von äußerster Wichtigkeit, daß die anderen über Ihre Intentionen und Überzeugungen nicht im Zweifel bleiben. Um dies zu erreichen, müssen Sie selbst sich allen Eigennutzes entledigen und Sie dürfen sich nicht auf Stolz stützen, denn Stolz vernebelt Ihre persönliche Ehrlichkeit.

Fünf ———— O ————

Mit äußerstem Vertrauen folgen Sie einem Stern der Liebe. Ihre Ausdauer und Unerschütterlichkeit wird Ihnen zum Segen, denn eine solche Berufung ist wahrhaft selten.

Sechs ———— X ————

Wenn ein Mensch entschlossen ist, durch seine Arbeit auf die Welt einzuwirken, dann sucht er oft den Rat und die Hilfe älterer und weiserer Menschen. Damit ist er gut beraten. Die Arbeit und der Geist dieser Arbeit führen die beiden Menschen zusammen, derjenige der folgt, erwirbt sich Würde in den Augen derer, die die Autorität innehaben. Das Glück folgt nach, wenn der Weise und der Willige gemeinsame Gefühle teilen.

Hexagramm 18
ARBEIT AN VERDORBENEM

Wiedergutmachen;
zögernder Fortschritt;
Überwindung der Apathie

1. Ist dieser Mensch der geeignete Partner für mich?

Sie haben in einer unflexiblen Umgebung eine neue Richtung eingeschlagen; ein Mensch oder eine allgemeine Stimmung haben Ihren Fortschritt aber an einem entscheidenden Punkt behindert. Dies hat, in Verbindung mit Ihrem eigenen Mangel an Beweglichkeit, Ihre Arbeit gestört, zumindest aber die Basis, auf der die Arbeit gründet. Ihr Partner ist in diese Angelegenheit verwickelt, doch für Sie persönlich hat das einen günstigen Einfluß auf die Situation. Es ermöglicht Ihnen, einen neuen Anfang zu machen, um die Situation wieder unter Kontrolle zu bekommen; in diesem Sinne hat Ihr Partner einen vorteilhaften Einfluß.

2. Liebt mich mein Partner?

Ihr Partner zeigt seine Liebe, indem er Sie unterstützt. Dennoch liegt momentan alle Initiative für Ihre Arbeit allein auf Ihren Schultern.

3. Haben wir eine gemeinsame Zukunft?

Die Energie, die Sie in Ihre Arbeit stecken, bestimmt Ihre Zukunft. Keine Arbeit, keine Zukunft. Es muß hier klargestellt werden, was mit Arbeit gemeint ist. Arbeit im herkömmlichen Sinne meint gewinnträchtige Beschäftigung.

Diese Art der Arbeit wird hier nicht allein angesprochen, hier geht es auch um die Notwendigkeit, Energien konstruktiv zu nutzen, um ein bestimmtes Ergebnis zu erzielen.

4. Wie soll ich mich jetzt am besten verhalten?

Auch wenn Sie für kurze Zeit unterbrochen worden sind, sollten Sie dennoch bedenken, daß die Arbeit fortgesetzt werden muß. Die beste Einstellung ist eine entspannte, freudige Offenheit. Lassen Sie sich durch äußere Einflüsse nicht ablenken. Sie müssen sanft voranschreiten in Ihrer Arbeit und so den Stillstand durchbrechen. Sie verfügen über eine vernünftige Arbeitsatmosphäre, und Sie müssen nun energisch ans Werk gehen.

Ein kraftvoller Anfang wird Ihnen neuen Auftrieb geben. Sie müssen sich dabei auf sich selbst verlassen, auf Ihren Partner sollten Sie sich im Augenblick nicht zu sehr stützen.

5. Warum ist unsere Beziehung zerbrochen?

Alles Versagen ist im Moment in erster Linie auf einen Mangel an Disziplin und Energie zurückzuführen. Die eingeschlagene Richtung wurde nicht beibehalten. Wer aufgehalten worden ist, muß seine entschlossene Haltung wiedergewinnen. Vielleicht haben Sie sich nicht dazu entschlossen weiterzumachen und haben so dazu beigetragen, daß die Situation sich immer mehr verschlechterte.

6. Werden wir wieder zusammenkommen?

Eine Herausforderung ist immer von Schwierigkeiten begleitet. Wenn Sie aber in diesem Fall die Herausforderung nicht annehmen, besteht die Gefahr, daß Sie eine Beute der korrupten Einflüsse der Gesellschaft werden. Sie können gegen Ihre persönliche Trägheit nur ankämpfen, indem Sie Ihr Interesse in sich selbst wieder stärken. Gegen die Trägheit in der Gesellschaft kann man nur ankämpfen, indem man die öffentliche Meinung aufstört. Es ist eine Frage des Kraftaufwandes.

7. Wie kann ich die Dinge wieder ins Lot bringen?

Wenn es nicht schon zu spät ist, dann müssen Sie jetzt sofort alle Kräfte in sich mobilisieren und wieder an die Arbeit gehen, dann kann die Sache gerettet werden. Tummeln Sie sich! Dies ist nicht die Zeit, sich auf die faule Haut zu legen.

8. Was erhoffe ich mir vom Leben?

Ihr Hauptziel ist es, das, was falsch gelaufen ist, wieder in Ordnung zu bringen, um einen Prozeß, der vielversprechend begann, auch erfolgreich zu Ende zu führen. Ganz allgemein empfiehlt Ihnen das Orakel: Hören Sie auf, herumzutrödeln! Packen Sie Ihre Arbeit an!

⌐ *DIE LINIEN*

Eins ——— **X** ———

Sie laufen Gefahr, in die Falle überholter, unmodern gewordener Verhaltensweisen zu gehen. Legen Sie diese Verhaltensweisen ab; es ist nicht schwierig, denn Sie haben sie noch nicht so verinnerlicht, daß Sie sich Ihrer nicht mehr bewußt wären. Sie müssen sich eine völlig neue Ausgangsbasis für Ihre Handlungen schaffen und Ihre moralischen Prinzipien, nach denen Sie Ihr Leben gestalten, wieder stärken. Das Orakel deutet an, daß Sie Erfolg haben werden, wenn Sie die Sache mit dem nötigen Ernst verfolgen.

Zwei ——— O ———

Die ständige Verschlechterung des Zustandes steht unter dem Motto: »Was die Mutter verdorben hat.« Versuchen Sie nicht, die Sache mit Gewalt wieder in Ordnung zu bringen. Denken Sie daran, daß auch andere Menschen Probleme und Schwierigkeiten haben, mit denen sie fertigwerden müssen. Bleiben Sie freundlich, während Sie die Handlungsfäden aufnehmen und Ihre eigene Arbeit fortsetzen.

Drei ——— O ———

Manchmal geschieht es, daß man, um alte Fehler zu korrigieren, über das Ziel hinausschießt. Das kann dazu führen, daß Sie sich jemanden zum Feind machen – es muß aber nicht sehr ernst genommen werden. Es ist auf jeden Fall besser, einen energischen Versuch zu unternehmen, die Dinge ins Lot zu bringen, als laxe Ausflüchte zu suchen – es kann kein Schaden angerichtet werden.

Vier ——— X ———

Probleme, die nicht sofort gelöst werden, setzen oft Wurzeln an und bringen häßliche Blüten hervor. Genau dies geschieht momentan. Wenn Sie diese häßlichen Blüten weiter treiben lassen, werden Sie es bereuen.

Fünf ——— X ———

Jeder Versuch, Ihrerseits in Ordnung zu bringen, was korrumpierende Einflüsse an Schaden angerichtet haben, bringt Ihnen Hilfe und Lob anderer ein. Viel Glück!

Sechs ——— O ———

Nicht jeder Mensch, der eine hochentwickelte moralische Haltung hat, fühlt sich verpflichtet, seine Weisheit in den Dienst von Politik oder Sozialarbeit zu stellen. Manche Menschen ziehen es vor, auf eine größere Selbsterkenntnis hinzuarbeiten, wodurch der Menschheit im Ganzen ebenso gedient sein kann wie durch soziales Engagement.
Zurückhaltung in der Zusammenarbeit mit anderen kann allerdings dann nicht gerechtfertigt werden, wenn dabei eine hyperkritische, anmaßende Haltung gegenüber der Welt eingenommen wird. Wenn Sie sich einer Sache zugewendet haben, dann müssen Sie auch bereit sein, persönlich etwas für diese Sache zu tun. Es genügt nicht, mit eitler Kritik die Unfähigkeit anderer zu brandmarken.

Hexagramm 19
DIE OFFENE TÜR

Zukünftige Autorität;
gegenseitige Annäherung

1. Ist dieser Mensch der geeignete Partner für mich?

Gegenwärtig üben Sie gute Einflüsse auf einen Menschen aus, der seinerseits anderen hilft und sie lehrt. Es ist eine Zeit des Wachstums und der Annäherung an das Licht. Das Hexagramm ist im großen und ganzen günstig, es umfaßt einen mehrmonatigen Zeitraum und so scheint es möglich, daß alle Verbindungen zu Menschen, sei es im privaten, sei es im beruflichen Kreis, ebenfalls sehr günstig sind. Nichts deutet darauf hin, daß Sie einem bestimmten Menschen gegenüber besonders vorsichtig oder mißtrauisch sein sollten. Gegenwärtig konzentrieren Sie sich darauf, eine bestimmte Arbeit zu Ende zu bringen. Sie haben schon erkannt, daß Sie hart und mit viel Einsatz arbeiten müssen, doch da dies eine Zeit der Erleuchtung ist, wird die Arbeit gelingen.

Ihre Verbindung zu Ihrem Partner wird erfolgreich sein, sie wird blühen und gedeihen. Ihre Fähigkeit, den Anforderungen Ihrer Arbeit mit Wissen und Toleranz zu begegnen, ist für alle Menschen, die Ihrem Einfluß unterliegen, von größter Nützlichkeit. Dies hilft, negative, bösartige Einflüsse unter Kontrolle zu halten. Sie sind ein Mensch, der anderen sehr viel zu geben hat; das I Ging hält diese Menschen in hohem Ansehen und nennt sie »Weise«.

Sie haben eine besondere Rolle zu spielen. Ihr Einfluß auf Ihren Partner ist groß und für ihn von Nutzen, Sie gehen aufeinander ein, Sie sind sich in den meisten Angelegenheiten einig, vor allem aber können Sie gemeinsam arbeiten und miteinander leben. Sie passen ausgezeichnet zusammen.

2. Liebt mich mein Partner?

Da Sie so große Hilfsbereitschaft zeigen – als Führer und Lehrer wie auch als Partner – ziehen Sie ganz selbstverständlich Bewunderung auf sich.
Ihre Gegenwart vermittelt anderen ein Sicherheitsgefühl; Ihr Partner spürt dies und fühlt sich

dadurch beruhigt. Ihr Partner fühlt sich stark zu Ihnen hingezogen, es herrscht ein tiefer Einklang und ein großes Zusammengehörigkeitsgefühl zwischen Ihnen, das zu untergraben schier unmöglich scheint.

3. Haben wir eine gemeinsame Zukunft?

Auf Perioden des Aufstiegs folgen immer Perioden des Abstiegs, und obgleich dieses Hexagramm sich mit der Zeit des Aufstiegs befaßt, sind die Eigenschaften der beschriebenen Person auch der Vergänglichkeit unterworfen. Die hier beschriebene Person weiß, daß die Zeiten sich ändern, daß auf dunkle Phasen wieder Phasen des Lichts folgen, und sie bereitet sich darauf vor. Die Weisheit

einer solchen Person umfaßt alle Möglichkeiten, die das Leben bereithält. Wenn sich die Zukunft mit Ihrem Partner auf die Erfahrungen der Vergangenheit gründet, dürfen Sie gern eine gemeinsame Zukunft erwarten, die ausgeglichen, gewinnbringend, positiv und voller Zuneigung ist. Gerade weil Sie anteilnehmen, ist Ihnen das Orakel wohlgesonnen, es gibt nichts in der Zukunft, das Sie fürchten müßten.

4. Wie soll ich mich jetzt am besten verhalten?

Da Sie ein starkes Verantwortungsgefühl gegenüber denjenigen haben, die Ihnen anvertraut sind, und da diese wiederum Ihre Autorität respektieren, können Sie das Ihnen entgegengebrachte Vertrauen am besten damit belohnen, daß Sie Ihre Freundlichkeit auffrischen und Ihre Bereitschaft, Ihr Wissen anderen zur Verfügung zu stellen, immer weiter ausbauen. Verfolgen Sie dieses Ziel mit Offenheit und Klarheit und Sie rechtfertigen das Vertrauen, das man in Sie setzt. Sie bauen so Gunst und Wohlwollen auf, die Ihnen in weniger günstigen Zeiten nützlich sein können.

5. Warum ist unsere Beziehung zerbrochen?

Dies ist eine Zeit, in der die Kräfte des Lichts stetig wachsen. Wenn Sie also wirklich momentan auf Probleme mit Ihrem Partner oder anderen Menschen stoßen, dann werden sie wahrscheinlich nicht von Dauer sein. Es gibt keinen Grund für die Befürchtung, daß das, was schon erreicht ist, wieder zerstört wird. Jede Verstimmung ist vorübergehend und wird sich wahrscheinlich wieder lösen. Dennoch unterstreicht das Orakel die Notwendigkeit, hart zu arbeiten und dabei immer Toleranz gegenüber anderen zu wahren. Es wird kein Hinweis darauf gegeben, daß einem Individuum oder einer Situation eine Schuld zukommt.

Wenn es besondere Umstände gibt, die Sie beachten sollten, so werden sie sich in den Linien offenbaren. Haben Sie sich wandelnde Linien im Hexagramm, wird sich hier die Lösung finden.

6. Werden wir wieder zusammenkommen?

Wie schon bei der vorangegangenen Frage angedeutet, ist es unwahrscheinlich, daß es überhaupt zu einer Trennung kam. Falls doch, so ist sie wahrscheinlich nur vorübergehend und kaum einer ernsten Beachtung wert. Solange das Orakel nicht in sich wandelnden Linien etwas anderes zum Ausdruck bringt, ist eine optimistische Einstellung durchaus angebracht. Falls sich ungesunde Einflüsse deutlich machen, sollten Sie natürlich unverzüglich dagegen zu Felde ziehen.

7. Wie kann ich die Dinge wieder ins Lot bringen?

Ihre Rolle im Leben besteht darin, anderen zu helfen und sie zu lehren. Wenn Sie dieser Aufgabe nachkommen und Vertrauen in Ihre Fähigkeit und Ihr Wissen setzen, wird Ihr Einfluß anderen weiterhin von Nutzen sein. Nichts Wichtiges sollte schiefgegangen sein. Wenn es dennoch eine Panne gegeben hat, läßt sie sich sicherlich mit etwas Einsatz beheben.

8. Was erhoffe ich mir vom Leben?

Grundsätzlich sind Sie ein Lehrer, der allen – ohne Unterschied – dient. Ihr Geschenk an die Menschheit ist Ihre unermüdliche Bereitschaft zu lehren und zu helfen. Dies ist das Bestreben eines edlen Herzens und das Orakel blickt mit Wohlwollen auf Sie. Sie brauchen das Gefühl, daß die Zeit mit anderen Menschen sinnvoll verbracht ist, daß die Saat großer Ideen, die Sie gesät haben, aufgehen wird und die Anleitungen, die Sie geben, zu höheren Stufen der Erkenntnis führen werden.

DIE LINIEN

Eins ———O———   *Zwei* ———O———

Durch die verschiedenen Schichten der Gesellschaft ziehen sich verschiedene Ebenen der Einflußnahme. Es ergibt sich eine Möglichkeit für Sie, sich mit anderen für eine gute Sache zusammenzutun, dadurch erwecken Sie das Interesse von Leuten in einflußreicheren Kreisen. Trotz der nützlichen Absichten und Einflüsse müssen Sie sich hüten, nicht übers Ziel hinauszuschießen. Es deutet sich gutes Gelingen an.

Die Linie ist ein vorzügliches Vorzeichen für Sie. Sie besitzen Standhaftigkeit und Entschlossenheit und Sie wissen auch, daß alles in der Welt vergänglich ist. Deshalb können Sie Ihre Ziele im Leben mit Mut und Kraft verfolgen, ohne Befürchtungen hegen zu müssen oder die Perspektive zu verlieren.

Drei ——— **X** ———

Diese Linie bezeichnet einen Menschen, der aufgrund seiner bevorzugten Stellung eigensinnig und saumselig geworden ist oder werden könnte. Solche Einstellungen sind gefährlich, denn sie lassen Ihre Handlungen unwirksam werden und führen zu keinem guten Ende. Wenn Sie sich andererseits der Situation bewußt werden, können Sie Ihre Verantwortung deutlicher sehen und sie klarer wahrnehmen.

Vier ——— **X** ———

Die Situation ist für einen Menschen mit großem Einfluß und starker Position sehr günstig – er erkennt den Menschen mit Fähigkeiten und zieht ihn uneingeschränkt ins Vertrauen.

Fünf ——— **X** ———

Die Linie bezeichnet einen Menschen mit großer Verantwortung. Es wird der Rat gegeben, Angelegenheiten an geeignete Personen zu delegieren, die die nötige Fähigkeit und Kraft besitzen, diese Aufgaben richtig und effektvoll auszuführen. Alles hängt von Ihrer Fähigkeit ab, Charaktere richtig einzuschätzen. Haben Sie die Aufgaben einmal delegiert, müssen Sie dem anderen Vertrauen entgegenbringen und ihn allein arbeiten lassen. Ohne Vertrauen können Sie leicht den Falschen bevollmächtigen. Das Ergebnis wird das Urteil über Ihre Fähigkeiten fällen.

Sechs ——— **X** ———

Die Linie bezeichnet eine besondere, weise Person. Bisher hielten Sie es für unangemessen, sich mit den Trivialitäten der Welt zu befassen oder Ihr Wissen und Ihre Weisheit weiterzugeben. Das hat sich jetzt geändert. Sie spüren, daß die Zeit gekommen ist, an den Aktivitäten der Welt teilzunehmen. Gehen Sie auf andere mit der gebotenen Demut zu, wenn Sie Ihnen behilflich sind. Denjenigen, denen Sie helfen, bringen Sie großes Glück.

Hexagramm 20
WELTANSCHAUUNG

Große Urteilskraft;
bereichernde Einfühlung;
Intuition

1. Ist dieser Mensch der geeignete Partner für mich?

In Liebesdingen sind Sie von großer Urteilsfähigkeit und Sie ziehen ebensolche Partner an. Sie und Ihr Partner besitzen wahrscheinlich großes Einfühlungsvermögen, keiner von Ihnen beiden legt Wert auf oberflächliche Befriedigung. Sie suchen nach tiefem bereicherndem Zusammenklang. Wo es um wahre Gefühle geht, kann man Sie nur schwer täuschen, da Sie einen scharfen Blick für das Echte und das Falsche haben. Sie hüten den spontanen Ausdruck der Liebe Ihres Partners wie einen Schatz.

Sie haben eine sehr ausgeprägte Fähigkeit, die Gesellschaft in einem breiten Panoramabild erfassen zu können, vielleicht haben Sie sogar das dritte Auge; instinktiv erfassen Sie wichtige Angelegenheiten, mit Intuition erkennen Sie die Motive anderer Menschen und Sie verstehen viele der Geheimnisse des menschlichen Herzens. Sie können andere Menschen allein durch Ihre Gegenwart beeinflussen, ohne daß es diesen bewußt wird. Wenn Sie in Hochform sind, gehen Liebe und Weisheit von Ihnen aus, andere spüren das und fühlen sich zu Ihnen hingezogen. Sie geben Verzweifelten neue Hoffnung und die Menschen schließen sich Ihnen an, werden gar gefühlsmäßig abhängig von Ihnen, während sie lernen, in Ihre Liebe Vertrauen zu setzen. Sie vertreiben die Einsamkeit anderer und ersetzen sie durch Zuversicht, selbst wenn Sie selbst sich einsam fühlen. Die Ironie liegt darin, daß Sie selbst sich oft in Ihren Elfenbeinturm zurückziehen. Sie müssen von Zeit zu Zeit allein sein, um über die Dinge zwischen Himmel und Erde nachzudenken.

2. Liebt mich mein Partner?

Wenn Sie schon mit einem Menschen in einer Beziehung verbunden sind, werden Sie bereits spüren, daß Ihr Partner Sie sehr liebt, und er (sie) wird das nicht nur in Worten, sondern auch in Taten ausdrücken.
Sind Sie augenblicklich mit keiner bestimmten Person verbunden, wartet aber der Partner schon im Hintergrund, dann ist seine Haltung Ihnen gegenüber tiefe Bewunderung. Dies ist eine ausgezeichnete Ausgangsposition für eine große, wachsende Liebe.

3. Haben wir eine gemeinsame Zukunft?

Für einen Menschen, der sich soviel Gedanken macht wie Sie, kann die Zukunft nicht verschlossen sein. Sie ziehen Kraft aus Ihrem Bewußtsein der Sterblichkeit; wenn Sie noch jung sind, werden Sie erkennen, welcher Wert darin liegt, die Furcht vor dem Tod zu überwinden.
Sie werden in Ihrem Leben viel Liebe geben und viel Liebe erhalten, Ihr Leben ist anderen ein Beispiel. Sie haben vielleicht eine Tendenz zum Asketischen, doch die Freude am Kontakt mit Menschen lockt Sie immer wieder in diese Welt. Ihre Zukunft wird friedlich sein, sie wird ein hohes Niveau der Liebe mit Ihrem Partner erreichen, gemeinsam werden sie anderen Freude bringen durch Ihre Stärke und Offenheit Ihrer Herzen.

4. Wie soll ich mich jetzt am besten verhalten?

Sie sind damit beschäftigt, Ihre Konzentrationskraft zu entwickeln; damit stärken Sie zugleich Ihre Kommunikationsfähigkeit. Dieser Prozeß braucht seine Zeit, denn er beinhaltet eine langsame Bewußtseinserweiterung. Nehmen Sie sich Zeit, Ihre Gedanken aufzuzeichnen. Sie haben reiche Einsichten, lassen Sie Ihre Gedanken sich ausbreiten.

5. Warum ist unsere Beziehung zerbrochen?

Es ist unwahrscheinlich, daß die Beziehung zwischen Ihnen und Ihrem Partner irreparabel zerstört ist. Wenn überhaupt, dann besteht wohl nur ein Verständigungsproblem zwischen Ihnen. Vielleicht haben Sie in letzter Zeit Ihre Liebe nicht deutlich genug gezeigt, was eine Unstimmigkeit heraufbeschworen hat. Vielleicht haben Sie sich so sehr mit der Entwicklung Ihrer eigenen Gedanken befaßt, daß Ihr Partner sich verlassen vorkam. Auch wenn es nicht gut ist, in diesem Stadium Ihre Gedankenentwicklung mit anderen zu teilen, so ist doch das Fehlen menschlicher Kontakte über längere Zeit für Sie beide verwirrend und schädlich.

6. Werden wir wieder zusammenkommen?

Wenn Sie den falschen Partner gewählt haben, ist es unwahrscheinlich, daß Sie wieder zusammenkommen. Haben Sie aber keine falsche Wahl getroffen, und es ist trotzdem zu einer Entfremdung zwischen Ihnen gekommen, dann ist eine Versöhnung sicher.

7. Wie kann ich die Dinge wieder ins Lot bringen?

Sie sind in der glücklichen Lage, Herz und Verstand im Gleichgewicht halten zu können. Obgleich Ihr Herz nicht den Verstand regiert, ruft Ihre Offenheit, Ihre Ehrlichkeit, Ihre Ernsthaftigkeit doch die Reaktion anderer hervor; Sie verstehen es, Leute dazu zu bringen, ihr Bestes geben zu wollen. Ihre eigene, sich immer weiter vertiefende Kenntnis des Universums zieht auf wunderbare Weise nützliche, schützende und heilende Energien an.

8. Was erhoffe ich mit vom Leben?

Sie unterschätzen Ihren persönlichen Wert gelegentlich, doch gereicht Ihnen das nicht zum Schaden. Da Ihre gegenwärtige Arbeit eine Stärkung Ihrer Konzentrationskraft einschließt, können Sie sie durch gedankliche Einbeziehung sozialer und politischer Probleme so spezifisch gestalten, daß auch winzige Details zum Zuge kommen. Die Ihnen eigene Herzensgüte befähigt Sie, die wahre Natur der Kräfte zu erkennen, die das Befinden der Menschen regieren. Ihr größter Wunsch ist es, Teil einer friedlichen, in Liebe vereinigten Welt zu sein.

*DIE LINIEN*_____

Eins ———— **X** ————   *Zwei* ———— **X** ————

Sie müssen Ihr Wissen über die Wirkung sozialer Kräfte vertiefen, Ihre Kenntnisse über die gegenseitige Abhängigkeit von Menschen und Institutionen. Bemühen Sie sich, die Verbindung zwischen Ideen, Institutionen und Menschen zu begreifen. Sie wissen bereits, daß Sie nichts Seichtes bieten dürfen, Sie müssen Ihr Bestes geben.

Es ist eine Verschwendung geistigen Potentials, wenn ein Mensch Ihrer Einsicht sich in sich selbst zurückzieht. Sie sollten aus Ihren Gaben das Beste machen, stellen Sie sie in den Dienst derer, die Ihrer Hilfe bedürfen. Wenn Sie das nicht tun, werden Sie letztlich frustriert und eingeengt sein. Das ist nicht nötig.

Drei

»Das ungeprüfte Leben ist nicht wert, gelebt zu werden«, sagte Sokrates. Während der Zeit der Selbstprüfung ist eine vertiefte Einsicht unumgänglich. Durch nichts rechtfertigt sich die Selbstverwirklichung besser als durch den Nutzen, den sie anderen bringt. Auch Sie können so lernen, wie man sein Potential entwickelt. Stellen Sie Ihr Wissen und Ihre Erfahrung anderen zur Verfügung. Wenn Sie Ihre Arbeit an sich selbst eigennützig betreiben, werden Sie auf Behinderung und Widerspruch stoßen. Betrachten Sie Ihre eigenen Möglichkeiten objektiv und ohne unangebrachten Zynismus.

Vier

Menschen von großer Fähigkeit und hoher Einsicht sollten nicht durch rohe Ausbeutung leiden. Ihre Fähigkeiten sollten anerkannt und es sollte ihnen die Möglichkeit zum Einsatz ihrer Fähigkeiten bei ihrer Arbeit gegeben werden. Solche Menschen verdienen den Respekt anderer, besonders, wenn ihre Arbeit sozialen Wert hat.

Fünf ———————O———————

Man hat Ihnen wichtige Verantwortungen übertragen. Nun müssen Sie in sich die Möglichkeit finden, den moralischen und gesellschaftlichen Begleiterscheinungen dieser Aufgabe gerecht zu werden. Das erfordert Selbstprüfung, und genau die wird von Ihnen erwartet.

Sechs ———————O———————

Sie haben ein hohes Niveau der Objektivität erreicht. Sie können die Welt durch die sauber geputzte Linse Ihrer Erkenntnisfähigkeit klar und deutlich sehen, und Sie erkennen die Möglichkeiten zu höchster spiritueller Entwicklung.

Hexagramm 21
ENTSCHLOSSENHEIT ZUR TAT

Rechtsmittel ergreifen;
mit Entschiedenheit vorgehen

1. Ist dieser Mensch der geeignete Partner für mich?

Dieses Hexagramm beschreibt Schwierigkeiten, gegen die Sie mit formalen Rechtsmitteln vorgehen müssen. Wenn Ihnen Schaden zugefügt worden ist, müssen Sie das Gesetz bemühen. Die Frage, ob Ihr Partner zu Ihnen paßt oder nicht, ist unter den obwaltenden Umständen eigentlich nicht relevant. Was zwischen Ihnen steht, ist eine Sache, die durch das Gesetz geklärt werden muß. Es kann sich entweder um eine strafrechtliche Angelegenheit handeln, in der Sie Rat einholen sollten, oder um allgemeines Unrecht, wie etwa betrügerische Abmachungen, Untreue, Heuchelei, Unehrlichkeit.

Sie sollten keine Mühe scheuen, die Angelegenheit so schnell und sauber wie möglich zu bereinigen, doch sollten Sie in keinem Fall Selbstjustiz üben!

Das Orakel schließt nicht aus, daß Sie selbst für die falschen Handlungen verantwortlich sind; in diesem Fall werden Sie mit dem Gesetz in Konflikt geraten. Sind Sie nicht verantwortlich, können Sie Rechtsmittel einlegen. Die gegenwärtigen Umstände bringen erhebliche Spannungen mit sich, die Harmonie des Lebens ist gestört. Lügen, Täuschungsmanöver und Hinterlist bestimmen augenblicklich Ihr gesellschaftliches Leben, mit Sicherheit gibt es wenigstens eine Person in Ihrem Umfeld – Sie können Sie kennen oder auch nicht, – die häßliche Gerüchte über Sie verbreitet, was Ihrer Situation natürlich in keiner Weise dienlich ist.

2. Liebt mich mein Partner?

Sie sind augenblicklich in einer Verfassung, die es unwahrscheinlich macht, daß Sie diese Frage wirklich interessiert. Die Situation ist gespannt und schwierig. Sollten Sie Liebe füreinander empfinden, so sind sie gegenwärtig so tief unter Problemen und Schwierigkeiten verborgen, daß ihr Licht nicht strahlen kann.

3. Haben wir eine gemeinsame Zukunft?

Wenn sowohl Sie als auch Ihr Partner an den momentanen Schwierigkeiten keine Schuld haben, wenn die Probleme aus der Unfreundlichkeit anderer Menschen erwachsen sind, dann wird sich die alte Harmonie des Lebens wieder einstellen. Wenn freilich nur einer von Ihnen beiden unschuldig, der andere aber der Auslöser der Schwierigkeiten ist, dann dürfen sie keine gemeinsame Zukunft erwarten. Es sieht so aus, als müßte sich einer von Ihnen beiden einem Richterspruch fügen, wodurch Sie getrennt werden.

4. Wie soll ich mich jetzt am besten verhalten?

Um die Sache wieder ins reine zu bringen, müssen Sie jetzt entschlossen, tatkräftig und energisch sein. Wenn Sie die Schwierigkeiten überwinden wollen, dürfen Sie nicht voreilig handeln, nicht beleidigend werden; Sie dürfen keine Zweifel über sich selbst und das, was getan werden muß, hegen. Dies ist keine Zeit für langes Wenn und Aber.

5. Warum ist unsere Beziehung zerbrochen?

Das Hexagramm befaßt sich mit den Möglichkeiten, wie Sie eine schwierige Situation durch den Rückgriff auf das Gesetz meistern können. Der Grund für den Zusammenbruch Ihrer Beziehung ist ein Täuschungsmanöver, das einer von Ihnen beiden durchgeführt hat – Ehebruch vielleicht, oder eine andere Art der Untreue. Der Zusammenbruch kann auch durch Mißverständnisse herbeigeführt worden sein, die auf böswilligen Gerüchten basieren. Sie müssen Ihr eigenes Urteil zurückstellen, bis ein gerichtliches Verfahren die Wahrheit festgestellt hat.

6. Werden wir wieder zusammenkommen?

Die Sache wird nur dann gut enden, wenn Sie selbst die Initiative ergreifen, um eine Lösung herbeizuführen. Das Orakel verspricht keine Versöhnung zwischen Ihnen und Ihrem Partner, die Spannungen sind zu groß. Erst wenn die aufgebrachten Gemüter sich einigermaßen beruhigt haben, können Sie sich dieser Frage wieder mit ruhigem Nachdenken widmen.

7. Wie kann ich die Dinge wieder ins Lot bringen?

Die Quelle des Problems ist mit Sicherheit diejenige Person, die die unwahren, garstigen Gerüchte verbreitet. Was immer die Wahrheit sein mag, sie wird in einer Weise verdreht, die Ihnen und Ihrem Partner abträglich ist. Die Wahrheit kann nur durch den Einsatz von Rechtsmitteln an den Tag gebracht werden. Was immer Sie bisher davon abhielt, die gebotenen Maßnahmen zu ergreifen, müssen Sie jetzt ohne Zögern überwinden. Wenn Sie jetzt nicht handeln, wird die Sache immer schwieriger und verwickelter. Diejenigen, die für den bereits entstandenen Schaden verantwortlich sind, werden sonst noch weiteren Schaden anrichten.

8. Was erhoffe ich mir vom Leben?

Das Hexagramm befaßt sich mit Gerechtigkeit und Strafe. Ihr höchstes Ziel ist Gerechtigkeit. Gerechtigkeit kann aber nur da herrschen, wo das Gesetz klar ist, wo sein Zweck darin besteht, rasch und streng die gesellschaftliche Harmonie wiederherzustellen. Das Gesetz verliert seine Autorität, wo die Gerechtigkeit zu lange auf sich warten läßt. Strafen haben nur geringen moralischen Wert, wenn zwischen unrechter Tat und Bestrafung zuviel Zeit verstreicht und dadurch der Effekt der Strafe abgeschwächt wird. Wo Strafe nötig ist, muß sie rasch nach der Untat kommen, nur dann ist sie wirkungsvoll.

*DIE LINIEN*_____

Eins ———— O ————

Wer zum ersten Mal ein Unrecht begeht, sollte nicht zu hart bestraft werden. Sinn der Strafe ist eine Warnung vor einer Wiederholung.

Zwei ———— X ————

Hier hat der Missetäter die Vorsehung über alle Maßen strapaziert; obgleich er Milde nicht verdient hat, sollte sie doch erwogen, vielleicht sogar geübt werden. Selbst wenn mildernde Umstände eigentlich nicht in Betracht kommen, sollten Sie doch versuchen, die Ruhe zu wahren.

Drei ———— X ————

Ihre Macht, dem Täter seine Strafe zuzumessen, ist in diesem Fall beschränkt. Sie stoßen auf eine Trommelfeuer wohlgezielter Widerstände. Obgleich die Umstände eine Bestrafung rechtfertigen, ist das Ergebnis unbefriedigend.

Vier ———— O ————

Sie stehen einer schwierigen Situation gegenüber, die Sie nicht unterschätzen sollten. Die Lage erfordert volle Konzentration und Entschlossenheit angesichts der schwerwiegenden Ungleichheit der Kräfte. Wenn Sie nicht wankend werden, dann werden Sie siegen.

Fünf ———— **X** ————

Das Problem, dem Sie gegenüberstehen, ist eindeutig. Folgen Sie dem Weg der goldenen Mitte: geradeheraus und ehrlich. Wandern Sie weder zu weit auf dem Weg der strengen Härte noch auf dem der Milde und Nachsicht. Seien Sie biegsam wie der gehärtete Stahl der Klinge des Schwertes.

Sechs ———— **O** ————

Dies ist die Linie eines Menschen, der nicht hören will und folglich immer wieder die gleichen Fehler begeht. Da solche Fehler auf der einen oder anderen Ebene das gute Zusammenleben anderer Menschen stören, müssen die Dinge irgendwann falsch laufen. Ein solcher Mensch zieht das Unglück an.

Hexagramm 22

ÄSTHETIK

Künstlerische Neigungen;
Eleganz und Schmuck;
Sinn für Schönheit

Dieses Hexagramm befaßt sich mit der Rolle von Kunst und Ästhetik in der Kultur und in zwischenmenschlichen Beziehungen. Es hebt vor allem die Form hervor, in der Ideen und Gefühle zum Ausdruck gebracht werden können. Wo eine Idee ästhetisch so ausgedrückt wird, daß sich ihr innerer Wert zu spiegeln vermag, hat die Kunst – Malerei, Bildhauerei, Musik, Architektur usw. – erst ihren wahren Wert erlangt.

1. Ist dieser Mensch der geeignete Partner für mich?

Der mit Ihnen am besten harmonierende Partner hat ausgeprägte künstlerische Neigungen und versucht, seine Gefühle in seinem kreativen Schaffen auszudrücken. Selbst die Art, wie ein Mensch sich kleidet, kann wichtig sein, etwa welche Farben oder Stoffe er wählt. Ästhetische Momente regieren zwar nicht Ihre Beziehung, sie sind aber trotzdem von großer Bedeutung. Sie achten beide auf Äußerlichkeiten und messen auch Ihrer persönlichen Erscheinung viel Wert bei. Sie erkennen die Mühe an, die unternommen wird, erfreuliche Sinnesreize zu schaffen. Sie beide wissen, daß nur die anschauliche Darstellung von

Ideen dem Menschen die Möglichkeit gibt, die innere Struktur und Bedeutung des Universums zu begreifen, und die Kunst bietet eine Möglichkeit, unsere innersten Gedanken und Gefühle auszudrücken. Zugleich sind Sie sich darüber im klaren, daß formale Schönheit vergänglich ist, nur die geistige Schönheit ist ewig. Aus diesem Grund sollten Sie Ihr Interesse an dem künstlerischen Ausdruck von Ideen nicht zu sehr betonen, denn wenn die Ideen von ihrer inneren Bedeutung getrennt werden, ist sie nur noch eine leere Hülle.

Wegen der Vergänglichkeit der ästhetischen Kunst empfand Konfuzius großes Unbehagen an diesem Hexagramm, denn intuitiv erfaßte er, daß Kunst zwar die Manifestation des ungreifbaren, geistigen Antriebs ist, daß sie aber die Gefühle oder Gedanken nur repräsentiert und darstellt – das Kunstwerk darf nicht mit dem Gedanken oder Gefühl selbst verwechselt werden. Dennoch hat die Ästhetik eine wichtige Funktion in der Welt, denn sie schärft unseren Sinn für die Schönheit in uns.

2. Liebt mich mein Partner?

Was Ihre gemeinsamen Interessen anbelangt, empfinden Sie große Zuneigung zueinander. Die Frage ist nur, wie tief gehen Ihre Gefühle wirklich? Es scheint notwendig, daß Sie die mögliche Tiefe Ihrer Beziehung ausloten.

3. Haben wir eine gemeinsame Zukunft?

Soweit Ihre gemeinsame Freude an der Kunst das Hauptverbindungsglied zwischen Ihnen darstellt, gilt für Ihre Zukunft: Je tiefer Ihre wirklichen Gefühle füreinander sind, desto länger wird die Verbindung halten. Wenn Ihre Empfindungen für Ihren Partner nur aufgelegte Kosmetik sind, dann sind Ihre Gefühle nur hauchdünn und die Verbindung ist entsprechend kurzlebig. Wenn Sie lediglich die Erscheinung Ihres Partners attraktiv finden, wird Ihre Verbindung nur solange halten, wie diese Attraktivität vorhält. Der Konflikt zwischen äußerer Erscheinung und innerem Wert tritt am deutlichsten zutage, wenn es um Gefühle geht. Das Orakel nimmt ein Urteil über die mögliche Tiefe Ihrer Empfindungen nicht vorweg, es schließt die Möglichkeit einer zukünftigen Verbindung nicht aus. Es beschreibt lediglich einen Weg, wie man über die Situation nachdenken kann.

4. Wie soll ich mich jetzt am besten verhalten?

Wenn Sie akzeptieren, daß die Rolle der Ästhetik darin besteht, die Schönheit Ihrer inneren Gefühle zu fördern, und wenn Sie zugleich erkennen, welche Bedeutung die Schönheit einer Form hat, dann müßte es möglich sein, daß Sie Ihre gemeinsamen kreativen Energien dazu benutzen können, die Realität besser zu erforschen. Die Realität umfaßt auch solche Gefühle, die nicht leicht in Einklang zu bringen sind, der Prozeß des Begreifens beinhaltet den schwierigen Schritt von der reinen Ästhetik in den Bereich der schöpferischen Kunst, die die Zeit überdauert, anders als vergängliche künstlerische Launen oder Moden. Annahme oder Zurückweisung dieser Herausforderung entscheidet nicht unbedingt über den Erfolg der Beziehung, doch die Kenntnis der Alternativen wird Ihnen helfen, die richtige Einstellung Ihrem Partner gegenüber zu finden und zu pflegen.

5. Warum ist unsere Beziehung zerbrochen?

Die Verkörperung des Schöpferischen, die dieses Hexagramm beschreibt, ist in sich selbst nicht stark genug, um eine Beziehung zusammenzuhalten; sie kann einer Beziehung, in der der Keim tief eingepflanzt ist, aber Schönheit verleihen. Wenn die Stärke Ihrer Beziehung nur in der gegenseitigen Wertschätzung von Schönheit und Ästhetik lag, dann reichte dies allein nicht aus, sie zu stützen. Vielleicht haben Sie der äußeren Erscheinung zu große Bedeutung beigemessen und nun gemerkt, daß die Ästhetik allein kein Fundament ist, auf das man eine Beziehung bauen kann. Künstlerische Aufgeschlossenheit birgt in sich die Kraft, die Tiefe des Gefühls zwischen zwei Menschen zu erhellen, doch man darf diese Aufgeschlossenheit nicht mit dem Gefühl selbst verwechseln. Vielleicht liegt in diesem Unterschied der Kern Ihres Problems?

6. Werden wir wieder zusammenkommen?

Vorausgesetzt, die Beziehung ist noch nicht durch eine grundsätzliche Desillusionierung zerstört, besteht eine Möglichkeit zur Versöhnung. Es mag, in ästhetischen Begriffen ausgedrückt, durchaus eine Herausforderung sein, die Bruchstücke neu zusammenzusetzen, so daß die äußere Form den inneren Zuständen besser entspricht. Dies ist die Herausforderung zu schöpferischem Handeln, was sehr ernste Bemühungen, Willenskraft und Entschlossenheit erfordert.

7. Wie kann ich die Dinge wieder ins Lot bringen?

Erforschen Sie Ihre tieferen Gefühle und teilen Sie sie Ihrem Partner wenn möglich auf kreative Art mit.

8. Was erhoffe ich mir vom Leben?

Wenn Sie den Weg gewählt haben, Ihre Gefühle durch Mittel der bildenden Kunst auszudrücken, dann ist der gelungene künstlerische Ausdruck der Liebe Quelle Ihrer größten Freude. Der Wert der Ästhetik liegt in der Ausschmückung der Form, nicht in ihrer Bedeutung.

*DIE LINIEN*_____

Eins ———O———   *Zwei* ——— X ———

Dem Weg des geringsten Widerstandes zu folgen, wird nicht das beste Ergebnis erbringen. Sie spüren, daß ein Kompromiß in der augenblicklichen Lage Ihrer Integrität entgegenstünde und Ihren ernsthaften Zwecken nicht dienen kann.

Das Vergnügen reizt Ihre Sinne, aber es ist oberflächlich. Es schadet nichts, eine Maske zu tragen, doch von Zeit zu Zeit sollten Sie sie ablegen, denn eine Maske hat die ungute Eigenschaft, am Gesicht des Trägers festzukleben.

Drei ——— O ———

Die guten Dinge des Lebens kann man schmecken und genießen. Ihr gesellschaftliches Leben ist voller anmutiger Kultiviertheit und befriedigt Sie. Es ist herrlich, mit Freunden eine gute Flasche Wein zu genießen und seine Zeit mit charmanten Zerstreuungen zu verbringen. Doch seien Sie auf der Hut. Lassen Sie nicht zu, daß Sie in sinn- und gefühllosen Trivialitäten untergehen. Ihr Glück kann davon abhängen, ob Sie die sanfte Warnung des Orakels beachten.

Vier ——— X ———

Sie wissen schon längst, daß dem gesellschaftlichen Leben der Oberen Zehntausend die tiefere Bedeutung abgeht, zu der Sie sich eigentlich hingezogen fühlen. Es wäre leicht für Sie, in diese Umgebung einzusteigen und sich bewundern zu lassen. Sie könnten viele Bekannte haben, aber Sie wissen, daß Sie dabei keine wahren Freunde finden werden. Ihre Gedanken kreisen um höhere Bestrebungen als bloße gesellschaftliche Anerkennung.

Fünf ——— X ———

Sie wissen, daß viele Menschen davon besessen sind, Geld zu besitzen, um materielle Bedürfnisse befriedigen zu können. Auch Ihnen ging es einst nicht anders. Inzwischen haben Sie begriffen, daß es mehr im Leben gibt als die Anhäufung von Reichtum; Sie suchen nach geistigen Schätzen.

Sie wollen jetzt die Bedeutung hinter der Form begreifen, Sie wollen das Gefühl, das hinter dem Flitter der Oberfläche liegt, zum Ausdruck bringen. Doch fühlen Sie sich zur Erreichung dieses Ziels verzweifelt schlecht ausgestattet, vor allem um die Freundschaft mit solchen Menschen zu pflegen, die höhere Qualitäten haben als Sie selbst. Der ernsthaft Suchende wird immer einen Freund finden. Es gibt keinen Grund, sich niedergeschlagen zu fühlen. Neue Wege werden sich öffnen.

Sechs ——— O ———

Der Widerspruch zwischen dem Innerlichen und dem Äußerlichen in Empfindung, Form und Kunst ist gelöst. In Herzensangelegenheiten spüren Sie die Bedeutung des Inneren und auf dem Gebiet der Kunst haben Sie es zu persönlicher Vollendung gebracht.

TRENNUNG

Eingeschränkte Urteilsfähigkeit;
geduldiges Abwarten

1. Ist dieser Mensch der geeignete Partner für mich?

Ihre Wahrnehmungsfähigkeit ist momentan nicht sehr ausgeprägt. Deshalb ist es keine günstige Zeit, Entscheidungen über mögliche Partner zu treffen. Negative Einflüsse machen sich bemerkbar. Ihre Welt ist dunkel, das kann Sie zur Verzweiflung treiben. Wen auch immer Sie durch die dunkle Brille Ihrer augenblicklichen Lage anschauen, er oder sie sieht wenig anziehend aus, nicht weil der Mensch selbst unattraktiv ist, sondern weil Ihr eigener innerer Zustand Ihnen nicht erlaubt, feine Unterschiede zu erkennen. Sie neigen zu Vorurteilen, Sie können momentan Ihrem Urteil nicht trauen.

2. Liebt mich mein Partner?

Ihr Herz kennt sich im Augenblick selbst nicht. Liebe scheint weiter entfernt denn je; doch ob dies der Wahrheit entspricht, oder nur Ihrer eigenen Blindheit, kann erst durch geduldiges, aufmerksames und lernbegieriges Abwarten herausgefunden werden. Nur das bringt Sie der Antwort näher. Sie brauchen nicht anzunehmen, daß Ihr Partner Sie nicht liebt; die Frage der Liebe hat sich einfach noch nicht gestellt.

3. Haben wir eine gemeinsame Zukunft?

Finden sich in Ihrem Hexagramm sich wandelnde Linien, so sollten Sie dort nachschauen. Der Keim der Zukunft liegt in der Vergangenheit. Wurde der Keim nicht gut gepflegt oder nicht tief genug eingepflanzt, dann ist sein Wachstum möglicherweise behindert. Das Orakel weist darauf hin, daß jetzt Geduld angebracht ist. Wenn Sie sich jetzt leer und niedergeschlagen fühlen, so sollten Sie daran denken, daß das vorübergeht.

Sie sind ein großzügiger Mensch und haben in der Vergangenheit denen, die Ihnen lieb waren und nahestanden, viel zu geben gehabt, was Ihnen umgekehrt deren Verehrung und Respekt einbrachte. Die Zukunft einer jeden Beziehung, die für Sie Wert hat, wurzelt in Ihrer Güte und Großzügigkeit. Diese Eigenschaften verhelfen Ihnen dazu, Verantwortungen zu übernehmen und Ihre Beziehungen auch in widrigen Zeiten zu sichern.

4. Wie soll ich mich jetzt am besten verhalten?

Tiefe Gedanken treten an die Stelle oberflächlicher Überlegungen. Dieser Prozeß wird sich noch eine Zeitlang fortsetzen. Handeln Sie nicht, solange Ihr Verständnis für die Dinge so unzureichend ist, solange Sie nur die Oberfläche sehen. Sie sollten eine offene Haltung einnehmen, in Zweifelsfällen seien Sie lieber großzügig statt selbstsüchtig, versuchen Sie nicht, Ihrem Partner Ihre Vorstellungen aufzudrängen.
Vor allem müssen Sie Geduld lernen. Sie sind von so vielen Kon-

flikten umgeben, daß dies im Moment die beste Haltung ist. Sie können zur Zeit von sich aus nichts unternehmen, um die Dinge in Ordnung zu bringen. Jeder Versuch zu handeln kann schlecht ausgehen, ja er könnte Reaktionen hervorrufen, die sich gegen Sie richten. Vertrauen Sie jedoch darauf, daß sich der Zustand ändern wird. Selten müssen wir auf die kosmischen Kräfte, die das Universum regieren, unser Vertrauen setzen, nun aber herrscht eine solche Zeit.

5. Warum ist unsere Beziehung zerbrochen?

Von außen betrachtet sieht es so aus, als wäre Ihre Beziehung ganz plötzlich abgebrochen, doch der Grund für den Bruch liegt sehr tief. Der Fehler mag in Ihrer Sicht der Dinge liegen. Da dies keine Zeit ist, in der Sie die tiefere Bedeutung der Dinge erkennen können, mag Ihnen Ihr Leben leer und bedeutungslos vorkommen. Doch das ist nur der äußere Schein, die Wahrheit ist, wie so oft, ganz anders.

Fragen Sie sich, ob Sie ungeduldig waren, ob Sie glaubten, mehr Verständnis für Ihren Partner zu haben, als Sie tatsächlich aufbrachten, ob Sie sich gewaltsam durchsetzen wollten, wo Sie hätten sanft vorgehen sollen, oder ob Sie zur unrechten Zeit gehandelt haben. All dies hat möglicherweise den Zusammenbruch der Beziehung herbeigeführt.

6. Werden wir wieder zusammenkommen?

Diese Frage wird sich vielleicht in den Linien aufklären, wenn Sie eine sich wandelnde Linie geworfen haben.
Es ist sehr unwahrscheinlich, daß Sie im Moment intuitiv Ihre Zukunft erfassen können; in einiger Zeit werden Sie klarer sehen

können. Haben Sie Geduld! Vorsichtshalber sollten Sie auch nicht auf den guten Rat anderer hören, vor allem, wenn es um Gefühlsangelegenheiten geht, denn diesen anderen Menschen können Sie unter Umständen so wenig trauen wie sich selbst.

7. Wie kann ich die Dinge wieder ins Lot bringen?

Warten Sie ab, seien Sie geduldig, unternehmen Sie nichts!
Vertrauen Sie der Zeit. Unterwerfen Sie sich den Kräften des Universums ohne allen Widerstand. Sie fühlen sich leer, und jede Anstrengung wird dieses Gefühl nur verstärken statt es zu verringern – es wird von selbst

vorübergehen. Sie dürfen sich weder dem Selbstmitleid noch dem Selbstvorwurf hingeben. In einer stillen Zeit sollten Sie keinen Lärm machen, und das ist nicht die Reaktion eines ängstlichen, sondern eines klugen Menschen.

8. Was erhoffe ich mir vom Leben?

Sie wünschen sich, daß Licht und Klarheit in Ihr Privatleben zurückkehren. Sie fühlen sich niedergeschlagen, verloren, im Dunkeln. Sie sind sich dessen bewußt, aber unfähig, dagegen anzugehen. Sie wünschen sich sehnlichst, wieder Kontrolle über Ihr eigenes Schicksal zu bekommen. Ihr Herzenswunsch wird sich mit den sich ändernden Umständen ebenfalls verändern. Darüber müssen Sie sich im klaren sein; verwechseln Sie die tief-sten Bedürfnisse Ihres Herzens nicht mit oberflächlichen Erwartungen, dann werden Sie auch alles gut überstehen. Tief im Innern wissen Sie bereits, daß die Zeit der Dunkelheit vorübergeht.

Ein Wort der Warnung ist angebracht: Hüten Sie sich, oberflächliche Fähigkeiten allzurasch auszubeuten und dann zufrieden zu sein mit der schnell wachsenden Frucht, denn sie kann ebenso schnell wieder verfaulen.

DIE LINIEN

Eins ——— **X** ———

Sie können den Menschen Ihrer Umgebung nicht trauen. Die, denen Sie trauen könnten, sind von denselben Gerüchten und Lügengeschichten bedroht wie Sie selbst. Sie können Ihre Widersacher nicht an ihrem schädlichen Tun hindern. Alles was Sie tun können, ist äußerste Geduld aufzubringen und auszuharren, bis diese gefahrvolle Zeit vorüber ist. Nichts tun ist jetzt das beste.

Zwei ——— **X** ———

Die Sie umgebende Gefahr wächst. Sie fühlen ihre Gegenwart mit großem Unbehagen. Es gibt keine Zuflucht, keinen freundlichen Rat, keine Hilfe von irgendwoher. Sie müssen bereit sein, sich jederzeit einer neuen Situation anzupassen, um einer plötzlichen Gefahr ausweichen zu können. Wenn Sie nicht aufmerksam sind, kann es zu einer schweren Niederlage kommen.

Drei ——— **X** ———

Die Sie umgebenden Menschen haben einen schlechten Einfluß auf Sie, in geistiger wie in moralischer Hinsicht. Sie spüren das und wollen davor flüchten, doch ist Ihnen das – weil sich die Dinge momentan Ihrer Kontrolle entziehen – nicht möglich. Doch Ihr fester Entschluß, sich von Ihrem wahren Selbst nicht abbringen zu lassen, läßt Sie die tiefe Übereinstimmung spüren, die Sie mit einem anderen Menschen haben. Durch diese aufrichtige Verbindung können sie den bösen Einflüssen erfolgreich Widerstand leisten. Das bringt die anderen zwar umsomehr gegen Sie auf, Ihre Posititon aber ist stark, weil Sie im Recht und die anderen im Unrecht sind.

Vier ——— X ———

Sie können die Katastrophe nicht verhindern. Das Unheil hat Sie schon übermannt; es gibt nichts mehr zu sagen.

Fünf ——— X ———

Wenn sich die dunklen Kräfte den mächtigen Kräften des Lichts nähern, so ändern sie sich automatisch. Sie bleiben nicht länger dunkel und bösartig, sie wandeln sich ebenfalls in Kräfte des Lichts. Es spielt keine Rolle, welche Form die Kräfte des Lichtes annehmen, ob sie in der sichtbaren oder der unsichtbaren Welt erscheinen; in ihrer Gegenwart jedenfalls hat das Dunkel keinen Raum. Daraus ergibt sich für Ihr tägliches Leben eine neue Atmosphäre, in der Freude und Vergebung herrschen. In diesem neuen Licht brauchen Sie nichts zu befürchten.

Sechs ——— O ———

Selbst dem Unglück sind Grenzen gesetzt. Sie haben den äußersten Tiefpunkt erreicht, die Umstände können nicht schlimmer werden.

Höhere Kräfte übernehmen jetzt wieder die Kontrolle, was für Sie eine große Erleichterung bedeutet. Das Prinzip der kosmischen Gerechtigkeit setzt sich durch: Auf Dunkelheit folgt Licht, auf Licht folgt Dunkelheit, die schlechten Kräfte zerstören sich selbst und die bösen Menschen haben das Böse, das sie Ihnen angetan haben, auf sich selbst gezogen.

Man muß das Wesen der bösen Kräfte verstehen. Sie stürzen sich nicht nur auf das Gute, sondern auch auf sich selbst, doch sind sie abhängig von der Stärke des Guten. Wenn das Böse unter die Kontrolle des Guten kommt, dann ordnen sich die Dinge neu – niemals aber umgekehrt. Die Prinzipien der Ordnung und des Chaos gehorchen einem moralischen Gesetz. Das Herz des Universums ist die Idee der völligen Vereinigung – deshalb soll das Handeln aller zu aller Zeit ohne Tadel sein.

Hexagramm 24
AUGENBLICK DES ÜBERGANGS

Zeit der Wende;
Wiedererwachen des Gewesenen;
Neubeginn

1. Ist dieser Mensch der geeignete Partner für mich?

Die Zeit für neues Wachstum, neue Unternehmungen ist angebrochen. Die Zeit des Stillhaltens, der Stagnation geht zu Ende, sanft machen sich die Lebenskräfte in Ihnen wieder bemerkbar.

Das Hauptcharakteristikum Ihrer Beziehung zu Ihrem Partner war Ruhe, es fand fast kein emotionaler Austausch mehr statt; jetzt aber spüren Sie, wie Hoffnung, Energie und Vitalität erneut aufwallen.

Das Orakel sagt nichts darüber, ob Ihr gegenwärtiger Partner zu Ihnen paßt oder nicht, doch wenn Sie in der letzten Zeit einsam waren, so wird jetzt eine neue Beziehung in Ihrem Leben Platz ergreifen. Der Wandel wird langsam vor sich gehen, aber auf ganz natürliche Weise, und Sie haben keinen Einfluß darauf – dennoch geht alles gut für Sie. Ihre Empfindungen für sich selbst und für Ihre Umgebung werden deutlich positiver. Das Orakel ist optimistisch und hoffnungsvoll, es deutet auf kommende Freude und Wohlstand hin. Sie werden zwar den Impuls verspüren, zu handeln, doch sollten Sie nicht versuchen, die Umstände mit Gewalt zu ändern. Die Jahreszeiten wechseln ganz natürlich, Sie stehen am Beginn einer besseren Zeit. Die kommenden Monate bringen immer mehr Verbesserungen. Wenn sich in dieser Zeit eine neue Beziehung entwickelt, wird sie Ihnen beiden viel dauerhafte Freude bereiten.

2. Liebt mich mein Parter?

Gestern noch haben Sie sich ungeliebt gefühlt, doch das lag an der ungünstigen Zeit, an der emotional völlig brachliegenden Verbindung, die bestand. Diese ruhige Zeit, der nun Wachstum und Wärme folgt, war ebenso eine vorübergehende Periode, wie die Zeit, die nun anbricht.

In den kommenden Monaten werden Sie guten Grund haben, von der Liebe Ihres Partners überzeugt zu sein; entsprechend werden Ihre eigenen Gefühle ihm gegenüber herzlicher. Jede gute Saat, die Sie in der Vergangenheit gesät haben, wird jetzt Früchte tragen, doch warnt das Orakel davor, etwas erzwingen zu wollen. Überfüttern Sie das Gute nicht, lassen Sie es natürlich wachsen.

Sie stehen am Punkt eines Übergangs. Alles in Ihrem Leben – auch Ihre persönlichen Beziehungen – verbessert sich. Es ist für Sie und Ihren Partner eine Zeit der Erneuerung und des Neubeginns. Alles, was bisher brachlag, erfährt göttliche Inspiration und wird natürlich wachsen. Sie werden emotionale Wärme und Sicherheit verspüren.

3. Haben wir eine gemeinsame Zukunft?

Die Antwort des Orakels ist grundsätzlich bejahend. Es ist die Zeit des Wachstums, der Blüte. Der Verfall macht dem neuen Aufbau Platz, wie auf den Winter der Frühling folgt. Sie haben diesen Prozeß nicht ausgelöst und Sie können ihn auch nicht aufhalten.

Die Zukunft ist strahlend. Sie haben Grund zum Optimismus. Selbst alte Zwistigkeiten lösen sich jetzt fast wie von selbst auf. Doch das Orakel warnt auch; versuchen Sie nicht, den natürlichen Prozeß künstlich zu beschleunigen. Vergessen Sie nicht, daß die Periode der Erneuerung gerade erst begonnen hat. Lassen Sie sich Zeit, um Energie zu sammeln für zukünftige Taten.

4. Wie soll ich mich jetzt am besten verhalten?

Sicher haben Sie schon bemerkt, daß Ihre Haltung sich ohne Ihr bewußtes Zutun bereits verändert hat. Sie sind optimistischer geworden, sind mehr in Geberlaune. Diese feinen Verhaltensänderungen gehen mit der Zeit des Wandels einher, die gerade herrscht. Sie sollten sich einfach treiben lassen, es besteht kein Grund, etwas künstlich voranzutreiben oder gegenzusteuern. Wenn Sie in Übereinstimmung mit der Ihnen eigenen Energie handeln, bleiben Sie in Einklang mit der herrschenden Strömung.

5. Warum ist unsere Beziehung zerbrochen?

Vielleicht haben Sie kürzlich den Verfall einer Beziehung erlebt, dem das langsame Wachsen einer neuen Beziehung folgte. Wenn die alte Beziehung zerbrochen ist, lag das an einem ganz natürlichen Verfallsprozeß. Energie, Spontaneität, Optimismus und emotionaler Austausch, die Dinge, die normalerweise eine Beziehung am Leben erhalten, waren einfach dahingewelkt. Am Punkt des Übergangs bleiben diese Einflüsse zurück. Neues Leben wird Ihren Emotionen eingehaucht. Wenn also eine alte Beziehung zu Ende gegangen ist, so müssen Sie sie ruhen lassen. Begrüßen Sie das Neue. Verweilen Sie nicht in der Vergangenheit, schauen Sie in die Zukunft. Wenn Sie im ersten Aufflackern einer neuen Beziehung schon auf Schwierigkeiten stoßen, so kann dies nur einen Grund haben: Sie versuchen, die Sache zu schnell voranzutreiben. Das Orakel rät zu langsamem Vorgehen.

Haben Sie sich wandelnde Linien in Ihrem Orakel, so beachten Sie die dazugehörigen Ratschläge besonders gut.

6. Werden wir wieder zusammenkommen?

Da dies eine Zeit der persönlichen Erneuerung ist, kann es sehr gut auch eine Zeit der Versöhnung sein. Spaltungstendenzen, die sich in der Vergangenheit breitgemacht hatten, haben in der neuen Frühlingsatmosphäre nur noch wenig Chancen. Wenn Sie spüren, daß es für eine Versöhnung mit einem alten Partner gute Chancen gibt, dann wird sie auch zustandekommen. Wenn Sie freilich schon eine neue Beziehung aufgenommen haben, sollten Sie der Angelegenheit ihren natürlichen Lauf lassen und nichts forcieren. Dies ist die Zeit, in der die ruhende Saat aufgehen kann. Wichtig ist, daß Sie nicht versuchen, unnatürliche Lösungen herbeizuführen. Neues Leben muß man sanft behandeln, man muß sich ihm mit Aufmerksamkeit und Zuwendung widmen.

7. Wie kann ich die Dinge wieder ins Lot bringen?

Das Orakel ist der Idee des natürlichen Wachstums zur rechten Zeit verhaftet. Es empfiehlt keine absichtliche, bewußte Handlung in bezug auf irgendwelche Probleme. Wenn die Dinge in der Vergangenheit schiefgelaufen sind, werden sie sich ganz von selbst wieder regeln. Die Ereignisse kommen von sich aus auf Sie zu, Sie brauchen nicht bewußt einzugreifen.
Die Macht dieser Jahreszeit ist groß. Vertrauen Sie dem neuen Licht, das jetzt hervorbricht. Wenn Sie krank waren, kommt jetzt die Genesung, wenn Sie allein waren, finden Sie jetzt einen Partner. Doch dies geschieht nicht durch Ihr aktives Handeln, sondern weil es die Zeit vorsieht. Das einzige, was sie sinnvollerweise tun können, ist sich auszuruhen, so daß Sie für alles, was nun neu beginnt, Kraft haben.

8. Was erhoffe ich mir vom Leben?

Die neue Zeit des Wachstums bringt Freude mit sich. Nach einer Zeit, in der das Leben im Dornröschenschlaf lag, ergeben sich nun neue, interessante Möglichkeiten. Sie spüren bereits, wie die Zeit des Wartens ausläuft, und die Dinge, auf die Sie gewartet haben, nun in Ihr Leben treten.

DIE LINIEN

Eins ——— O ———

Der gute Pfad ist gerade und schmal, doch sollten Sie von diesem Pfad nicht abweichen. In einer Zeit, in der man persönlich wächst, in der sich der Charakter weiterentwickelt, ist es besonders wichtig, daß man auf Fallen und Versuchungen achtet und versucht, ihnen auszuweichen. Wer dem schlechten Einfluß nicht entgehen kann, wird es bereuen.

Zwei ——— X ———

In dieser Zeit der Erneuerung sind Demut und Selbstkontrolle angezeigt. Lassen Sie sich von weisen Freunden führen.

Drei ——— X ———

Sie wissen, daß der Pfad, dem Sie folgen, der richtige ist, doch Sie folgen ihm nicht entschlossen genug. Ihre Schwierigkeit resultiert aus einem grundlegenden Mangel an innerer Gelassenheit, was sich darin ausdrückt, daß Sie Versuchungen nicht widerstehen können. Das Orakel erkennt zwar an, daß Sie große Anstrengungen machen, zu Ihrem Entschluß zu stehen, aber es macht auch deutlich, daß Sie in dieser Hinsicht noch ernsthafter vorgehen müssen.

Vier ——— X ———

Die Linie repräsentiert das Sprichwort »Gleich und Gleich gesellt sich gern.« Sie tun sich mit Leuten zusammen, die keinen guten Einfluß auf Sie haben. Doch außerhalb dieses Kreises haben Sie einen Menschen, mit dem Sie eine starke geistige Verwandtschaft verbindet. Es ist der Einfluß dieses Menschen, der Sie dazu führt, sich mit Ihren wahren Freunden zusammenzutun.

Fünf ——— X ———

Es ist Zeit, reinen Tisch zu machen. Dies mag schmerzlich sein, doch Sie haben keine andere Wahl. Der Entschluß verlangt Tapferkeit und Mut und gereicht Ihnen schließlich zur Ehre.

Sechs ——— X ———

Sie haben Ihre beste Möglichkeit ungenutzt verstreichen lassen, weil Sie ein völlig falsches, unangebrachtes Weltbild haben. Wegen Ihrer unglaublichen Dummheit und Ihrer Weigerung, sich einen guten Rat anzuhören oder der Vernunft zu folgen, stecken Sie jetzt tief im Unglück. Es wird Ihnen für die Zukunft eine Lehre sein. Lassen Sie sich Zeit und entwickeln Sie eine angemessene Einstellung gegenüber der Welt.

UNSCHULD

Das Natürliche, Reine;
Impulse des Herzens

1. Ist dieser Mensch der geeignete Partner für mich?

Die Leitmotive dieses Hexagramms sind die höchsten Tugenden des Menschen: Unschuld und Einfachheit. Menschen mit diesen Tugenden sind von Geburt an gut. Das zeigt sich in Ihrem Wesen; sie kennen keine Lügen oder haben den Wunsch, etwas zu verheimlichen. Einfachheit und Unschuld sind die Kennzeichen dieser spontanen und ehrlichen Menschen.

In der Frage, ob Sie und Ihr Partner zusammenpassen, geht es darum, wie Sie Ihr Wesen darstellen. Wenn Sie in Übereinstimmung mit Ihrem Wesen handeln, dann ziehen Sie wie selbstverständlich die Ihnen eigene Reinheit im anderen an: »Gleich und Gleich gesellt sich gern.«

Sie spüren, daß Ihr Partner zu Ihnen paßt, weil ihm gewisse Eigenschaften fehlen. Solange Sie keinen Selbstbetrug und keine Tücke kennen, werden Sie ganz instinktiv das Richtige tun. Es ist aber wichtig, daß Sie sich vor der bewußten Bemühung hüten. Wenn Sie die äußere Erfüllung suchen, um das Wissen über eine innere Unzulänglichkeit zu überdecken, dann geht die natürliche Unschuld der Beziehung verloren.

2. Liebt mich mein Partner?

Dem wahren Geist dieses Orakels läuft diese Frage eigentlich zuwider, denn indem Sie diese Frage stellen, versuchen Sie, eine Reaktion zu provozieren. Das mag unbewußt geschehen, doch Sie erlauben so Ihrem Wesen, sich zu seinem Nachteil zu verändern. Folgen Sie den ursprünglichen Impulsen Ihres Herzens, denn ihm können Sie immer vertrauen.

3. Haben wir eine gemeinsame Zukunft?

Wie auch bei der vorangegangenen Frage ist diese eine Art der absichtlichen Intellektualisierung, der Sie sich aber momentan nicht hingeben sollten, denn es beeinträchtigt die Unschuld Ihres Wesens.
Wenn Ihre zukünftigen Handlungen auf ein bestimmtes Ziel hin zugeschnitten sind, dann sind Ihre Motive schon mit selbstsüchtigen Absichten durchsetzt. Die Antwort bleibt demzufolge schwer deutbar; das Orakel verlangt von Ihnen, was Sie ohnehin in Ihrem Herzen schon wissen. Ihre gemeinsame Zukunft hängt davon ab, daß Sie nicht bewußt eine gemeinsame Zukunft erwarten.

4. Wie soll ich mich jetzt am besten verhalten?

Erhalten Sie sich Ihre reinen Absichten, und Sie werden ganz automatisch die richtige Haltung einnehmen. Verfolgen Sie keine aufgesetzten Ziele. Wenn Sie das unbestimmte Gefühl eines Verlustes haben, aber nicht wissen, was Ihnen verlorenging, so deutet das Orakel an, daß Sie Ihren Wesenszug der arglosen Unschuld eingebüßt haben.
Das richtige Verhalten ist jetzt ein kindliches Vertrauen. Diese Haltung kann aber nicht bewußt herbeigeführt werden, Sie müssen diesem Wesenszug erlauben, ganz von selbst an die Oberfläche zu kommen.

5. Warum ist unsere Beziehung zerbrochen?

Das Ende Ihrer Beziehung kann durch eine Abweichung von Ihrem natürlichen Verhalten herbeigeführt worden sein. Wenn Sie aus unreinen Motiven heraus gehandelt haben oder mit Hintergedanken, wenn Sie oberflächliche Begierden befriedigen wollten, dann haben Sie selbst das Unglück angezogen – die Kommunikation muß zwangsläufig zusammenbrechen.

Vergegenwärtigen Sie sich die jüngste Vergangenheit! Haben Sie Ihre Gedanken darauf konzentriert, was Sie von Ihrem Partner wollen, oder haben Sie den Dingen ihren natürlichen Lauf gelassen? Wenn sich die Beziehung verschlechtert hat, dann mit Sicherheit deswegen, weil Sie vergessen haben, daß Ihr und Ihres Partners Wesen vom Zustand der Unschuld bestimmt sind. Vielleicht haben Sie beide bewußte Anstrengungen unternommen und so eine unerträglich erstickende Atmosphäre geschaffen?

6. Werden wir wieder zusammenkommen?

Die ursprünglichen Impulse des Herzens sind immer gut. Dies ist die Grundaussage dieses Orakels. Wenn Sie sich nicht ganz natürlich und wie selbstverständlich zu diesem Menschen hingezogen fühlen, dann werden Sie nicht wieder zusammenkommen und sich nicht versöhnen. Fühlen Sie sich jedoch in der angesprochenen Art zu Ihrem Partner hingezogen, dann werden Ihr Handeln und Ihre Gefühle von sich aus auf Versöhnung hinarbeiten.

Jede Kraft, die bewußt mit dem Ziel eingesetzt wird, Versöhnung zu erreichen, wird ihren Zweck verfehlen. Alles hängt vom natürlichen Lauf der Dinge ab.

7. Wie kann ich die Dinge wieder ins Lot bringen?

Alles Handeln erwächst aus Geisteszuständen. Wenn etwas schiefgegangen ist, dann deshalb, weil Sie die falsche Geisteshaltung eingenommen haben. Um die Dinge in Ordnung zu bringen, müssen Sie also erst Ihre Geisteshaltung korrigieren. In Ihrem Fall ist das schwierig, denn es widerspricht sich, wollten Sie versuchen, bewußt Ihre ursprüngliche Unschuld und Einfachheit wiederzuerlangen. Sie müssen sich ganz Ihrem Sinn für das Natürliche, Aufrichtige, Ehrliche überlassen, damit er wieder die Kontrolle über Ihr Handeln bekommt. Das Beste was Sie tun können, ist, sich von aller zielgerichteten, bewußten Handlung fernzuhalten und sich statt dessen spontanen Impulsen zu überlassen, die Sie in die richtige Richtung führen werden. Wenn Sie sich darauf konzentrieren, etwas Bestimmtes zu erreichen, werden Sie am Ziel vorbeigehen. Der Weg der Wahrheit ist schmal, dieses Orakel drückt es bildhaft aus. Sie müssen die Wahrheit auf unerwartete, nicht vorsätzlich herbeigeführte Weise erfassen. Stärken Sie Ihr Selbstvertrauen!

8. Was erhoffe ich mir vom Leben?

Wenn ein Mensch vom Pfad der Reinheit und Unschuld abgeraten ist, dann wünscht er sich nichts sehnlicher, als den alten Zustand wiederherzustellen.

DIE LINIEN

Eins —————O—————

Folgen Sie Ihrem Herzen, nicht Ihren oberflächlichen Gedanken, dann wird Ihnen das Glück hold sein.

Zwei —————X—————

Handeln Sie ohne vorgefaßte Absicht, so, als gäbe es kein Morgen.

Drei —————X—————

Es geschieht, daß Menschen ohne ihr eigenes Verschulden ins Unglück geraten. Dennoch muß ein solcher Mensch reinen Herzens handeln. Obgleich das, was geschehen ist, nicht Ihre Schuld ist, dürfen Sie niemandem grollen. Bedenken Sie, Sie müssen nicht nur dem eigenen Unglück ausweichen, Sie dürfen auch nicht zum Auslöser des Unglücks anderer werden. Unter keinen Umständen dürfen Sie sich zu Handlungsweisen verleiten lassen, die sie von sich selbst wegführen. Welcher Druck auch immer auf Sie ausgeübt wird, tun Sie nichts, das Ihnen irgendwelchen Tadel einbringen könnte.

Vier —————O—————

Ihre Angst ist unbegründet. Zermartern Sie sich nicht den Kopf.

Fünf —————O—————

Wenn Sie aufgrund zufälliger Umstände leiden, dürfen Sie nicht auf Biegen und Brechen versuchen, die Dinge in Ordnung zu bringen; lassen Sie der Natur ihren Lauf. Handeln Sie weise, indem Sie vertrauen.

Sechs —————O—————

Sie müssen das Ergebnis geduldig abwarten, drängen Sie der Situation nicht Ihren Willen auf. Wenn Sie jetzt versuchen, sich einzumischen, werden Sie den Fortschritt nicht fördern, sondern behindern. Handeln Sie nicht, greifen Sie nicht ein!

Hexagramm 26

IN SCHACH GEHALTEN WERDEN

Horten der Energien;
Selbstkontrolle;
nichts vor der Zeit erzwingen

1. Ist dieser Mensch der geeignete Partner für mich?

Sie verfügen über außerordentliche Begabungen und Fähigkeiten, die Sie gern mit Ihrer ganzen Persönlichkeit zum Ausdruck bringen würden, doch zu Ihrem eigenen Besten werden Sie in Schach gehalten. Würde jetzt ein Ventil geöffnet, wären Sie nicht in der Lage, das Äußerste aus Ihren Gaben herauszuholen, auch wenn Sie sich das einbilden. Ohne es zu wollen, werden Sie bezähmt.

Das heißt freilich nicht, daß Ihre Lebensqualität herabgesetzt würde. Die Situation ändert nichts am Verhältnis zu Ihrem Partner. Wenn Sie erkennen, daß Ihre Kräfte für eine günstigere Zeit gespart werden, dann sollte dieses Horten der Energie von Ihnen nicht als Frustration empfunden werden. Dies ist vor allem für Ihren Partner wichtig zu wissen, denn es mag momentan nicht leicht sein, mit Ihnen zu leben. Das müßte allerdings nicht sein, denn Sie können es sich leisten, sich für Ihre Entwicklung Zeit zu lassen und die Beziehung zu Ihrem Partner in aller Freundschaft fortzusetzen, ohne sie durch unnötigen Druck zu belasten.

2. Liebt mich mein Partner?

Sie sind eine starke, vorantreibende Kraft, nicht nur in dieser Beziehung. Weil im Moment nichts geschieht, könnten Sie verleitet sein, sich wie ein Elefant im Porzellanladen aufzuführen, wodurch Sie ungewollt sich und anderen Schaden zufügen. Sie müssen jetzt große Selbstkontrolle üben, sich zugleich aber Interessen zuwenden, die Ihr Leben nicht eintönig werden lassen. Denken Sie daran, die Bezähmung geht unbewußt von Ihnen aus, hegen Sie also gegenüber Ihrem Partner keine ungerechtfertigten Gefühle des Grolls. Ihr Partner steht Ihnen mit Bewunderung und Respekt gegenüber, er weiß, daß Sie über ein großes schöpferisches Potential verfügen. Vernachlässigen Sie Ihren Partner nicht. Sie sollten es sich zur Gewohnheit machen, ihn (sie) öfter ins Vertrauen zu ziehen. Behandeln Sie ihn (sie) nicht wie ein Anhängsel, erwidern Sie die Ihnen entgegengebrachte Zuneigung, opfern Sie Ihrem Partner mehr Zeit und mehr von Ihren Kräften!

3. Haben wir eine gemeinsame Zukunft?

Sie und Ihr Partner haben eine ausgefüllte Zukunft vor sich. Sie werden viel erreichen, denn Sie haben eine Menge zu bieten. Sie müssen allerdings Geduld haben. Jetzt ist die Zeit, Ihre Fähigkeiten zu nähren, nicht, sie aufzubrauchen.

4. Wie soll ich mich jetzt am besten verhalten?

Denken Sie nicht zuviel über die Möglichkeiten der Zukunft nach, das schwächt lediglich Ihre Kräfte. Konzentrieren Sie Ihre Energien auf die Forderungen des Heute. Bewahren Sie sich Ihre Kräfte für zukünftige Herausforderungen, stellen Sie jetzt die Erledigung von normalen Alltagsangelegenheiten in den Vordergrund. Frisch zu tapezieren wäre jetzt beispielsweise vernünftiger, als Pläne für die kommenden zehn Jahre zu schmieden. Wenn Sie Ihre momentane Einengung hinnehmen, so ist das ein gutes Charaktertraining für die Zukunft.

5. Warum ist unsere Beziehung zerbrochen?

Wenn Ihre Beziehung wirklich gelöst wurde – eigentlich weist nichts darauf hin –, dann kann es nur daran liegen, daß Sie unnötige Spannungen verursacht haben, die mit Ihrem Partner gar nichts zu tun haben. Es ist allerdings unwahrscheinlich, daß Sie bereits Gelegenheit hatten, die Dinge zu weit zu treiben. Ohne Ihr eigenes Zutun bleiben die Dinge unter Kontrolle. Obgleich sich in Ihnen langsam ein kreativer Druck aufstaut, reicht er nicht aus, den Korken aus der Flasche knallen zu lassen. Ihre Beziehung bewegt sich innerhalb vernünftiger Grenzen, trotz Ihrer Tendenz, gelegentlich in Extreme zu fallen.

6. Werden wir wieder zusammenkommen?

Die Antwort auf Frage fünf erklärt bereits die Situation – wo es keine Trennung gegeben hat, muß keine Wiedervereinigung stattfinden. Aber Sie müssen an Ihrer Beziehung arbeiten. Sie sollten die liebevolle Seite Ihrer Persönlichkeit mehr zum Zuge kommen lassen, es wird Ihnen selbst zugute kommen.

7. Wie kann ich die Dinge wieder ins Lot bringen?

Es ist höchst unwahrscheinlich, daß irgend etwas ernsthaft schiefgegangen ist. Die Kräfte, die Sie im Moment in Schach halten, sind sehr viel stärker, als Ihre Möglichkeit, Ihrem Partner oder sich Schaden zuzufügen. Trotz Ihres Drangs, vorwärtszugehen, werden Sie zurückgehalten, wie das Rennpferd, das in der Box auf den Startschuß wartet. Sie können die Wände, die Sie umgeben, nicht niederreißen, weil kein Raum ist, die Hacke zu schwingen. Sie müssen warten, bis sich die Tür öffnet, doch seien Sie versichert, daß hinter alldem tiefe Weisheit steht.

8. Was erhoffe ich mir vom Leben?

Sie wollen Großes erreichen. Sie werden im Zaum gehalten, damit Sie die nötigen Energien speichern können, die Sie brauchen werden, wenn Sie auf die Herausforderungen Ihres Lebens treffen.

DIE LINIEN

Eins ——— O ———

In Ihrem Innern verstärkt sich der Druck der Kräfte, die Sie treiben, in die Welt zu gehen und etwas aufzubauen. Wenn Sie dem Drang jetzt nachgeben, werden Sie feststellen, daß Ihre Kräfte noch nicht ausreichen. Sie können die Dinge noch nicht kontrollieren und würden nur großes Durcheinander anrichten. Bezähmen Sie sich und warten Sie!

Zwei ——— O ———

Der Unterschied zwischen der Kraft, die Sie vorantreibt und der, die Sie zurückhält, ist enorm. Sie wissen, daß es sinnlos ist, sich gegen eine derartige Übermacht aufzubäumen. Sie können nicht gewinnen; Sie müssen zu Ihrem eigenen Besten abwarten.

Drei ——— O ———

Es ist Zeit, sich der Herausforderung zu stellen. Die Tür der Box wird geöffnet, die Rennpferde stürzen heraus. Sie dürfen auf Ihren Heldenmut vertrauen,

doch das heißt nicht, daß Sie das Rennen unbedingt gewinnen werden, auch andere wollen Sieger sein. Aber Sie wissen, was Sie wollen, und das gibt Ihnen Kraft, es zu erreichen.

Vier ——— X ———

Sie sind in der Lage, Vorsichtsmaßnahmen gegen mögliche Gefahren zu ergreifen. Dieser Vorkehrungen wegen werden Sie mit Vorsprung Sieger.

Fünf ——— X ———

Nutzen Sie Ihre Kräfte, um die Wurzel des Übels auszureißen, und nicht, um sich vor seinen Folgen zu schützen. Es ist sehr viel besser, nach Möglichkeiten des friedlichen Zusammenlebens zu suchen, als Atombunker zu bauen.

Sechs ——— O ———

Die Schleusen wurden geöffnet, die Flut schöpferischer Energie ‚bricht hervor und erzeugt ungeheure Kräfte des Wandels.

Hexagramm 27
KÖRPERLICHE UND GEISTIGE GESUNDHEIT

Ernährung von Körper und Geist;
sich pflegen;
Versorgung

1. Ist dieser Mensch der geeignete Partner für mich?

Dieses Hexagramm befaßt sich mit einem wichtigen Aspekt jeder Beziehung – der Ernährung. Es bedeutet hier nicht nur Nahrungsaufnahme, sondern auch das Angebot an geistiger Nahrung. Es geht um die beide Aspekte umfassende gesamte Ernährung. Ernährung in diesem Sinne ist der Pfeiler eines ausgeglichenen Lebens.
Man kann eine Menge über einen Menschen lernen, wenn man beobachtet, welchen Teil seiner selbst er über-, welchen er unterernährt. Der zu Ihnen passende Mensch achtet auf seine Ernährung, seine körperliche wie seine geistige. Ihre Verantwortung gegenüber Ihrem Partner liegt darin, daß Sie ihm durch Liebe und Freundlichkeit zeigen, wie Sie sich um sein geistiges und körperliches Wohlergehen kümmern. Achten Sie auf eine gute, gehaltvolle Nahrung, die ausgewogen ist in Qualität und Quantität.

2. Liebt mich mein Partner?

Indem Sie sich um die Grundbedürfnisse Ihres Partners kümmern, zeigen Sie Ihre Liebe zu ihm. Pflegen Sie diese Liebe durch Zuwendung und man wird sich auch Ihnen spontan und liebevoll zuwenden.

Das Orakel empfiehlt Ihnen, dem Bereich der zwischenmenschlichen Beziehungen mehr Beachtung zu schenken; es scheint eine Neigung zu bestehen, Teile des Körpers zu vernachlässigen, andere dafür zu überfüttern.

3. Haben wir eine gemeinsame Zukunft?

Die Grundvoraussetzung einer jeden Beziehung ist körperliche Pflege. Vorausgesetzt, Sie achten auf Ihren Körper, pflegen und erhalten ihn nach Ihrem besten Wissen, dann werden Sie auch den größten Nutzen aus den Angeboten des Lebens ziehen

können. Essen und Trinken, als ein Aspekt der Selbstpflege, sind lebenserhaltende Kräfte. Essen ist ein aktiver Prozeß, Verdauen ein passiver. Beide sind Grundvoraussetzungen einer guten Gesundheit.

4. Wie soll ich mich jetzt am besten verhalten?

Sie müssen die grundlegende Bedeutung der Ernährung erkennnen. Seien Sie bereit, sich

erst einmal um die Grundbedürfnisse zu kümmern, ehe Sie nach anderem streben.

5. Warum ist unsere Beziehung zerbrochen?

Wenn Ihre Beziehung zerbrochen ist, dann entweder an Nahrungsmangel oder an Überfütterung mit Süßigkeiten. In der unberührten Natur finden alle Lebewesen, was sie zum Lebensunterhalt brauchen. Wenn Sie zuwenig oder zuviel essen, wenn Sie Nahrungsmittel in sich hineinstopfen, die keinen Nährwert haben, dann handeln Sie gegen den Willen der Natur. Das Orakel warnt ganz allgemein vor schädlichen körperlichen und geistigen Gewohnheiten, die zu Abhängigkeiten und Sucht führen können.

Die Basis jeder Beziehung ist die Gesundheit und die Befriedigung der biologischen Bedürfnisse des Körpers. Liebe ist die Nahrung einer Beziehung. So wie ein Körper verhungert, wenn man ihm keine Nahrung zuführt, verhungert eine Beziehung, der es an Liebe mangelt. Fragen Sie sich: Was nährt die Liebe?

Mangel an geistiger Nahrung – dazu gehört auch Freundlichkeit, Liebe, Zuneigung – verbunden mit Mangel an ausgewogenem Essen führt zu geistiger und körperlicher Schwäche. Aus Schwäche kann keine Freude erwachsen.

6. Werden wir wieder zusammenkommen?

Die sich selbst überlassene Natur ist im Gleichgewicht. Um seine Gesundheit zu erhalten, muß man Speise und Trank im rechten Maß zu sich nehmen, aber auch für ein Gleichgewicht in geistiger Hinsicht sorgen. Wenn Sie das beachten, können Sie und Ihr Partner Ihre »Gesundheit« zurückerlangen.

Wenn Sie den Rat in den Wind schlagen, handeln Sie gegen die Natur. Ein Mensch, der gegen die Natur handelt, macht sich zum Spielball des Zufalls.

7. Wie kann ich die Dinge wieder ins Lot bringen?

Wenn Sie selbst bei guter Gesundheit sind, dann werden Sie andere, vor allem auch Ihren Partner, mit dem Nötigen versorgen können. Wenn Sie darauf achten, auch Ihre innere Entwicklung zu pflegen, werden Sie andere besser lieben können. Sie haben dieses Orakel geworfen, weil Sie momentan mit Ihrer Gesundheit und Ihrem Wohlergehen befaßt sind. Sie kümmern sich aber nicht nur um die Krankheit, auch die Erhaltung der Gesundheit ist Ihr Anliegen – das erste Ziel wirklicher Fürsorge. Manche Teile Ihres Körpers brauchen mehr Beachtung als andere. Sie müssen herausfinden, welche das sind, eventuell dazu Rat einholen, und sich entsprechend darum kümmern. Wenn diese schwächeren Teile gut umsorgt sind, können Sie als ganzer Mensch Gesundheit ausstrahlen. Vernachlässigen Sie sie, werden Ihr Geist und Ihr Körper darunter leiden.

8. Was erhoffe ich mir vom Leben?

Was angemessen ist, ist genug. Wer zuviel ißt, ist ein Vielfraß, wer zuwenig zu sich nimmt, wird langsam verhungern. Ihr Ziel ist der Mittelweg. Auf ihm erhalten Sie das der Natur eigene Gleichgewicht.

DIE LINIEN

Eins ——————O——————

Es ist unnötig und falsch, daß Sie auf Qualität und Quantität des Besitzes anderer neidisch und eifersüchtig sind. Sie haben alles, was Sie brauchen. Wenn es Ihnen nicht gelingt, den Wert Ihrer Unabhängigkeit und hervorragenden Position richtig einzuschätzen, geraten Sie in Widerspruch mit anderen.

Zwei ——————X——————

Sie könnten sehr gut selbst für sich sorgen, tun es aber nicht. Sie sind ängstlich und zaghaft. Suchen Sie nach Wegen und Möglichkeiten, selbst die Verantwortung zu übernehmen, statt sich auf andere zu verlassen.

Drei ——————X——————

Sie treiben Raubbau mit Ihrem Körper, sei es wegen einer Sucht oder einer Besessenheit. Das hat zerstörerischen Einfluß auf Körper und Geist. Wenn Sie diese Gewohnheit nicht unter Kontrolle bringen, werden Sie krank werden. Wenn Sie nicht allein damit fertig werden, vertrauen Sie sich der Hilfe qualifizierter Kräfte an.

Vier ——————X——————

Ihre Ziele sind hoch und edel, aber Sie können sie allein nicht erreichen. Da Sie das wissen, versuchen Sie in einer Aufwallung von Ehrgeiz zusammen mit anderen die Ziele gewaltsam zu erreichen. Normalerweise ist ein derart aggressives Vorgehen nicht ratsam, in Ihrem Fall aber sind die Bemühungen gerechtfertigt.

Fünf ——————X——————

Sie wissen, daß Sie für andere sorgen müssen, doch aus irgendeinem Grund können Sie der Verpflichtung nicht nachkommen. Bitten Sie um materielle Hilfe und nehmen Sie sie an. Ein besonderer Rat des Orakels lautet: Meiden Sie schwere körperliche Arbeit, die Ihrer Gesundheit schaden könnte!

Sechs ——————O——————

Die Linie steht für einen Menschen von außerordentlicher Weisheit und edlem Charakter, der andere geistig aufrichten kann. Wenn Sie dieser großen Fähigkeit gegenüber eine verantwortungsvolle Haltung einnehmen, werden alle schwierigen Unternehmungen gelingen. Auf andere hat dies einen heilsamen Effekt.

145

Hexagramm 28

UNTER DRUCK

Überlastung;
Ausgleich schaffen;

1. Ist dieser Mensch der geeignete Partner für mich?

Von außen betrachtet scheinen Sie kein sehr erfolgreiches Gespann abzugeben. Aber die Situation ist aus dem Gleichgewicht geraten, und es scheint möglich, die Sache durch angemessenes Vorgehen wieder in Ordnung zu bringen.
Vielleicht herrscht zwischen Ihnen beiden ein extrem großer Altersunterschied. Jedenfalls wird sich die Beziehung nicht aufrechterhalten lassen, wenn nichts an ihr geändert wird. An einem bestimmten Punkt herrscht Überdruck, das Gewicht muß aber gleichmäßig auf das ganze Spektrum Ihrer Beziehung verteilt werden. Dieser Ausgleich ist von äußerster Wichtigkeit.

2. Liebt mich mein Partner?

Entweder können Sie sich die Frage selbst ganz unumwunden positiv beantworten, oder Sie verfolgen gegenwärtig ganz bestimmte Strategien. Das Orakel schweigt zu dieser Frage.

3. Haben wir eine gemeinsame Zukunft?

Unter Punkt fünf finden Sie die Gefahren, denen Ihre Beziehung ausgesetzt sein kann. Wenn davon nichts zutrifft, haben Sie Möglichkeiten gefunden, die an Sie gestellten Ansprüche zu erfüllen. Sie werden auch für die Zukunft Übereinkünfte treffen können, die Ihre Beziehung haltbarer machen.

4. Wie soll ich mich jetzt am besten verhalten?

Wenn das Schlimmste bereits passiert ist, können Sie nur still hinnehmen. Wenn aber noch Hoffnung besteht, so müssen Sie die Situation kritisch betrachten; Sie sehen, daß sie ungewöhnlich ist. Unterschätzen Sie die Bedeutung Ihres nächsten Schrittes nicht, er hat Auswirkungen auf die Zukunft. Handeln Sie so, daß die Spannung abgebaut wird. Der Schlüsselbegriff heißt Feingefühl; entwickeln Sie Ihr Einfühlungsvermögen und einen Sinn für Präzision, Selbstkontrolle und sparsame Einmischung.

5. Warum ist unsere Beziehung zerbrochen?

Sie wußten von Anfang an, daß Sie auf Hindernisse stoßen würden. Aus Ihrer eigenen Sicht war die Beziehung ohne Glaubwürdigkeit.
Es gab zu viele Zufallsfaktoren, und die Verantwortung war zu groß. Das Boot war überladen, und Sie haben keine Vorkehrungen getroffen – Sie haben das Gewicht nicht gleichmäßig verteilt, haben die Erfordernisse der Situation nicht erkannt. Die Unterschiede zwischen Ihnen waren zu groß, um überbrückt werden zu können. Von Anfang an war die Trennlinie zwischen dem Unwahrscheinlichen und dem Unmöglichen nur haarfein, doch sie war scharf gezogen. Wenn es noch nicht zum endgültigen Zusammenbruch gekommen ist, lassen Sie sich das Gesagte als Warnung dienen.

6. Werden wir wieder zusammenkommen?

Die Frage ist unpassend. Wenn die Antwort auf Frage fünf auf Sie zutrifft, Sie aber den kritischen Punkt noch nicht erreicht haben, dann haben Sie noch immer die Möglichkeit, die momentane Situation zu erhalten.

7. Wie kann ich die Dinge wieder ins Lot bringen?

Wenn der negative Ausgang von Frage fünf auf Sie zutrifft, können Sie überhaupt nichts tun. Sie müssen die Situation mit gelassener Heiterkeit akzeptieren.
Wenn Ihre Beziehung noch besteht, müssen Sie Ihre Aufmerksamkeit jetzt ganz den hervorstechenden Merkmalen Ihrer ungewöhnlichen Verbindung zuwenden. Die Last der Verantwortung ist ganz auf einen Punkt konzentriert. Solange das so ist, bleibt die Struktur der Verbindung instabil, sie kann leicht zusammenbrechen. Wenn Sie bei der Korrektur der Dinge nicht vorsichtig vorgehen, wird es zur Katastrophe kommen. Seien Sie feinfühlig, Sie müssen sich der Situation anpassen!

8. Was erhoffe ich mir vom Leben?

Die Umstände haben Sie gezwungen, das sinkende Schiff zu verlassen. Sie haben sich dabei ganz bewußt nur auf sich selbst verlassen, ohne Hilfe, Unterstützung oder Mitleid zu suchen. Sie stehen der Welt offen gegenüber, ehrlich und allein, aber Sie stellen sich ihr, und das wird Sie zu Glück und Erfolg führen.

DIE LINIEN

Eins ———— X ————

Gewichtige Situationen sollten wie gewichtige Gegenstände behandelt werden – mit Vorsicht und nicht ohne Vorbereitung. Vergewissern Sie sich, daß die Schultern, auf die Sie die Last legen wollen, das Gewicht tragen können.

Zwei ———— O ————

Wenn Sie als Mann in vorgerücktem Alter eine sehr junge Frau heiraten wollen, so sind die Vorzeichen günstig, obwohl eine solche Verbindung nicht der Norm entspricht. Auch die junge Frau braucht sich über die Zukunft keine Sorgen zu machen, denn, so widersinnig es erscheint, Sie passen gut zusammen.

Drei ———— O ————

Die Umstände, die unter Frage fünf beschrieben werden, kommen hier zum Tragen. Warnungen sind in den Wind geschlagen worden. Sie glauben zwar, daß Sie alles besser wissen, doch es wird Ihnen gezeigt, daß Sie unrecht haben.

Vier ———— O ————

Ihre Güte hat Ihnen verdiente Vergünstigungen eingebracht. Doch wenn Sie jetzt diese Position mißbrauchen und auf Kosten anderer daraus für sich Nutzen ziehen wollen, werden Sie sich selbst schaden.

Fünf ———— O ————

Die Linie beschreibt eine alternde Frau, die im Begriff ist, einen sehr jungen Mann zu heiraten. Das Orakel wendet nichts ein, warnt aber, daß die Anforderungen der Ehe die Frau überlasten könnten. Die Beziehung ist unausgewogen, sie bietet kaum Möglichkeit zur Entwicklung gegenseitiger Liebe.

Sechs ———— X ————

Sie haben Ihr Bestes gegeben. Sie wollen das auch weiterhin tun, aber Sie können es nicht, denn das Schicksal hat die Hand im Spiel. Sie opfern sich selbst, um anderen den Weg zu bereiten, damit sie erreichen, was Ihnen versagt blieb. Das Opfer bringt Ihnen einen verborgenen Segen.

ZWIELICHT

Vor dem Abgrund;
geistige Krise;
Suche nach innerer Wahrheit

1. Ist dieser Mensch der geeignete Partner für mich?

Manche Menschen lernen ihre Lektion erst, wenn das Schwert des Todes über ihren Köpfen schwebt. Das heißt nicht, daß Ihr Leben direkt bedroht ist, doch Sie fühlen sich zweifellos sehr starkem Druck ausgesetzt. Sie fühlen sich von Ihrem eigenen Verstand in die Falle gelockt und festgesetzt. Im Extremfall kann sich daraus Verfolgungswahn entwickeln.

Sie versuchen, den Sinn Ihres Daseins und des Lebens allgemein zu ergründen und sich mit Hilfe von Gedanken aus dem Gefängnis der Gedanken zu befreien; das ist gefährlich und äußerst schwierig, wenn nicht gänzlich unmöglich!
Sie erleben momentan eine geistige, keine emotionale Krise. Sie wandern in der zwielichtigen Welt der Seele. Sie fühlen den

Impuls zur Freiheit des Geistes, während Ihr Herz durch den Verstand gefangengehalten wird. Vielleicht haben Sie den Wunsch, diesen inneren Kampf schöpferisch zum Ausdruck zu bringen, doch da Sie durch eine Ihnen unbekannte Welt wandern, macht Sie Ihr Sinn für Gefahren extrem vorsichtig. Dennoch bringt diese Situation Besonderheiten Ihres Wesens an die Oberfläche. Ihre Urteilsfähigkeit wird durch subjektive Eindrücke von der Welt verwirrt. Die Forderung an Sie heißt: Versuchen Sie, sich selbst objektiv zu betrachten, sich selbst zu verstehen – nicht mehr und nicht weniger.

In Ihrem Kampf, eine wertvolle Persönlichkeit zu werden, versuchen Sie den Narren in sich niederzuringen. Sie versuchen, weise, das heißt, immer gut zu sein. Dies ist ein hohes Ziel. Ihr Versuch, inhaltlose Werte bloßzulegen, ist auch der Versuch, Ihre innere Wahrheit zu finden.

Ihr Partner mag sehr gut zu Ihnen passen, doch Ihre gegenwärtigen Erfahrungen lassen sich nicht gut teilen. Sie stecken in einer sehr problematischen Lebensperiode; wenn Ihr Partner den Druck und die Spannung Ihres Weges der inneren Entdeckungen durchstehen und ertragen kann, so wird sich das für Sie beide lohnen.

2. Liebt mich mein Partner?

Im Moment ist es nicht leicht, mit Ihnen zu leben, aber es ist nicht schwer, Sie zu lieben. Menschen fühlen sich ganz natürlich zu Ihnen hingezogen, was in der jetzigen Situation sehr hilfreich für Sie ist.

3. Haben wir eine gemeinsame Zukunft?

Wenn Sie aus Ihrer Abkapselung herausgefunden haben, werden Sie in jeder Hinsicht ein besserer Mensch sein. Sie haben dann in Ihrem eigenen Inneren tiefere, haltbarere Werte gefunden. Sie werden ernster sein und mehr zu bieten haben. Sie sind dann ein besserer Partner, als Sie es je waren. Die Zukunft steht unter günstigen Vorzeichen.

4. Wie soll ich mich jetzt am besten verhalten?

Sie haben einen gefährlichen Weg zur Erleuchtung gewählt. Wenn Sie die Prüfung, die Ihr eigener Geist Ihnen auferlegt, bestehen, werden Sie tiefe Einsichten in die Bedeutung von Leben und Tod erlangt haben. Sie dürfen jetzt nicht an sich selber zweifeln. Die Umstände werden Ihre Sinne schärfen und nur ein Narr wird jetzt unvorsichtig sein.

5. Warum ist unsere Beziehung zerbrochen?

Vielleicht war Ihr Partner nicht in der Lage, den Ansprüchen, die Sie augenblicklich an sich und die Welt stellen, gerecht zu werden. Vielleicht erschien es ihm zu tollkühn, wie Sie Leib und Leben riskieren für Ihre Suche nach der Erleuchtung. Sie selbst sind augenblicklich nicht in der Lage, sich Ihrem Partner uneingeschränkt zuzuwenden. Dies mag dazu geführt haben, daß er andere Wege einschlug – zum Nachteil für beide. Unter den obwaltenden Umständen kann die Trennung durchaus vorübergehend sein. Vorausgesetzt, Sie kommen in der Gefahr, in die Sie sich selbst ganz bewußt gestürzt haben, nicht um, gibt es keinen Grund anzunehmen, daß die Beziehung endgültig zerbrochen ist. Wahrscheinlicher ist, daß sie nur, solange Sie nach den Perlen der Weisheit suchen, unterbrochen ist.

6. Werden wir wieder zusammenkommen?

Sie haben sozusagen von Verstand, Körper und Geist Urlaub genommen, doch das bedeutet nicht eine endgültige Trennung. Zu gegebener Zeit werden Ihr Partner und Sie wieder zusammenkommen und sich versöhnen. Sie haben sich ja nicht wegen Meinungsverschiedenheiten getrennt. Obleich Ihr Partner im Leben allgemein für Sie äußerst wichtig ist, spielt er (sie) in der augenblicklichen Situation keine bedeutende Rolle.

7. Wie kann ich die Dinge wieder ins Lot bringen?

Ihr Verstand wird von subjektiven Eindrücken und Gefühlen überschwemmt und zugleich besteht die Notwendigkeit, sich selbst und die Welt objektiv zu sehen und zu beurteilen. Um zu vermeiden, daß aus diesem Zwiespalt eine paranoide Verwirrung entsteht, müssen Sie in Bewegung bleiben. Pflegen Sie die Beweglichkeit Ihres Wesens. Seien Sie ehrlich, aber nicht zu hart mit sich selbst. Seien Sie Ihren Ein- und Ansichten gegenüber vorsichtig, seien Sie vor allem untadelig in all Ihren Unternehmungen. Seien Sie sich Ihres Handelns immer bewußt und stärken Sie Ihr Bewußtsein mit Festigkeit und Ernst. Teilen Sie Ihre Erfahrungen mit Ihrem Partner, wenn dieser das wünscht, erwarten Sie aber nicht, daß er Ihre Erfahrungen verstehen oder nachvollziehen kann. Diejenigen Menschen, die Sie im Moment verstehen, brauchen keine Erklärungen.

8. Was erhoffe ich mir vom Leben?

Sie müssen sich bemühen, Ihr wahres Selbst zu finden, Ihre Dualität in Einklang zu bringen und ihre zwei Hälften zu vereinen.

DIE LINIEN

Eins —— **X** ——

Eine gefährliche Situation kann unsere Instinkte schärfen und unsere Intuition stärken, während die normale Routine des Alltags die Wahrnehmungsfähigkeit einlullt. Sie haben sich allerdings an die Situation schon so gewöhnt, daß der gute Effekt nicht mehr greift. Sie sind deshalb äußerst verwundbar.

Zwei —— **O** ——

Muten Sie sich nicht mehr zu, als Sie verkraften können. Rennen Sie nicht, ehe Sie laufen können. Versuchen Sie nicht alles auf einmal, machen Sie einen Schritt nach dem anderen, gehen Sie sorgfältig vor!

Drei ——— X ———

Sie stehen zwischen zwei Abgründen, es ist eine ganz üble Lage. Wenn Sie jetzt etwas unternehmen, werden die Wellen über Ihnen zusammenschlagen. Widerstehen Sie aller Versuchung, irgendwelchen Eindruck zu machen. Verhalten Sie sich ganz ruhig, der Ausweg zeigt sich zu seiner Zeit.

Vier ——— X ———

Sie haben Schutz im Sturm gefunden. Es gibt einen Menschen, der Ihnen Freundschaft und Gastlichkeit bietet, es herrscht natürliches Einvernehmen zwischen Ihnen. Sie können beide voneinander lernen, denn Sie sind beide, jeder auf seine Art, auf der Suche nach der Wahrheit. Da es aber schwer ist, Ihre jeweiligen Erkenntnisse mitzuteilen, sollten Sie zunächst die Übereinstimmungen herausfinden und auf diesen die weitere Kommunikation aufbauen.

Fünf ——— O ———

Widerstehen Sie der Versuchung, Ihr Leben durch zu viele Pläne und Wünsche für die Zukunft unnötig schwierig zu machen. Setzen Sie sich mit der Gegenwart auseinander, das wird genügend von Ihren Kräften aufzehren. Nehmen Sie jeden Tag, wie er kommt!

Sechs ——— X ———

Alle Probleme sind zusammengekommen und bilden eine Mauer um Ihren Geist. Sie sind verwirrt, man hat Sie aller Entschlußkraft beraubt.

Hexagramm 30
GLUT DES HERZENS

Neues anregen;
Helle und Einsicht verbreiten

1. Ist dieser Mensch der geeignete Partner für mich?

Ihr Partner paßt gut zu Ihnen; das liegt an den Ihnen beiden eigenen Charakterzügen. Sie sind eine schöpferische, feurige Person, fähig, Gedanken zu entflammen, Ideen und Gefühle zu entzünden. Sie müssen aber zugeben, daß diese Strahlkraft wie die des Feuers, von den besonderen Fähigkeiten anderer Menschen abhängt, die sozusagen als Brennstoff dienen. Dies ist die Situation zwischen Ihnen und Ihrem Partner. Während Sie erstrahlen, wissen Sie doch, daß der Einfluß Ihres Partners das erst möglich macht.

2. Liebt mich mein Partner?

So wie das Brennmaterial die Flamme nährt, so ist Ihr Partner das Brennmaterial Ihrer Leuchtkraft. Vergegenwärtigen Sie sich das, und Sie werden eine angemessene Haltung der Bescheidenheit einnehmen; erkennen Sie Ihre Abhängigkeit an, und Sie werden innere Ruhe erfahren. Dies sind Ihre eigentlichen Charakterzüge, aber Sie müssen sie pflegen, damit Ihr Licht ununterbrochen scheinen kann.

3. Haben wir eine gemeinsame Zukunft?

Obgleich viel Raum zur Verfügung steht, vieles auf verschiedenen Ebenen miteinander zu teilen, sind Ihre Positionen doch scharf umrissen und durch Ihr jeweiliges Wesen bestimmt. Der Boden für die Liebe ist fruchtbar, doch die Haltbarkeit einer strahlenden Beziehung hängt davon ab, ob Sie Ihre Rollen erkennen und anerkennen. Wenn es Ihnen gelingt, sich gegenseitig unterzuordnen, dann kann Ihre Liebe von langer Dauer sein.

4. Wie soll ich mich jetzt am besten verhalten?

All Ihre Worte und Taten sollten den Stempel der Kompromißbereitschaft tragen; seien Sie bereit zuzuhören, zu lernen, zu geben und zu nehmen. Sie sitzen nicht am längeren Hebel, Sie müssen den natürlichen Ausgang der Dinge hinnehmen.

5. Warum ist unsere Beziehung zerbrochen?

Wenn Ihre Beziehung ein Ende gefunden hat, dann eher, weil sie ausgebrannt ist; ein Zusammenbruch ist unwahrscheinlich. Der Fehler ist hauptsächlich bei Ihnen zu suchen, Sie hatten gegenüber der Position Ihres Partners nicht die richtige Einstellung. Sie haben zuviel genommen und zuwenig gegeben. Sie sind eigensinnig geworden, Sie haben vergessen, daß es Ihr Partner war, der hinter Ihrem Ehrgeiz und Ihren Erfolgen stand. Sie haben ihn wahrscheinlich selbstsüchtig ausgenutzt.

6. Werden wir wieder zusammenkommen?

Wenn das Feuer der Beziehung ausgebrannt ist, dann ist das das Ende. Manchmal freilich ist es möglich, aus letzten Funken ein neues Feuer zu entfachen.

7. Wie kann ich die Dinge wieder ins Lot bringen?

Vorausgesetzt, die Beziehung besteht noch, müssen sich jetzt beide Partner ihrer jeweiligen Position bewußt werden und erkennen, welchen Dienst sie sich gegenseitig erweisen. Wenn ein Mensch, der voller Feuer und Imagination steckt, erkennt, wie sehr er in diesen Eigenschaften von seinem Partner abhängt, wie sehr er dessen Führung und Hilfe braucht, dann hat die Beziehung eine Zukunft.

8. Was erhoffe ich mir vom Leben?

Ihr größtes Bestreben ist es, genügend Selbstdisziplin aufzubringen, um Ihre innere Strahlkraft täglich erneuern zu können.

DIE LINIEN

Eins

Die Linie bezieht sich auf die Haltung, die Sie einnehmen sollten, bevor Sie eine Unternehmung beginnen. Vieles muß getan werden, die Zahl der Eindrücke ist verwirrend, und die Einzelheiten müssen zu einem zusammenhängenden Ganzen geordnet werden. Die Linie deutet an, daß Sie vielleicht nicht in der Lage sind, mit der Vielschichtigkeit der Situation zurande zu kommen, weil Sie nicht kühl und gelassen bleiben. Die Haltung, die Sie am Anfang einnehmen, wird den Ausgang der Sache bestimmen.

Zwei —————— **X** ——————

Die Linie deutet einen günstigen Umstand an. Alles ist harmonisch und ausgewogen. Ein ausgezeichneter Ausgangspunkt für Sie.

Drei —————— **O** ——————

Die Linie beschreibt das Ende des Tages oder des Lebens – das Alter. Eine Zeit, in der sich die Gedanken oft dem Tod zuwenden. Häufig haben diese Gedanken einen Anstrich von Verzweiflung, es kann aber auch sein, daß uns Euphorie ergreift. Keine der beiden Haltungen ist der herrschenden Zeit angemessen. Der Tod ist das Schicksal allen Lebens, man weiß nicht, ob er früher oder später kommt. Nutzen Sie Ihre Zeit, Ihre geistige Erkenntnisfähigkeit zu entwickeln.

Vier —————— **O** ——————

Ein helles Feuer erleuchtet die Dunkelheit. Doch wenn es zu stark brennt, wird es nicht lange halten. Das Orakel rät zu vorsichtigem Umgang mit der Energie. Nutzen Sie Ihre Fähigkeiten sparsam, Sie werden dann länger davon zehren können.

Fünf —————— **X** ——————

Sie haben den Höhepunkt Ihres Lebens erreicht und erkennen jetzt: Alles in der Welt der Menschen ist Wahn. Die in Ihnen wirksamen Kräfte sollten sich in Harmonie vereinigen, Sie sollten jetzt in der Lage sein, nicht länger wie ein Pendel zwischen Angst und Hoffnung, Freude und Trauer hin- und herzuschwingen. Es ist die Zeit des wahren Übergangs. Ihr Herz öffnet sich und erkennt das Universum in seiner Größe.

Sechs —————— **O** ——————

Immer das rechte Maß zu finden ist jetzt die Aufgabe, besonders wenn es um Ihre persönliche Entwicklung geht. Zuviel Selbstdisziplin ist genauso schlecht wie zuwenig; zuviel Ernsthaftigkeit genauso wie zuwenig. Ziel ist es, das Schlechte zu verdrängen, um dem Guten Raum zu schaffen. Alles Schlechte schadet dem Geist. Doch schneiden Sie nur den wirklich schlechten Teil von der Wurzel, hacken Sie nicht die ganze Wurzel ab!

Hexagramm 31

NATÜRLICHE ANZIEHUNGSKRAFT

Gegenseitige Einflußnahme;
Einfühlungsvermögen;
Interessengleichheit

1. Ist dieser Mensch der geeignete Partner für mich?

Zweifelsohne besteht zwischen Ihnen beiden eine große Anziehungskraft. Sie verfügen beide über alle Eigenschaften, die eine Heirat empfehlenswert machen.

2. Liebt mich mein Partner?

Hier liegt einer der seltenen Fälle vor, wo die Liebe auf beiden Seiten gleich groß ist und dem Glück nichts im Wege steht.

3. Haben wir eine gemeinsame Zukunft?

Pflegen Sie Ihre Bescheidenheit, seien Sie Ihrem Partner und anderen Menschen gegenüber aufgeschlossen. Ihre Beziehung kann sich zu einer guten, von großer Zuneigung getragenen Ehe entwickeln. Die Zukunft verspricht eine Entwicklung zu einer starken, sehr haltbaren Verbindung.

4. Wie soll ich mich jetzt am besten verhalten?

Richten Sie sich nach dem, was auf Sie zukommt. Eine Beziehung, die den Keim zu einer glücklichen Ehe in sich trägt, muß sich entwickeln – sie bedarf der Pflege. Basis Ihrer gegenseitigen Zuneigung ist Ihr gegenseitiges Verständnis. Wenn Sie sich beide weiterhin darum bemühen, wird diese Beziehung zu voller Blüte kommen.

5. Warum ist unsere Beziehung zerbrochen?

Der Ausdruck »zerbrochen« beinhaltet eine gewisse Plötzlichkeit. Wenn Ihre Beziehung zu Ende gegangen ist, dann war es ein langsamer Prozeß, ein Dahinwelken aus Mangel an Ausdruck der Zuneigung. Äußere Einflüsse können hier nicht verantwortlich gemacht werden. Ist einer von Ihnen beiden etwa launisch und unbeständig gewesen?

6. Werden wir wieder zusammenkommen?

Wenn Sie auf guten Rat hören und nicht eigensinnig sind, ist eine Versöhnung möglich. Die Stärke Ihres Vertrauens, Ihr Glaube aneinander, wird Sie wieder zusammenführen.

7. Wie kann ich die Dinge wieder ins Lot bringen?

Ihr Partner und Sie empfinden eine ganz natürliche Zuneigung zueinander. Lassen Sie also der Natur ihren Lauf, üben Sie keinen Druck aus, unternehmen Sie keine besonderen Anstrengungen, lassen Sie einfach die spontane Anziehungskraft zwischen sich wirken. Der eine bewundert die Natürlichkeit des Wesens im anderen. Schmücken Sie also Ihre Charaktere nicht mit unnötigem Flitter.

8. Was erhoffe ich mir vom Leben?

Sie wissen, was Sie von sich, Ihrem Partner und vom Leben erwarten. Sie wollen Ihre schon vorhandene Fähigkeit, mit anderen teilen zu können, weiter vervollkommnen.

DIE LINIEN

Eins ———— **X** ————

Sie lassen sich nicht willig genug von guten Einflüssen leiten, sind unfähig, sie für Ihr Leben zu nutzen oder sie sinnvoll in Handlungen umzusetzen. Wegen dieser Unfähigkeit sind Sie unbeweglich.

Zwei ———— **X** ————

Sie sind unfähig, selbständig zu handeln. Wenn Sie Fehler vermeiden wollen, warten Sie geduldig auf die Führung anderer.

Drei ———— **O** ————

Üben Sie mehr Selbstdisziplin. Lassen Sie sich nicht von allem und jedem beeinflussen. Aber Sie sollten umgekehrt auch nicht versuchen, Ihrerseits auf jeden Einfluß zu nehmen, der Ihren Weg kreuzt. Achten Sie genauer auf Ihre Handlungsmotive.

Vier ———— **O** ————

Sie haben ein gutes Herz. Was Sie tun, weil Ihr Herz es Ihnen befiehlt, ist wohlgetan, Sie werden es nicht bereuen. Jeder Versuch aber, Ihre Gefühle zu kontrollieren oder sie künstlich hervorzurufen, wird nur Verwirrung stiften – bei Ihnen und anderen. Nur in seltenen Ausnahmefällen – so wie in diesem – ist ein Mensch zu allumfassender Liebe fähig. Die Grundlage Ihres Einflusses ist also ehrlich und kommt von Herzen. Die glückliche Verbindung von Herz und Hirn verleiht Ihren Handlungen eine besondere, belebende Kraft.

Fünf ———— **O** ————

Sie haben das dynamische Prinzip der Einflußnahme erkannt – nur wer selbst für Einflüsse empfänglich ist, kann auch Einfluß nehmen.

Sechs ———— **X** ————

Manchen Menschen genügt es, davon zu reden, daß man etwas tun muß, andere handeln ohne viele Worte. Sie reden viel, tun aber nichts, das Resultat ist ohne alle Qualität. Um etwas zu erreichen, müssen Sie eigenständiger werden.

Hexagramm 32
DAUER

Harmonierende Partner; Treue;
Beständigkeit;
gegenseitige Ergänzung

1. Ist dieser Mensch der geeignete Partner für mich?

Das Hexagramm beschreibt die Verbindung zweier Menschen, die ausgezeichnet zusammenpassen, die, auch wenn sie nicht die Formalitäten der Eheschließung erledigt haben, doch wie ein Ehepaar zusammenleben. Das Hexagramm hat als Symbol die Ehe zwischen dem ältesten Sohn und der ältesten Tochter, was eine Verbindung von großer Haltbarkeit, Stärke und Beständigkeit symbolisiert. Sie beide verfügen über alles, was zu einem guten Zusammenleben nötig ist. Die Schwächen des einen Partners werden durch die Stärken des anderen ausgeglichen. Sie sind beide anpassungsfähig. Sie verfügen über gleichbleibende Fähigkeiten, auf die sich der Partner verlassen kann. Hierin liegt das Geheimnis Ihrer Beziehung. Das heißt freilich nicht, daß Sie ein langweiliges, in jeder Hinsicht voraussagbares

Leben miteinander führen. Im Gegenteil, Ihre Verbindung ist von großer Dynamik.

Wer unbeweglich ist, kann sich den Bedürfnissen des anderen nicht anpassen und den Herausforderungen des Lebens nicht begegnen. Wer freilich andererseits zu unabhängig, zu beweglich ist, dem fehlt es an der nötigen Beständigkeit, der es bedarf, um im Leben zurechtzukommen. Da Sie so gut miteinander harmonieren, haben Sie den rechten Mittelweg zwischen Beweglichkeit und Beständigkeit gefunden. Sie haben gemeinsame Ziele, die Ihre Beziehung stärken, und daraus ziehen Sie die Kraft, deren Sie als Paar bedürfen.

2. Liebt mich mein Partner?

Dies ist das Hexagramnm des wahrhaft idealen Paares. Sie können zusammenarbeiten, und Ihre Liebe zeigt sich in den kleinen Dingen des Alltags, im Praktischen, nicht in sentimentalen Gefühlsausbrüchen. Diese Beziehung birgt das Potential, sich zu voller Reife zu entwickeln, ohne daß einer der Partner seine Individualität aufgeben müßte. Ihre Liebe gründet sich auf die gegenseitige Anerkennung der Fähigkeiten des anderen. Sie bewundern die Stärke des anderen und haben Verständnis für seine Schwächen. Ihre Liebe beruht auf Gegenseitigkeit und kann Verantwortung tragen.

3. Haben wir eine gemeinsame Zukunft?

Das Orakel konzentriert sich besonders auf diese Frage und bestätigt, daß diese Verbindung Zeiten überdauert. Sich ergänzende Ehepartner sehen in ihrer Verbindung neue Dimensionen. Sie betrachten sich als Freunde, als Arbeitskameraden; Sie haben das ganz spontane Bedürfnis, die Herausforderungen des Lebens gemeinsam zu meistern. Freude heißt für Sie, etwas gemeinsam zu erreichen. Das Orakel zeichnet das Bild einer haltbaren Ehe, all Ihre Stärken sind richtig plaziert. Sie verfügen über Standhaftigkeit, wo sie gebraucht wird, und über Beweglichkeit, wo sie nötig ist. Als Paar haben Sie gemeinsam die nötige Stärke, den Widrigkeiten des Lebens zu begegnen, und Sie sind anpassungsfähig genug, um Chancen erkennen und nutzen zu können. Alle wichtigen Eigenschaften sind ausgewogen vorhanden – ein langes gemeinsames Leben liegt vor Ihnen.

4. Wie soll ich mich jetzt am besten verhalten?

Sie verfügen über ganz natürliche Vorteile. Die sich ergänzenden Anlagen Ihres Wesens sind Stärke und Spannkraft, Kreativität und Empfänglichkeit – jeder von Ihnen verfügt über seinen ganz natürlichen Anteil an diesen Wesenszügen. Eine Beziehung kann nur leben, wenn sich in ihr Geben und Nehmen die Waage halten. Sie brauchen das nicht erst zu lernen, es erwuchs ganz einfach aus Ihrer grundlegenden Eignung als Partner füreinander. Der Starke unterstützt den Schwachen, der Schwache nutzt den Starken aber nicht aus. Es besteht keine Notwendigkeit, die Qualität Ihrer Beziehung künstlich zu verbessern, alles ist in harmonischer Ordnung – sollte es besondere Umstände geben, denen Sie Ihre Aufmerksamkeit zuwenden müssen, dann finden Sie sie in den Linien.

5. Warum ist unsere Beziehung zerbrochen?

Die Beziehung zu Ihrem Partner ist nicht zerbrochen. Nichts Widriges oder Überraschendes ist geschehen. Es hat sich nichts zugetragen, das Sie an Ihrem Partner zweifeln lassen könnte, es besteht absolut kein Grund, sich Sorgen zu machen.

6. Werden wir wieder zusammenkommen?

In Übereinstimmung mit der Antwort auf die vorangegangene Frage bedarf es keiner Versöhnung, da es keine Trennung gegeben hat. Der Wert Ihrer Beziehung zeigt sich in den praktischen Dingen des Alltags, Ihre Fähigkeit, Verantwortungen gemeinsam zu tragen, stärkt Ihr Zusammengehörigkeitsgefühl.

7. Wie kann ich die Dinge wieder ins Lot bringen?

Verstehen Sie das Orakel nicht so, als gäbe es in Ihrem Leben nichts mehr zu vervollkommnen. Obgleich alles im Gleichgewicht ist, und obgleich Sie beide die Fähigkeit besitzen, die Dinge wieder ins Lot zu bringen, heißt dies nicht, daß alles immerzu in bester Ordnung ist. Beständigkeit ist das Geheimnis des Erfolges. Sie stellen ein sehr motiviertes Paar dar – behalten Sie also Ihre Ziele im Blick. Wenn Sie das tun, können Sie Irrwege vermeiden.

Es mag Zeiten geben, in denen Sie es als lästig empfinden, daß andere sich immer auf Sie verlassen, in denen Sie Ihrer Individualität und Unabhängigkeit mehr Ausdruck geben möchten als gewöhnlich. Solange das Ihren Lebensfluß nicht stört, ist das nicht schlimm. Hüten Sie sich aber vor Überreaktionen, werden Sie nicht unbeweglich. Das wäre schädlich, denn es liefe der Dynamik Ihres Lebens zuwider. Als Paar sind Sie in der Lage, jeden Wechsel, jede Veränderung zu meistern. Sie werden in Gnaden zusammen alt werden.

8. Was erhoffe ich mir vom Leben?

Unter allen Dingen, denen Sie im Leben Wert beimessen, ist Ihnen Ihre Standfestigkeit und Beständigkeit das Wertvollste. Sie verstehen es, die Harmonie Ihres Lebens zu erhalten, doch können Sie dadurch für Ihren Partner langweilig werden, weil er zu genau weiß, wie Sie reagieren werden. Es gibt Zeiten, wo Sie beide mal etwas Neues, Aufregendes erleben wollen.

In geistigen Belangen lassen Sie sich auf kein Risiko ein, was nicht heißt, daß Sie eine enge Weltsicht hätten, vielmehr ist Ihre Sicht der Dinge zielstrebig. Der Unterschied ist wichtig. Sie müssen erkennen, daß es Möglichkeiten im Leben gibt, die Sie bewußt nicht nutzen, die deshalb aber keineswegs wertlos sind. Ihr Weg mag sich von dem anderer unterscheiden – doch alle Wege führen nach Rom.

DIE LINIEN

Eins ———— X ————

Rom wurde auch nicht an einem Tag erbaut. Ein Kunstwerk kann man nicht eilig schaffen. Muten Sie sich nicht mehr zu, als Sie verkraften können, versuchen Sie nicht, gleichzeitig in zwei Richtungen zu gehen. Nur das Beste hat Bestand!

Zwei ———— O ————

Was Sie erreichen wollen, geht über Ihre gegenwärtigen Kräfte und Fähigkeiten. Sie wissen das, also halten Sie sich zurück. Ihren Ambitionen liegen weitreichende Pläne zugrunde, aber Sie können sich Zeit lassen, Ihre Kräfte in Ruhe zu entwickeln.

Drei ———— O ————

Sie sind ein wetterabhängiger Mensch. Scheint die Sonne, sind Sie fröhlich, ist es bedeckt, sind Sie trübsinnig. Mit anderen Worten, Sie lassen sich von dem, was um Sie herum vorgeht, zu leicht beeinflussen. Das macht Sie leicht verwundbar. Wenn Sie nicht selbstsicherer werden, kriegen Sie Ihr Schicksal nicht in den Griff.

Vier ———— O ————

Um etwas zu erreichen, müssen Sie etwas unternehmen. Wer Tore schießen will, muß Fußball spielen. Wenn Sie unter gleichgesinnten Menschen sein wollen, müssen Sie da hingehen, wo diese Menschen zusammenkommen. Schauen Sie sich um, lernen Sie von denen, die das tun, was Sie tun möchten. Sie müssen angemessen und zielgerichtet handeln, oder Sie werden nur frustriert werden.

Fünf ———— X ————

Tun Sie, was Sie für richtig halten, lassen Sie sich nicht immer von Ihrem Partner führen. Tragen Sie keine Scheuklappen, seien Sie zielstrebig aber nicht engstirnig. Geben Sie Ihrem Willen eine Chance.

Sechs ———— X ————

Entspannen Sie sich. Wenn etwas wert ist, getan zu werden, dann ist es auch wert, daß man es gut macht. Die Arbeit leidet, wenn Sie ständig in Aufregung sind. Ungeduld und Intoleranz können zur Gewohnheit werden.

Hexagramm 33
STRATEGISCHER RÜCKZUG

Auf Distanz gehen;
Ablösung,
inneren Abstand gewinnen

1. Ist dieser Mensch der geeignete Partner für mich?

Ihre Beziehung ist in Gefahr. Eine übermächtige Kraft droht, Sie zu übermannen. Unter solchen Voraussetzungen können Sie Ihren Platz nicht behaupten. Sie haben nicht die nötige Kraft für einen offenen Kampf – Sie könnten ihn nicht gewinnen.

Ihre Beziehung durchläuft eine ungeheuer schwierige Phase. Ist Ihr Partner auch Ihr Gegner, dann hat sich die Situation aus einer schon lange bestehenden Feindschaft aufgebaut. Ist Ihr Gegner nicht Ihr Partner, dann gibt es außerhalb Ihrer Beziehung etwas, das einen Keil zwischen Sie treibt. Sie müssen herausfinden, was in Ihrem Fall zutrifft; Sie müssen die Situation völlig zweifelsfrei bestimmen.

2. Liebt mich mein Partner?

Nichts könnte Ihnen in Ihrer momentanen schwierigen Lage ferner sein als der Gedanke an Liebe.

3. Haben wir eine gemeinsame Zukunft?

Sie sind von feindlichen Elementen umgeben. Folgen Sie dem Rat des Orakels. Aus Ihrer gegenwärtigen Sicht ist die Zukunft völlig unwichtig, und das ist richtig so. Kümmern Sie sich um das Heute, dann wird sich die Zukunft schon um sich selbst kümmern.

4. Wie soll ich mich jetzt am besten verhalten?

Angesichts dieses plötzlichen Überfalls und der Übermacht könnten Sie versucht sein, die Flinte ins Korn zu werfen und zu flüchten. Das wäre ganz falsch. Sieg oder Niederlage sind nicht vorherbestimmt. Wenn Sie strategisch klug vorgehen, können Sie Vorteile erzielen. Ziehen Sie sich auf eine günstigere Position zurück. Wenn Sie sich weit genug in sich selbst zurückziehen, kann Ihre Abwehr nicht erschüttert werden. Erhalten Sie sich Ihre Würde, bleiben Sie wachsam. Indem Sie sich zurückziehen, üben Sie Druck auf Ihren Gegner aus, da dann jeder Angriff gefährlich und schwierig für ihn wird.

5. Warum ist unsere Beziehung zerbrochen?

Wenn Ihr Partner der Angreifer ist, dann liegt der Grund des Zusammenbruchs der Beziehung in einer grundlegenden Unvereinbarkeit Ihrer Charaktere. Augenblicklich ist Ihr Partner stärker als Sie, Sie können dem Druck, den er ausübt, nicht standhalten. Versuchen Sie es auch nicht. Ist Ihr Partner nicht der Feind, dann kommen die spaltenden, bedrohlichen Kräfte von außerhalb. Der Grund für die Feindlichkeiten ist unklar, aber Sie haben jetzt keine Muße, darüber nachzudenken.

6. Werden wir wieder zusammenkommen?

Lassen Sie sich nicht in negative Gefühle verstricken. Machen Sie nicht den dummen Fehler, jetzt Haß zu entwickeln. Wenn Sie das tun, werden Sie gefühlsmäßig derart stark beansprucht, daß Sie sich nicht mehr befreien können. Wenn Sie sich verstecken wollen, müssen Sie sich ruhig verhalten. Zünden Sie kein Licht an, das Sie deutlich zeigt. Wenn Sie Ihren strategischen Vorteil bewahren wollen, dürfen Sie Ihr Geheimnis nicht ausschellen lassen. Ziehen Sie sich still zurück. Im Moment sind Gedanken an Aussöhnung nicht zweckdienlich.

7. Wie kann ich die Dinge wieder ins Lot bringen?

Das Orakel gibt präzisen Rat. Aus der Sicht Ihres Gegners sind Sie eine in vollem Licht stehende Schießscheibe. Da Ihr Gegner im Vorteil ist, haben Sie keine Chance, im offenen Kampf zu gewinnen. Sie müssen sich zurückziehen, aus dem Licht gehen.
In bezug auf Ihre Gefühle heißt das: Ziehen Sie sich in sich selbst zurück. Lassen Sie sich nicht zu Wortgefechten verleiten, verlieren Sie nicht die Geduld, ziehen Sie sich ruhig auf einen strategisch günstigeren Standort zurück, ohne Panik, sondern in geordneter Flucht!
Sie haben noch alle Möglichkeiten, gehörigen Eindruck auf Ihren Gegner zu machen. Wenn Sie nicht mehr erreichbar sind, kann man Sie nicht mehr so leicht angreifen – nutzen Sie diesen Vorteil. Zum strategischen Rückzug braucht man allerdings einen kühlen Kopf.

8. Was erhoffe ich mir vom Leben?

Alles was Sie im Augenblick wollen, ist, diese Zeit zu überstehen. Wenn Ihnen das gelungen ist, haben Sie viel für Ihr Leben gelernt und können weitersehen.

DIE LINIEN

Eins ———— **X** ————

Sie stecken in einer tödlichen Klemme. Versuchen Sie nichts, gehen Sie nicht vorwärts, gehen Sie nicht rückwärts, verhalten Sie sich völlig still!

Zwei ———— **X** ————

Sie verdanken Ihre Rettung Ihrer Feigheit. Indem Sie sich an jemanden anklammerten, der stärker ist als Sie, der Sie dazu aber in keiner Weise ermuntert hat, sind Sie beide jetzt in Sicherheit. Sie haben aber nicht dazu beigetragen. Selbst als Akt der Verzweiflung ist dies kaum verzeihlich.

Drei ———— **O** ————

Sie sind in einer Zwickmühle. Der einzige rettende Ausweg ist eigentlich unannehmbar. Doch da Sie zwischen zwei Übeln wählen müssen, bleibt Ihnen nichts weiter übrig, als nach jedem Strohhalm zu greifen, auch wenn es Ihnen eigentlich zuwider ist.

Vier ———— **O** ————

Es ist Zeit, daß der Bessere allein seinen Weg geht. Er erkennt, daß er keinen guten Einfluß nehmen kann, auch wenn er länger bliebe. Er zieht sich deshalb taktvoll zurück. Der andere kann sich überlegen, welche Bedeutung seine üble Lage hat.

Fünf ———— **O** ————

Es braucht viel Weisheit, zu erkennen, wann die Zeit der Trennung gekommen ist. Es ist gut, mit einem Lächeln zu scheiden. Lassen Sie sich von Bitten und Flehen nicht beirren – es ist Zeit zu gehen.

Sechs ———— **O** ————

Sie haben erkannt, daß es Ihnen freisteht zu gehen. Die Zukunft sieht einladend aus. Sie nehmen nobel und würdig Abschied.

170

Hexagramm 34

FÜHRUNGSINITIATIVE

Streben nach Führung und Macht;
faire Machtausübung

1. Ist dieser Mensch der geeignete Partner für mich?

Zur Zeit verfügen Sie über viel Energie und Macht. Sie sind in der Lage, fast jedem Ihren Willen aufzuzwingen, doch in der Beziehung zu Ihrem Partner kann das sehr schädlich sein. In Gefühlsangelegenheiten sind Sie zweifellos der Stärkere, Sie müssen diese Stärke mit Geduld zügeln. Sie müssen sich ganz bewußt selbst in Schach halten, dürfen sich aber nicht selbst frustrieren.

2. Liebt mich mein Partner?

Die Zeit der Machtausübung ist eine besondere Zeit. Sie können jetzt eine Menge erreichen. Ihr Partner muß sich Ihrer Initiative beugen. Wenn Sie Ihrem Partner dabei Liebe entgegenbringen, wird er sie ganz selbstverständlich erwidern. Sie bestimmen die augenblicklichen Verhaltensmuster. Gezeigte Zuneigung ruft auch im anderen Zuneigung hervor.

3. Haben wir eine gemeinsame Zukunft?

Das Orakel hat eine günstige Tendenz. Wenn Sie Ihre Macht sanft ausüben, können sich Ihnen ungeahnte Möglichkeiten erschließen. Harmonie bedeutet auch Teilnahme – wenn Sie Ihrem Partner Ihre Anteilnahme schenken, können Sie aus der gegenwärtigen Situation allergrößten Nutzen ziehen. Momentan haben Sie die Möglichkeit, viel Gutes zu wirken, wenn Sie sich an die Spielregeln halten.

4. Wie soll ich mich jetzt am besten verhalten?

In Zeiten, in denen man über große Macht verfügt, muß man sich unbedingt über Ziel und Zweck seiner Handlungen im klaren sein und die anderen fair behandeln. Es wäre ein leichtes, jetzt alle Handlungsvollmacht an sich zu reißen, ohne andere nach ihren Gefühlen zu fragen. Es ist gut, daß Sie die Initiative haben, doch Sie müssen Ihre Energien mit denen anderer vereinen, besonders Ihren Partner müssen Sie einbeziehen. Verbinden Sie Macht und Unparteilichkeit miteinander. Das Orakel empfiehlt Ihnen dringend, Ihren Sinn für Zusammenarbeit mit Ihrem Partner und anderen zu schärfen.

5. Warum ist unsere Beziehung zerbrochen?

Macht muß durch gute Prinzipien gezügelt werden. Wenn Ihre Beziehung zusammengebrochen ist, dann deshalb, weil Sie Ihre Macht mißbraucht haben. Das Orakel geht allerdings davon aus, daß Ihre Macht grundsätzlich positiv ist. Nur ein ungewöhnlicher Mangel an Selbstkontrolle Ihrerseits kann die Beziehung gefährdet haben. Sie allein sind augenblicklich dafür verantwortlich, welche Richtung die Beziehung nimmt. Wenn etwas schiefgelaufen ist, dann müssen Sie den Fehler bei sich suchen, denn es ist ganz unwahrscheinlich, daß Ihr Partner in der Lage war, die Führung in der Beziehung zu übernehmen.
Je größer die Macht, desto größer sollte die Selbstkontrolle sein. Wenn Ihre Beziehung Schaden litt, dann war die Harmonie zwischen Ihnen gestört. Wenn es Unstimmigkeiten zwischen Ihnen gibt, liegt die Verantwortung dafür bei Ihnen.

6. Werden wir wieder zusammenkommen?

Wenn im Augenblick Aufruhr herrscht, dann müssen Sie Ihre Kräfte darauf verwenden, Harmonie in Ihrer Umgebung herzustellen, erst danach kann eine Versöhnung stattfinden. Es hängt alles von Ihrer Initiative ab.

7. Wie kann ich die Dinge wieder ins Lot bringen?

Vermeiden Sie alles, was zu Disharmonien zwischen Ihnen und Ihrem Partner führen könnte. Seien Sie freundlich, zugänglich, hören Sie zu, reagieren Sie sanft, vorsichtig. Seien Sie bedächtig in der Wahl Ihrer Worte.

8. Was erhoffe ich mir vom Leben?

Wenn Sie der Versuchung widerstehen können, Ihre Macht zu mißbrauchen, wenn Sie nicht aus persönlicher Gewinnsucht handeln, nicht prahlsüchtig und dünkelhaft werden, dann haben Sie ganz hervorragende Aussichten. Sie wollen aus den günstigen Zeiten Ihres Lebens das Beste machen.

DIE LINIEN

Eins ———— O ————

Verwechseln Sie Macht nicht mit aggressiven Demonstrationen. Wenn Sie Ihre Energie vorsichtig einsetzen, werden Sie viel erreichen; wenn Sie Gewalt anwenden, kehrt sich alles zum Unglück.

Zwei ———— O ————

Die Dinge entwickeln sich gut. Das sollte Ihnen aber nicht zu Kopf steigen. Werden Sie nicht arrogant! Pflegen Sie die innere Harmonie, dann wird alles gut.

Drei ———— O ————

Wenn Sie sich arrogant zeigen, ist dies nur ein Zeichen für andere, daß Sie Ihrer Position nicht würdig sind. Wer Macht innehat, muß sie mit Respekt ausüben. Der Weise schwelgt nicht in seiner Macht.

Vier ———— O ————

Sie müssen sich unbeirrt weiterplagen. Wenn Sie Ihre Kräfte weiterhin ganz unauffällig der Sache zur Verfügung stellen, werden Sie erhebliche Erfolge erzielen.

Fünf ———— X ————

Die Zeit, in der Sie der Welt die Zähne zeigen mußten, ist vorbei. Sie können jetzt unbehindert Ihrem Kurs folgen.

Sechs ———— X ————

Sie sind in der Zwickmühle. Wenn Sie die Dinge mit Gewalt vorantreiben, stellen Sie sich nur selbst Fallen. Wenn Sie Ihre mißliche Lage unvoreingenommen betrachten und Ihre innere Harmonie bewahren, wird sich die Situation ganz von selbst klären, Sie werden dann vorwärts schreiten können. Wenn Sie aber Ihre innere Haltung verlieren, werden Sie sich nicht aus der Verwicklung befreien können.

Hexagramm 35

FORTSCHRITT

Gute Chancen;
Großzügigkeit;
persönliche Entwicklung

1. Ist dieser Mensch der geeignete Partner für mich?

Hier handelt es sich um eine Verbindung zwischen zwei großzügigen Menschen, die sich vertrauen. Die Aussichten sind bestens.

2. Liebt mich mein Partner?

Sehen Sie denn nicht, wie die Liebe aus den Augen Ihres Partners strahlt? Haben Sie doch Vertrauen.

3. Haben wir eine gemeinsame Zukunft?

Setzen Sie die Beziehung vertrauensvoll und ohne Angst fort. Sie haben einen gemeinsamen Weg vor sich.

4. Wie soll ich mich jetzt am besten verhalten?

Behalten Sie Ihre optimistische Haltung bei. Versuchen Sie nicht, aus anderen Vergünstigungen herauszukitzeln, um sich schwie- rigen Situationen zu entziehen – das könnte emotionale Verwirrungen auslösen und Ihren Fortschritt hemmen.

5. Warum ist unsere Beziehung zerbrochen?

Vielleicht nehmen Sie leichte Rückschläge zu ernst. Wenn sich die Beziehung tatsächlich gelöst hat, dann aufgrund eines neuro- tischen Schubs. Das Orakel deutet aber an, daß eine Trennung unwahrscheinlich, nicht ernsthaft und nicht endgültig ist.

6. Werden wir wieder zusammenkommen?

Den waltenden Umständen nach hätten Sie sich gar nicht trennen dürfen. Wenn Sie es dennoch getan haben, liegt es außerhalb der Reichweite dieses Orakels, hierauf eine Antwort zu finden.

7. Wie kann ich die Dinge wieder ins Lot bringen?

Sie machen im Moment große Fortschritte. Nutzen Sie die Gelegenheit und entwickeln Sie Ihre Beziehung und sich selbst auf allen Ebenen weiter. Zweifellos sind Sie sich im klaren darüber, daß Sie an Ihrer Zukunft arbeiten – das ist ein gutes Vorzeichen.

8. Was erhoffe ich mir vom Leben?

Fortschritt bedeutet im Zusammenhang mit diesem Orakel auch Entwicklung der persön- lichen Klarheit. Klarheit und persönliches Wachstum sind Ihre wichtigsten Ziele.

DIE LINIEN

Eins ——— X ———

Sie arbeiten frohen Herzens an Ihrer Situation. Wenn andere Ihren Optimismus und Ihre Gutherzigkeit nicht nachvollziehen können, so können Sie es nicht ändern. Lassen Sie sich nicht auf Konflikte ein.

Zwei ——— X ———

Irgend etwas hindert Sie, mit Ihrem Partner eine sanfte, freundliche, auf Einfühlung und Übereinstimmung basierende Beziehung einzugehen. Dies macht Sie traurig, doch Sie dürfen den Kopf nicht hängen lassen. Die Beziehung ist in Ordnung, Sie werden zusammenkommen.

Drei ——— X ———

Mit Hilfe anderer machen Sie große Schritte vorwärts. Vielleicht hätten Sie die Schritte lieber allein getan, doch auch daß man Ihnen geholfen hat und Sie erfolgreich waren, stärkt Ihre positive Einstellung zum Leben.

Vier ——— O ———

Es geschieht oft, daß gewaltsame Menschen ihre Macht mißbrauchen und durch zweifelhafte Manöver zu Reichtum kommen. Wer rasch und geschickt vorgeht, kann seine suspekten Methoden eine Zeitlang verhül-len. Doch das Böse kommt irgendwann ans Licht. Wenn sich Menschen, die solche Methoden anwenden, nicht selbst am Riemen reißen, werden sie entlarvt – und das bedeutet ihren Sturz.

Fünf ——— X ———

Sie haben eine starke Stellung inne, Sie können alle Vorteile nutzen. Tun Sie es nicht, werden Sie vielleicht Verluste erleiden, was allerdings nicht sehr gravierend wäre. Wichtiger ist, daß Ihr gutes Wesen Ihnen die Achtung anderer Menschen einbringt. Menschen, die Ihnen nahestehen, wissen, daß Sie sich um sie sorgen.

Sechs ——— O ———

Die Verbindung ist sehr eng, Sie sollten also jeden Fehler, der gemacht worden ist, streng rügen. Normalerweise ist derart strenges Vorgehen nicht angezeigt, weil die Gefahr besteht, daß man übertreibt. Hier aber würden Sie ohne Strenge beleidigend wirken und sich selbst zum Narren machen. Das Orakel nimmt an, daß Sie eine Position innehaben, in der man Weisheit und Urteilsvermögen von Ihnen erwartet; Sie müssen sich darauf konzentrieren, diese Erwartung zu erfüllen, und dabei mit angemessener Strenge vorgehen.

Hexagramm 36

DROHENDE SCHATTEN

Verfinsterung;
Heimtücke;
drohende Gefahr

1. Ist dieser Mensch der geeignete Partner für mich?

Sie sind Ihrem Partner bereits voll und ganz verfallen. Es gibt keinen Ausweg aus der Situation. Als Paar passen Sie überhaupt nicht zusammen. Ihr Partner weiß nichts von den Werten, die Sie im Leben für teuer und wichtig halten. Doch die schiere Kraft der Persönlichkeit Ihres Partners läßt es gefährlich erscheinen, daß Sie sich einer Situation entgegenstellen, die Sie als schrecklich, schändlich und empörend empfinden. Ihr Partner hat keine Ahnung von Ihren Empfindungen, was die Angelegenheit erheblich kompliziert.

2. Liebt mich mein Partner?

Wahrscheinlich denken Sie, daß die Antwort ein klares »Nein« sein müßte – aber das träfe nicht den Kern der Sache. Es ist durchaus möglich, daß Ihr Partner Sie auf seine Weise liebt. Allerdings hat Ihr Partner absolut keinen Sinn für Ihre Gefühle und Empfindungen, seine Liebe ist also ganz und gar eigennützig, fast kindlich, auf jeden Fall unreif und ohne alle Tiefe. All dies ist ein unglücklicher Umstand für Sie.

3. Haben wir eine gemeinsame Zukunft?

Eine »gemeinsame« Zukunft wird man das, was eventuell vor Ihnen liegt, nicht nennen können. Die Werte, nach denen Sie Ihr Leben ausrichten, unterscheiden sich grundlegend von denen Ihres Partners. Selbst wenn Sie unter dem gleichen Dach zusammenleben, ist keine Basis für eine Miteinander gegeben. Wenn Sie Ihren Partner nicht reizen, können Sie ein Leben an seiner Seite ohne völlige Entfremdung durchstehen, doch es wird keine von Freude getragene Beziehung. Außerhalb der Beziehung können Sie durchaus ein erfülltes Leben führen. Da Ihr Partner und Sie wirklich nicht »ein Herz und eine Seele« sind, können Sie keinen bereichernden, echten Gefühlsaustausch erwarten.

4. Wie soll ich mich jetzt am besten verhalten?

Augenblicklich werden Sie die Situation für völlig hoffnungslos halten, doch das ist ein vorübergehender Zustand. Momentan verschlechtern sich die Dinge zusehends, weshalb Sie darauf achten müssen, daß Sie mit beiden Beinen fest auf dem Boden stehen. Gehen Sie bezüglich Ihrer inneren Werte keine Kompromisse ein. Seien Sie äußerlich ergeben, dann kann Ihnen Ihr Partner nichts anhaben. Böse Tendenzen dürfen gar nicht erst die Chance bekommen, wirksam zu werden. Was Ihre Wertvorstellungen anbelangt, müssen Sie absolut klar und fest sein. Lassen Sie keine Informationen bekannt werden, die dann gegen Sie benutzt werden könnten.

Der Mensch, mit dem Sie verbunden sind, gehört zum Schlimmsten, was die Menschheit zu bieten hat. Diese Menschen sind sehr mächtig. Sie dürfen die Macht Ihres Partners keinesfalls unterschätzen! Trotzdem behalten Sie die Oberhand, vergessen Sie das nicht, zeigen Sie es aber auch keinesfalls! Unter den herrschenden Umständen ist äußerste Vorsicht geboten – lassen Sie zum Beispiel Ihren Partner nicht sehen, daß Sie dieses Buch benutzen! Seien Sie immer auf der Hut, üben Sie äußerste Zurückhaltung!

5. Warum ist unsere Beziehung zerbrochen?

Zwischen Ihnen und Ihrem Partner findet keine wahre Kommunikation statt. Die Ideen und Gefühle, die Menschen normalerweise in einer Beziehung verbinden, fehlen hier völlig. Erschwert wird die Lage dadurch, daß sich Ihr Partner dessen nicht bewußt ist. Er (sie) bemerkt es nicht, es interessiert ihn (sie) nicht, er (sie) ist der Beziehung gegenüber völlig empfindungslos. Der besonderen Umstände wegen sind Sie aber dennoch unlösbar miteinander verstrickt. Der Zusammenbruch der Beziehung ist eher ein Zusammenbruch der emotionalen Verbindung als eine physische Trennung.

6. Werden wir wieder zusammenkommen?

Unglücklicherweise lassen die Umstände eine physische Trennung überhaupt nicht zu, es sei denn, Ihr Partner würde eine schon an ein Wunder grenzende Verhaltensänderung zeigen. Dann müßten Sie überlegen, wie Sie Ihr Leben gestalten wollen, ohne Ihre Werte zur Disposition zu stellen. Das ist sehr schwierig, aber nicht unmöglich.

7. Wie kann ich die Dinge wieder ins Lot bringen?

Sie können nichts tun, um die Dinge ins Lot zu bringen, aber Sie können einiges tun, um sich selbst vor weiterem Schaden zu schützen. Erstens müssen Sie verschwiegen sein, sozusagen Ihr Licht unter den Scheffel stellen. Lassen Sie sich von Ihrem Partner nicht zwingen, Dinge zu tun, mit denen Sie nicht übereinstimmen. Gehen Sie auf keinen Kompromißvorschlag ein, man will nur versuchen, Sie einzuwickeln. Versuchen Sie aber andererseits nicht, Ihren Partner auf die Fehler seines Weges aufmerksam zu machen; tun Sie nicht so, als hätten Sie für alles eine Antwort parat. Lassen Sie sich aber auch von den redegewandten Selbstrechtfertigungen Ihres Partners nicht ins Bockshorn jagen. Lassen Sie sich am besten überhaupt nicht auf Meinungsverschiedenheiten und Diskussionen ein.
Sie müssen sich darüber im klaren sein, daß die Bosheit Ihres Partners sich von allem und jedem nährt, am liebsten aber von Ihrem Widerstand. Zeigen Sie also keinen offenen Widerstand! Zu guter Letzt bringen sich solche Menschen selbst zu Fall.

8. Was erhoffe ich mir vom Leben?

Im tiefsten Innern Ihres Herzens hegen Sie den Wunsch, sich aus dieser Beziehung zu lösen, es ist aber augenblicklich nicht möglich. Alles, was Sie von einem Partner erwarten, fehlt in dieser Beziehung: Zuneigung, Verständnis, Gefühlswärme und freier Gedankenaustausch. Sie würden lieber mit jemandem zusammenleben, mit dem Sie ganz natürlich umgehen können, statt ständig auf der Hut sein zu müssen. Obgleich das alles momentan unerreichbar scheint, ist es durchaus möglich, daß Ihnen eine bessere Zukunft mit einem neuen Partner winkt.

DIE LINIEN

Eins ——— O ———

All Ihre Anstrengungen zeigen Ihnen, daß der Preis für Ihre persönliche Integrität hoch ist – er kostet Freundschaft und Geld. Sie müssen sich ganz einfach damit abfinden, daß die persönliche Sicherheit – die körperliche wie die psychische – mitunter mehr kostet, als man ausgehandelt hatte.

Zwei ——— X ———

Dies ist die Linie des moralisch Standhaften. Obgleich alles gegen Sie gerichtet ist, stehen Sie zum Nutzen anderer fest zu dem, was Sie für gut halten.

Drei ——— O ———

Sie tun Ihr Bestes, die Dinge wieder in Ordnung zu bringen. Dabei stoßen Sie auf eine große Möglichkeit; Sie können einen gehörigen Eindruck auf den Menschen machen, der Ihre Sorgen verursacht. Erwarten Sie jedoch keine rasche Lösung, Sie können die Fehler nicht mit einem Schlag auslöschen. Die Schwierigkeiten sind tiefgreifend, die Komplikationen größer, als Sie zunächst angenommen hatten.

Vier ——— X ———

Wie durch Zufall erlangen Sie Einsicht in die bösartige Machtballung um Sie herum. Sie erkennen, daß Sie ihr keinerlei Einhalt gebieten können. Sie können lediglich unbemerkt fliehen, ehe alle Ordnung zusammenbricht.

Fünf ——— **X** ———

Sie müssen vor der Situation flüchten, ein anderer Ausweg bleibt nicht! Wie Sie die Flucht bewerkstelligen, entscheidet über Erfolg oder Mißerfolg. Die Schwierigkeiten spitzen sich dramatisch zu. Bereiten Sie alles bis ins Detail vor, überlassen Sie nichts dem Zufall, dann haben Sie gute Chancen.

Sechs ——— **X** ———

Die Dunkelheit hat ihren Höhepunkt erreicht. Schlimmer als jetzt kann es nicht mehr werden. Wenn aber schlechte Elemente sich nicht mehr auf gute stürzen können, um sie zu vernichten, dann richten sie sich gegen sich selbst, zerstören sich selbst. Das Schlechte kennt keine Zurückhaltung, das führt zu seinem Sturz.

Hexagramm 37
DIE FAMILIE

Zusammengehörigkeit;
Autorität der Älteren;
Loyalität

1. Ist dieser Mensch der geeignete Partner für mich?

Thema dieses Hexagramms ist die Familie, die Beziehung zwischen Eltern und Kindern sowohl unter- als auch miteinander, und auch die Verwandten der Eltern sind einbezogen. Das I Ging geht bezüglich der Familie von folgenden Voraussetzungen aus:
1. Die Familienbande sind die stärksten Bande für alle Menschen;
2. Macht und Autorität liegen in allen Familien in den Händen der Eltern;
3. Die Autorität im Familienverbund erwächst aus Worten, die vom guten Beispiel gestützt werden.

Das I Ging mißt gerade dem guten Beispiel eine ganz besondere Bedeutung zu. Wenn die Eltern ihren Kindern kein Beispiel sind, können sie nicht erwarten, daß die Kinder höflich und wohlerzogen, ehrlich und voll Zuneigung sind. Wenn es zwischen den Worten und den Taten der Eltern Diskrepanzen gibt, führt dies bei den Kindern zu Verwirrung und Widerspruchsgeist, letztlich werden sie sich von den Eltern abwenden.
Die Solidarität der Familie entwickelt sich aus der Solidarität zwischen den Eltern. Die Grundlage einer stabilen Beziehung zwischen den Eltern ist gegenseitige Zuneigung.

Die Familie ist ein Mikrokosmos, die Gesellschaft ist ein Makrokosmos. Alle für die Familie geltenden Prinzipien haben auch für die Gesellschaft Geltung. Wenn sich Respekt und Rechtschaffenheit mit Zuneigung paart, dann können alle Differenzen durch freundliches Entgegenkommen geschlichtet werden.

Eltern sollten die Freundschaften, die Kinder schließen, respektieren und die Freunde der Kinder den Eltern Respekt erweisen. Die Loyalität, die die Familie wie die Gesellschaft zusammenhält, erwächst aus Zuneigung und Respekt. Wo eines dieser Elemente fehlt, wird die ganze Familie oder Gesellschaft in Mitleidenschaft gezogen werden.

2. Liebt mich mein Partner?

Zuneigung ist die Basis aller auf Gegenseitigkeit beruhender Beziehungen – in der Familie wie in der Gesellschaft. Vernünftigerweise darf man annehmen, daß Eltern ihre Kinder lieben und auch füreinander Liebe empfinden, und daß die Kinder ebenfalls untereinander und zu den Eltern voll Zuneigung sind.

Auf höchster Ebene ist Zuneigung die Grundlage aller Einsicht und Erkenntnis. Wer also die gegenseitigen Abhängigkeiten innerhalb einer Familie, einer Gesellschaft oder einer Institution erkennt, wird in seinem Verhalten ein Beispiel sein und große, von Zuneigung getragene Sorgfalt zeigen. Wahre Sorge für die Familie drückt sich in der Beispielhaftigkeit des Verhaltens aus.

3. Haben wir eine gemeinsame Zukunft?

Die Zukunft der Familie ist mit der der Gesellschaft, ja der der ganzen Welt auf das innigste verknüpft. Die Prinzipien, die die Familie intakt erhalten, sind die gleichen, die auch die Gesellschaft funktionsfähig halten. Wo diese Prinzipien auf Familienebene mißachtet und verletzt werden, machen sich auch in der Gesellschaft zerstörerische Tendenzen breit. Wenn die Familieneinheit auseinanderbricht, welchem Beispiel sollen dann die Kinder folgen? Wonach sollen sie entscheiden, welches das gute, welches das schlechte Beispiel ist? Und wenn die Familienzusammengehörigkeit sich nicht auf gegenseitige Zuneigung stützt, worin kann dann ein gutes Beispiel bestehen? Die Zukunft der Familie, und damit die Zukunft der Welt, hängt von der Beantwortung dieser Fragen ab. Die Voraussage ist völlig neutral. Die Qualität des Beispiels allein bestimmt die Qualität der zukünftigen Beziehungen in der Familie, in der Gesellschaft und in der Welt.

4. Wie soll ich mich jetzt am besten verhalten?

Im Mittelpunkt dieses Hexagramms steht die Idee, daß Eltern ihren Kindern ein gutes Beispiel geben müssen. Diese Verpflichtung gilt auch für die Führer der Gesellschaft. Spürt ein Elternteil, daß sein Verhalten zu wünschen übrigläßt, muß er (sie) bereit sein zu lernen, um ein besseres Beispiel geben zu können. Das gleiche gilt für die führenden Kräfte in der Gesellschaft – ihr Beispiel ist die Basis ihrer Glaubwürdigkeit.

Kinder sollten nur dem guten Beispiel folgen. Wenn Kinder dem Beispiel der Eltern nicht folgen wollen, müssen sie dafür gute Gründe haben und auch bereit sein, ihre Gründe den Eltern mitzuteilen. Gleichgültigkeit ist sträflich, ihr Effekt ist Entzweiung – in der Familie wie in der Gesellschaft.

5. Warum ist unsere Beziehung zerbrochen?

Wenn Kinder ihre Eltern verachten – oder umgekehrt – oder wenn sich die Eltern gegenseitig verachten, dann brechen aller Respekt und alle Zuneigung zusammen, die Familie fällt auseinander. Wenn der Vater schwach ist, wird ihn der Sohn verachten und umgekehrt. Verachtung aber zeigt nur einen Mangel an Selbstachtung an. Die Wurzel der Verachtung ist fehlende Selbstachtung und eine unrealistische Selbsteinschätzung. Dies treibt in jede Familie, in jede Gesellschaft einen Keil. Jemanden, den man mag, kann man leichter respektieren als jemanden, den man nicht mag – dazu braucht man innere Stärke. Nur mit Hilfe dieser Stärke können die Unterschiede zwischen den Menschen ausgeglichen werden. Wo diese Stärke fehlt, müssen Beziehungen zusammenbrechen.

6. Werden wir wieder zusammenkommen?

Wenn Eltern mit gutem Beispiel vorangehen, werden ihnen die Kinder folgen. Gleichermaßen werden die Führer einer Gesellschaft Achtung finden, wenn ihr Verhalten untadelig ist. Wenn der Sorgfaltspflicht mit voller Verantwortung nachgekommen wird und das Verhalten entsprechend ist, wird das Ergebnis mit größter Wahrscheinlichkeit gut sein, obgleich sich das Orakel über das Ergebnis ausschweigt.

Jedes Individuum hat seine ganz persönliche Verantwortung, in Familie und Gesellschaft mit gutem Beispiel voranzugehen.

7. Wie kann ich die Dinge wieder ins Lot bringen?

Blut ist dicker als Wasser, sagt man. Zwischen Familienmitgliedern sollte es immer möglich sein, eine Versöhnung herbeizuführen. Eckpfeiler der Versöhnung sind Toleranz und die Fähigkeit, unterschiedliche Ansichten, Einstellungen und Lebensweisen unter einen Hut zu bringen. Die Fähigkeit erwächst aus der Einsicht des Individuums.

Die Einsicht muß von innen heraus kommen. Solange Menschen Verständnisbereitschaft zeigen, ist Versöhnung in der Familie und in der Welt möglich. Doch Toleranz lernt man als Kind nur aus dem Beispiel der Erwachsenen. Taten sprechen hier lauter als Worte, Taten müssen die Worte unterstützen; erst das Beispiel gibt der Erklärung Sinn.

Wenn Eltern ihren Kindern zuhören, aber auch die Kinder auf die Eltern hören, ist eine gesunde Grundlage geschaffen. Die Tür für eine Wiedervereinigung steht immer offen. Die besten Führer sind die, die sich mit denen, die sie führen, zusammentun, um alle Schwierigkeiten und Differenzen ausgleichen zu können. Basis eines solchen Dialogs ist natürlich gegenseitiges Verständnis, Respekt und Zuneigung. Schließlich kann man ein Problem nicht lösen, wenn man nicht weiß, wie es entstanden ist und wenn man keine Anstrengung unternimmt, das Problem erst einmal zu begreifen. Der erste Schritt muß also immer sein, die Gründe für das Problem herauszufinden. Dazu muß man zuhören, lernwillig sein, guten Rat annehmen können und vor allem aber ein gutes Beispiel geben.

8. Was erhoffe ich mir vom Leben?

Ihr größter Wunsch ist ein harmonisches Familienleben auf der Basis von Zuneigung und Vertrauen. Auf den gleichen Grundlagen baut auch die Einheit in der Welt auf.

DIE LINIEN

Eins ——————O——————

In jeder Familie geht man von bestimmten Regeln und Bedingungen aus. Jeder weiß, wo sein Platz ist und was man von ihm erwartet. Die Eltern gehen dabei mit gutem Beispiel voran. Wenn einem Kind nicht von Anfang an Richtlinien gegeben werden, wächst es in Verwirrung auf, denn solange ein Kind noch nicht selbst seine Werte bestimmen kann, ist es bei der Einschätzung seiner Erlebnisse ganz auf die Eltern angewiesen. Wenn diese Werte vom Kind nicht eindeutig erfaßt werden können, wenn sie im Rahmen dessen, was das Kind begreifen kann, keinen Sinn ergeben, werden die Eltern später Grund haben, ihr schlechtes Beispiel zu bereuen.
Diese Linie warnt speziell vor der Verwöhnung und Verzärtelung von Kindern. Wenn man einem Kind immer und überall seinen Willen läßt, darf man sich nicht wundern, wenn es plötzlich errichtete Schranken nicht anerkennt.

Zwei ——————X——————

Die Eheleute sollten sich die Verantwortung für die Dinge des alltäglichen Lebens teilen. Keiner sollte versuchen, dem anderen die Verantwortung zu entziehen, es sei denn, ganz besondere Umstände ließen dies angezeigt

erscheinen. Wie die Verantwortung verteilt wird, ist eine persönliche Angelegenheit der Eheleute, sie müssen sich selbst darüber einigen. Sie werden es entsprechend ihren Fähigkeiten so tun, daß das beste Ergebnis dabei herauskommt.

Drei ——————O——————

Der Rat des Orakels heißt hier, lieber zu streng als zu lax zu sein. Wo Meinungsverschiedenheiten innerhalb der Familie zu Streit führen, wo die Disziplin zusammenbricht, folgt häufig Schande. Die Basis gegenseitigen Respekts ist die Anerkennung der Vernunft. Blindes Aufzwingen von Gehorsam nur um des Gehorsams willen ist schlecht, doch Nachsicht in jeder Hinsicht ist noch schlechter. Allerdings rät das Orakel nicht, daß die Disziplin mit Hilfe gewaltsamer Mittel aufrechterhalten werden sollte.

Vier ——————X——————

Die Linie bezieht sich auf den Umgang mit den Finanzen des Haushalts, eine Aufgabe, die häufig der Frau zukommt. Wer immer die Verantwortung für die Haushaltsfinanzen innehat, er muß darauf achten, daß sich Einnahmen und Ausgaben die Waage halten, was Sie, wie das Orakel bestätigt, sehr gut können.

Fünf

Sie genießen große Autorität in Ihrer Familie, weil Sie durch Herzlichkeit und natürliche Zuneigung das Vertrauen aller gewinnen. Sie haben auf andere guten und nützlichen Einfluß, weil Sie selbst ein gutes Wesen haben und mit gutem Beispiel vorangehen.

Sechs

Die Verantwortungen für Haushalt und Familie erfordern besondere Fähigkeiten. Wenn sich die Eltern lieben, werden auch die Kinder die Eltern lieben. Auf dieser Grundlage kann eine starke Einheit aufgebaut werden, und nur so kann eine Familie die vielen Anfechtungen und Probleme, denen sie ausgesetzt sein wird, überdauern.

Hexagramm 38

OPPOSITION

Individualität;
Gegensätze;
Entfremdung

1. Ist dieser Mensch der geeignete Partner für mich?

Obgleich sich dieser Mensch in seiner Lebenseinstellung ganz grundlegend von Ihnen unterscheidet, muß das nicht heißen, daß er (sie) als Partner für Sie ungeeignet wäre. Sehr oft ist die Anziehungskraft zwischen Gegensätzen recht produktiv. Es muß in Ihrem Fall zwar nicht so sein, die Möglichkeit aber sollte man bedenken.

Das Potential für eine gegenseitige Anziehung ist groß, doch müssen einige Punkte beachtet werden. Trotz Ihrer unterschiedlichen Einstellung können Sie für Ihr tägliches Leben eine durchaus brauchbare Regelung finden, doch sollten Sie nicht versuchen, gemeinsam große Ziele zu erreichen. Sie müssen sich Ihrer grundsätzlichen Unterschiedlichkeit immer bewußt sein. Pflegen Sie Ihre jeweilige Individualität, während Sie zugleich versuchen, Gemeinschaftssinn zu entwickeln.

Sie sind beide sehr starke Persönlichkeiten und halten an Ihrer jeweiligen Individualität fest. In den Grundmustern Ihrer Naturelle gibt es keine Übereinstimmung, und daran können Sie nichts ändern, ohne die ganze Beziehung in Mitleidenschaft zu ziehen.

2. Liebt mich mein Partner?

Die Liebe findet hier Ausdruck in der Bereitschaft, eine Ordnung zu schaffen, die sich auf gegenseitigen Respekt vor der jeweiligen Unabhängigkeit und Individualität des anderen gründet. Soweit sich diese Regelung im täglichen Leben durchsetzen läßt, soweit geht auch die Liebe Ihres Partners.

3. Haben wir eine gemeinsame Zukunft?

Die Zukunft konstruiert sich immer aus den gegenwärtigen Gegebenheiten. Wenn Sie eine brauchbare Regelung für Ihre Gegensätzlichkeit gefunden haben, steht auch einer konstruktiven Zukunft nichts im Wege. Ausschlaggebend ist, daß Sie Ihre Gegensätzlichkeit erkennen, anerkennen und sie im täglichen Umgang miteinander in Einklang bringen können. Keiner von Ihnen beiden darf sich selbst oder dem anderen Zwänge auferlegen, dies würde die nötige Toleranz untergraben, die Ihre Beziehung überhaupt erst möglich macht. Alle Einheit, besonders aber die zwischen zwei so unterschiedlichen Menschen, beruht auf respektvoller Toleranz. In jeder Verbindung ist Toleranz ein Zeichen von Reife.

4. Wie soll ich mich jetzt am besten verhalten?

Denken Sie in aller Ruhe über die Gegensätze zwischen sich und Ihrem Partner nach. Können Sie diesen Unterschieden mit aufrichtigem Respekt begegnen? Nur dann können Sie auch die Spannungen abbauen, die solche Unterschiede ganz natürlich mit sich bringen. Nur bescheidenes, zurückhaltendes Verständnis, gepaart mit toleranter Entschiedenheit, kann verhindern, daß es zu Unbesonnenheiten kommt, die der Beziehung schaden würden.

5. Warum ist unsere Beziehung zerbrochen?

Der Hauptgrund für das Scheitern Ihrer Beziehung liegt in Ihren grundsätzlich gegensätzlichen Naturen. Obgleich Gegensätze nicht notwendig zur Entzweiung führen müssen, geschieht es doch leicht, wenn eine Seite der anderen ohne das nötige Einfühlungsvermögen entgegentritt. Die Unempfänglichkeit für den anderen mag sich in diesem Fall in besonders krasser Taktlosigkeit geäußert haben.

Jeder Druck auf die schwachen Punkte kann leicht zum Zusammenbruch des Unterlegenen führen, und so kann es auch hier gewesen sein. Daraus resultierte der Verlust der Individualität und alle Sympathie und Zuneigung – die das Lebenselixier jeder Beziehung sind – verflüchtigten sich. Wenn man uns angreift, ob zu Recht oder Unrecht, bringen wir dem Angreifer meist keine Toleranz entgegen. Ohne Sympathie und Zuneigung können die Spannungen zwischen zwei so extremen Menschen nicht absorbiert werden, die Beziehung bricht unter der geringsten Belastung zusammen.

6. Werden wir wieder zusammenkommen?

Da sie so wesensverschieden sind, gibt es für eine Versöhnung keine Garantie, besonders dann nicht, wenn Taktlosigkeit auf einer oder auf beiden Seiten Anlaß für den Bruch war. Ihre Beziehung ist eine Herausforderung an die Vervollkommnung der eigenen Person. Diese Vervollkommnung kann nur durch sanfte, undramatische Mittel erreicht werden. Die große Versöhnung muß in vielen kleinen Schritten vorgenommen werden. Wenn Sie Ihre Gegensätze zu stark betonen, werden Sie die Schwierigkeiten nur vergrößern. Die Chance Ihrer Versöhnung liegt in den Dingen, die Sie gemeinsam haben.

7. Wie kann ich die Dinge wieder ins Lot bringen?

Am besten können Sie Fehler vermeiden, wenn Sie weder Gewalt noch andere ungesunde Mittel anwenden. Handeln Sie nach Ihren individuellen Wesenszügen, das heißt, seien Sie tolerant, sanft, geistig einsichtig und aufnahmebereit. Erkennen Sie die Bedeutung wahrer Zuneigung. Wenn Sie diese Ihnen innewohnenden Wesenszüge mißachten, vergrößern Sie nur die momentane Kluft.

8. Was erhoffe ich mir vom Leben?

Momentan ist Ihr größter Wunsch, die widerstreitenden Kräfte in sich selbst miteinander in Einklang zu bringen. Sie neigen dazu, die Welt in Gegensätzen wahrzunehmen: schwarz und weiß, gut und schlecht, Yin und Yang, Liebe und Haß. Sie polarisieren die Dinge und handeln danach. Auf der untersten Ebene sind Sie die Marionette Ihrer eigenen Gedanken, auf der höchsten Ebene versuchen Sie, die gegensätzlichen Kräfte durch Ihr Verhalten zusammenzubringen. Diese Einstellung vermittelt Ihnen ein wahreres Bild von der Welt, das Ihnen mehr Möglichkeiten erschließt. Sie werden schließlich einen echten, dauerhaften Frieden des Herzens finden.

*DIE LINIEN*_____

Eins ———— **O** ————

Wesensunterschiede müssen durch unerschütterliche Toleranz ausgeglichen werden, nicht durch Gewaltakte. Wer Gewalt sät, wird Gewalt ernten. Auch wenn jemand nicht mit Ihnen übereinstimmt, muß ihm alle Freiheit gegeben werden, seinen eigenen Weg zu gehen.

Zwei ———— **O** ————

Es gibt Zeiten, in denen widrige Umstände Sie von den Menschen fernhalten, die Ihnen am ähnlichsten sind. Ein zufälliges Zusammentreffen mit einem gleichgesinnten Menschen mag Ihnen hilfreich sein.

Drei ———— **X** ————

Angesichts offensichtlicher Ungerechtigkeit und unfairer Opposition müssen Sie sicher sein in der Wahl Ihrer Freunde und Bekannten. Gehen Sie keine Kompromisse ein! Wenn Sie auf Ihre wahren Freunde vertrauen, wird alles gut gehen – hüten Sie sich vor falschen Freunden!

Vier ————o————

»Gleich und Gleich gesellt sich gern.« Umgeben von Menschen, die von anderer Wesensart sind, werden Sie sich isoliert und unsicher fühlen. Sind aber Wesensverwandte um Sie, so fühlen Sie sich gegenseitig zueinander hingezogen. Wenn Sie zu sich und Ihrer Art stehen, werden Sie unweigerlich mit solchen Menschen zusammenkommen. Setzen Sie Ihre Willenskraft ein und Sie werden Ihr Ziel erreichen!

Fünf ————X————

Oft erkennen wir unsere wahren Freunde nicht auf den ersten Blick. Jetzt aber hat ein solcher Freund Ihre Natur erkannt und nähert sich Ihnen. Auch Sie erkennen die Parallelen in der Wesensart. Auf dieser Basis entwickelt sich die Möglichkeit für eine Zusammenarbeit. Es wird Ihnen geraten, sich diese Möglichkeiten ohne weitere Zweifel zunutze zu machen.

Sechs ————o————

Der Tumult in Ihrem eigenen Innern erfüllt Sie mit Zweifeln, so daß Sie sogar tiefes Mißtrauen Ihren Freunden gegenüber fühlen. Sie wissen nicht, ob Sie den Leuten um sich herum trauen können, Sie schwanken zwischen Vertrauen und abgrundtiefem Mißtrauen. Das stiftet eine Menge Verwirrung. Doch obgleich Sie sich im Unklaren sind, kommen diese Menschen offen und ehrlich auf Sie zu. So bringen sie Sie wieder zu Verstand und schließlich werden Sie Ihre wahren Freunde erkennen.

Hexagramm 39

SACKGASSE

Hindernisse auf dem Weg;
Bremsklotz;
Barriere

1. Ist dieser Mensch der geeignete Partner für mich?

Dieses Hexagramm beschreibt eine Situation, in der Sie entweder – bisher vergeblich – versuchen, mit einem Menschen, der grundsätzlich gut zu Ihnen passen würde, Kontakt aufzunehmen, oder in der Sie bei der Kommunikation mit Ihrem Partner auf Hindernisse stoßen. Sie sind zur Zeit blockiert, irgend etwas liegt in Ihrem Weg, das jede Vorwärtsbewegung behindert.
Es ist, als stünden Sie vor einem tiefen Abgrund und hätten keine Hilfsmittel, die Kluft zu überbrücken. Das Orakel deutet aber an, daß die Hindernisse irgendwann beseitigt werden können. Geben Sie also nicht auf, streben Sie dem gewünschten Ziel weiter zu. Obwohl Sie erkannt haben, daß Sie momentan in einer Sackgasse stecken, wissen Sie doch auch, daß diese besondere Situation besonderer Lösungen bedarf. Ihre Absichten sind ehrenhaft, halten Sie an ihnen fest.

2. Liebt mich mein Partner?

Das Orakel steht der Frage neutral gegenüber. Trotz des Hemmnisses gibt das Orakel keinen Hinweis auf boshaftes Verhalten von Ihrer oder der Seite Ihres Partners. Interpretieren Sie das Hindernis als Fingerzeig, daß Sie Ihre wachsende Einsicht durch die Weiterentwicklung Ihres Charakters stärken müssen.

3. Haben wir eine gemeinsame Zukunft?

Das Orakel konzentriert sich vor allem auf Ihre gegenwärtige Situation. Die Zukunft der Beziehung zu Ihrem Partner hängt ganz davon ab, wie Sie die augenblicklichen Rückschläge überwinden. Die Zukunft ist nicht verschlossen, aber sie hängt von der Bewältigung des Heute ab.

4. Wie soll ich mich jetzt am besten verhalten?

Sie können sich den Schwierigkeiten nicht direkt stellen; seien Sie bereit, ein paar Schritte zurückzutreten. Führen Sie Ihr Leben ganz normal weiter, doch seien Sie auf außergewöhnliche Handlungen vorbereitet, wenn die Zeit dafür reif ist. Es gibt keinen Zweifel, daß Sie die Probleme dann meistern werden. Um zu vermeiden, daß Sie in unnötige Spannungszustände geraten, sollten Sie sich klarmachen, daß die jetzige Periode des Hemmnisses eine Wartezeit ist, die Sie auf das Kommende vorbereitet. Behalten Sie das Problem aus der Entfernung im Auge, so lernen Sie es besser kennen.

5. Warum ist unsere Beziehung zerbrochen?

Es gibt zwei mögliche Erklärungen für die Situation, und Sie sollten wissen, welche auf Sie zutrifft: Es könnte möglich sein, daß die Beziehung gar nicht zerbrochen ist, daß nur ein Hemmnis eingetreten ist, das dazu dient, Ihnen Zeit für eine persönliche Weiterentwicklung zu schaffen. Betrachten Sie die Situation als einen temporären Bremsklotz, als einen verborgenen Segen, der Sie davor bewahrt, eine große Dummheit zu begehen, die letztlich die Beziehung wirklich zerstören würde. Falls diese Erklärung auf Sie zutrifft, so sollten Sie sich die Ratschläge des I Ging besonders zu Herzen nehmen.

Es könnte allerdings auch möglich sein, daß Sie versucht haben, das Hindernis auf eigene Faust aus dem Weg zu räumen, ohne die möglichen Konsequenzen in Betracht zu ziehen. Dieses gedankenlose Vorgehen brachte es mit sich, daß Sie die Beziehung aufs Spiel gesetzt haben, und nun ist die Kommunikation zwischen Ihnen und Ihrem Partner zusammengebrochen.

6. Werden wir wieder zusammenkommen?

Das gegenwärtige Hemmnis stellt eine Herausforderung für Sie dar. Sie sollten nicht nur versuchen, eine Versöhnung mit Ihrem Partner herbeizuführen, sondern auch mit sich selbst ins reine zu kommen.

Das Orakel gibt den Rat, die Hilfe und freundliche Führung, die Ihnen angeboten werden, auszunutzen und anzunehmen. Jemand, der Ihnen wohlwollend gegenübersteht, möchte gern, daß Sie Ihre Schwierigkeiten überwinden.

7. Wie kann ich die Dinge wieder ins Lot bringen?

Der Rat des Orakels ist eindeutig. Sie müssen anhalten und Kräfte sammeln. Versuchen Sie nicht, die Sache direkt anzugehen! Das Problem wird nicht von außen an Sie herangetragen, es kommt aus dem Innern und Sie können es nicht allein meistern. Sie brauchen die Unterstützung von vertrauenswürdigen Freunden und die besondere Führung einer erfahrenen Person. Gerade weil die Situation im Moment so schwierig ist, dürfen Sie nicht versuchen, auf Seitenpfade auszuweichen und die Sache irgendwie zu umgehen. Es ist nötig, daß Sie mit dieser Situation fertigwerden, daß Sie sie überwinden. Zweifelsohne nehmen Sie die Sache ernst, was durchaus angemessen und angebracht ist. Das Ihnen nun auferlegte Hemmnis dient letztlich einem guten Zweck, es zwingt Sie, Ihre innere Stärke zu entwickeln und an sich selbst zu arbeiten. Dies wird Sie befähigen, das momentane Hemmnis und auch spätere Hindernisse zu überwinden.

8. Was erhoffe ich mir vom Leben?

Wenn Sie der Versuchung widerstehen können, andere für Ihre momentane Lage verantwortlich zu machen oder sich in Selbstmitleid zu ergehen, dann werden Sie erkennen, was für eine glänzende Möglichkeit zur Selbsterkenntnis diese Situation darstellt. Sie können jetzt lernen, sich selbst zu meistern. Wenn Sie das schaffen, werden sich Ihre Herzenswünsche erfüllen.

*DIE LINIEN*_____

Eins ——— **X** ———   *Zwei* ——— **X** ———

Sie sind gerade erst am Anfang des Hindernisses angelangt. Ihre erste Reaktion ist Enttäuschung. Sie sind versucht, das Problem durch einen Frontalangriff zu lösen, doch ehe Sie das tun, ziehen Sie sich lieber zurück. Warten Sie noch ab! Wenn sich einem Hindernisse in den Weg stellen, ist es meist nicht gut, sie mit Gewalt ausräumen zu wollen, zu leicht übersieht man dann die darin verborgenen Gefahren. Diese Situation ist aber die Ausnahme von der Regel. Von Ihnen hängt das Wohlergehen anderer ab, und das heißt, das Problem kommt direkt auf Sie zu. Aber das Wissen, daß die Umstände Sie zu Ihrem Handeln zwangen und Sie die mißliche Lage nicht selbst auf sich herabbeschworen haben, wird Ihnen Kraft geben.

Drei

Sie stehen vor der Wahl, hinauszugehen und sich dem Problem allein zu stellen oder zu Hause zu bleiben bei denen, die Sie dort brauchen. Was würde mit denen geschehen, wenn Ihnen etwas zustieße? Bleiben Sie daheim und kümmern Sie sich um die, die von Ihnen abhängig sind. Wenn Sie hinausgingen, um das Problem zu bekämpfen, würden Sie geringeren Erfolg erzielen.

Vier

Gehen Sie kein Risiko ein in blindem Vertrauen auf die Hilfe, die Sie vielleicht erwartet haben. Versichern Sie sich zuerst der vollen Unterstützung, damit Sie wissen, daß Sie sich darauf verlassen können.

Fünf ———— O ————

Ein Freund steckt in Schwierigkeiten, und aus reiner Menschenfreundlichkeit übernehmen Sie seine Verantwortungen. Sie sind der Aufgabe gewachsen, andere bieten ihre Hilfe an, und gemeinsam meistern Sie das Problem.

Sechs ———— X ————

Höchstes moralisches Verantwortungsgefühl treibt Sie, Ihre Gaben und Eigenschaften dem Wohl der Menschheit zur Verfügung zu stellen. Sie haben bisher jeden Hilferuf beantwortet, nun können Sie nicht den Rücken kehren. Ihre Ausstrahlung zieht andere Menschen an, die ebenfalls hilfreich eingreifen.

Sie stehen vor der schwierigsten Entscheidung, die Sie je zu fällen hatten, doch Sie entscheiden sich, den anderen weiterhin zu helfen. Diese Entscheidung schafft einen derart starken Kampfgeist, daß schließlich alle Hindernisse erfolgreich überwunden werden.

Hexagramm 40
GENESUNG

Der gelöste Knoten;
Zeit des Umbruchs;
Befreiung aus der Einengung

1. Ist dieser Mensch der geeignete Partner für mich?

Ihre Beziehungen zu anderen Menschen haben sich in letzter Zeit schwierig gestaltet. Sie waren auf der Suche nach klaren Zeichen, um die richtige Entscheidung fällen zu können.
Eine alte Beziehung hat viel Kummer und Leid mit sich gebracht, ist aber nun beendet. Eine neue Beziehung sieht vielversprechend aus, doch auch diese Verbindung muß alle Stadien durchlaufen, ehe sie zu voller Blüte kommen kann. Die Vielschichtigkeit Ihrer gegenwärtigen Gefühle läßt sich nicht leicht in Worte fassen, doch Sie spüren schon, wie Ihr Herz leichter wird.

2. Liebt mich mein Partner?

Noch ist es zu früh, diese Frage zu beantworten. Gegenwärtig spielt die Liebe keine Rolle, es ist eine Zeit des Umbruchs, der Neuorientierung. Sie müssen ruhig abwarten.

3. Haben wir eine gemeinsame Zukunft?

Auf eine Zeit großer Anspannung folgt nun eine Zeit der Ruhe. Sie sind jetzt in der Lage, die Möglichkeiten der Zukunft in besserem Licht zu sehen. Aus der jüngsten Vergangenheit haben Sie eine Menge gelernt; Sie wollen die gleichen Fehler nicht noch einmal machen. Die Zeit der Ruhe und der Vergebung versetzt Sie in die Lage, Ihrem zukünftigen Verhalten in einer neuen Beziehung mit größerem Optimismus entgegenzusehen.

4. Wie soll ich mich jetzt am besten verhalten?

Nach Zeiten abrupten Wandels oder großer Spannung sollte man sich nicht sofort in Neues stürzen. Kehren Sie erst zu einem ganz normalen Lebensstil zurück, tun Sie Dinge, mit denen Sie vertraut sind, die Sie gern tun. Auch wenn manche Ereignisse Sie sehr glücklich machen, sollten Sie sich nicht darin sonnen und nicht damit angeben.

5. Warum ist unsere Beziehung zerbrochen?

Sie und Ihr Partner haben eine Menge Spannungen zwischen sich aufgebaut. Wenn die Spannung nachließ, kamen Ihre Ängste an die Oberfläche und es zeigte sich, daß Sie gegenseitig die Schwächen des anderen ausgenutzt haben – daraus erwuchsen dann wieder neue Spannungen. Sie waren alle beide selbstsüchtig und engstirnig, die Beziehung wurde mehr und mehr zur Last. Es ist schwer, mit verzagten Menschen zu leben, man kann ihnen nicht vertrauen und sie schenken wenig Freude.

6. Werden wir wieder zusammenkommen?

Eine Beziehung, die aufgrund starker Spannungen zerbrochen ist, kann nur repariert werden, wenn die Spannungen abgebaut werden. Sie und Ihr Partner sollten erst einmal Abstand voneinander gewinnen. Erst wenn Sie beide bereit sind, sich gegenseitig die alten Fehler zu vergeben, können Sie an Versöhnung denken. Hier kann man nichts vortäuschen, Vergebung muß echt sein und von Herzen kommen. Sie sollte nicht aus einer fehlgeleiteten Verpflichtung entspringen oder von Schuldgefühlen hervorgerufen werden.

7. Wie kann ich die Dinge wieder ins Lot bringen?

Hier heißt der Rat: Was vorbei ist, ist vorbei. Vergebung ist ein göttlicher Akt, und Sie müssen vergeben können. Machen Sie reinen Tisch. Schauen Sie mit gestärktem Herzen in die Zukunft.

8. Was erhoffe ich mir vom Leben?

Seelenfrieden, Ende der Spannungen, eine klar erkennbare Zukunft. All dies liegt jetzt in Ihrer Reichweite.

DIE LINIEN

Eins ———— X ————

Sie haben das Glück, einer schlimmen Situation entronnen zu sein. Jetzt müssen Sie die neue Situation durch Ruhe festigen.

Zwei ———— O ————

Zwischen Ihnen und Ihrem angestrebten Ziel stehen lästige »Ja-Sager«. Sie müssen sie ausbooten, um Ihr Ziel zu erreichen, doch die Art und Weise, wie Sie das machen, ist wichtig. Verlegen Sie sich nicht auf dasselbe Verhalten wie diese Leute, gehen Sie keine Kompromisse ein, erhalten Sie sich Ihre innere Redlichkeit. Dadurch werden Sie in eine starke Position kommen.

Drei ———— X ————

Jemandem, der Glück gehabt hat, wird hier eine Warnung gegeben. Wenn Sie Ihre Glücks wegen arrogant und eingebildet werden, ziehen Sie sich den Neid und Groll anderer zu; Ihr Glück wird Ihnen verlorengehen. Nehmen Sie eine demütige Haltung ein.

Vier ———— O ————

In festgefahrenen Situationen hängt man sich gern an Menschen, mit denen man sonst nichts gemein hat. Solange alles gut läuft, sollte man deshalb Menschen suchen, auf die man sich auch in Notlagen verlassen kann.

Fünf ———— X ————

Sie versuchen, sich auf elegante Weise von nicht zu Ihnen passenden Menschen zu lösen. Wenn das mißlingt, müssen Sie Ihre ganze Willenskraft einsetzen, um loszukommen. Erst wenn Sie sich von Ihnen befreit haben, werden auch diese Menschen erkennen, daß sich die Verbindung auf falsche Voraussetzungen gründete. Sie werden den Respekt wertvoller Menschen erringen, und im Verlaß auf Ihre eigenen Werte werden Sie das Glück anziehen.

Sechs ———— X ————

Etwas oder jemand hemmt Ihren Fortschritt. Diese Person, diese Idee scheint Ihrem Wunsch nach Befreiung gegenüber immun zu sein. Versuchen Sie, sich zu lösen. Sie haben die Kraft dazu, Sie müssen sich nur ganz darauf konzentrieren.

Hexagramm 41
ÄUSSERLICHE ARMUT

Abnahme;
Verlust;
Stärkung innerer Werte

1. Ist dieser Mensch der geeignete Partner für mich?

Vielleicht gehören Sie zu denjenigen, die dem Partner gern überschwenglich Ihre Liebe beteuern? Vielleicht sind Sie an einen besseren Lebensstandard gewöhnt, als Sie ihn sich momentan leisten können? Sie müssen akzeptieren, daß momentan das eine nicht angebracht, das andere nicht möglich ist. Auch wenn es im Augenblick an Reichtum mangelt, können Sie sich durch Ihre Verhalten bei Ihrem Partner ins rechte Licht rücken. Was Ihnen jetzt an Äußerlichem mangelt, hilft, Ihre inneren Werte, Ihren inneren Reichtum zu stärken. Die Entwicklung dieser inneren Hilfsmittel ist der eigentliche Schatz Ihres Wesens. Auch Ihr Partner sollte mehr an den Zustand Ihrer Gefühle als an Ihren Geldbeutel denken. Finden Sie heraus, woran Ihr Partner eigentlich interessiert ist, nur so können Sie die Basis ihrer Beziehung bestimmen.

2. Liebt mich mein Partner?

Es würde Ihrem Partner leichterfallen, Sie zu lieben, wenn Sie weniger ärgerlich, weniger eigensinnig, weniger unkontrolliert in Ihren Leidenschaften wären, wenn Sie also anderen weniger schaden würden.

3. Haben wir eine gemeinsame Zukunft?

Wenn Sie als wichtigstes Lebensziel nicht den Reichtum, sondern die Entwicklung geistiger Werte anstreben, hält die Zukunft viel für Sie bereit. Wenn sich die Gefühle Ihres Herzens in allem, was Sie tun, ohne Scham und ohne Selbstmitleid ausdrücken, dann werden Sie alles auf sich ziehen, was im Leben wahrhaft gut ist.

4. Wie soll ich mich jetzt am besten verhalten?

Wenn Ihr momentaner Mangel an materiellen Gütern Sie beunruhigt, müssen Sie versuchen, innerlich ruhig zu werden. Entwickeln Sie Dankbarkeit und bauen Sie darauf innere Stärke auf. Die einfachsten Dinge sind die wertvollsten im Leben. Bedenken Sie das, und Ihre Unruhe wird sich langsam verflüchtigen, sie wird einer sorgloseheiteren Stimmung weichen, in der Sie gern mit anderen teilen, was Sie besitzen.

5. Warum ist unsere Beziehung zerbrochen?

Wenn Ihre Beziehung auseinandergefallen ist, so liegt der Grund bei Ihnen. Waren Sie übermäßig verärgert, unhöflich, unfreundlich? Haben Sie sich geweigert, zuzuhören oder guten Rat anderer anzunehmen? Waren Sie nicht in der Lage, sich der gegenwärtigen Situation ruhigen Herzens anzupassen und haben Sie Ihr Versagen anderen Menschen anzulasten versucht? Wenn die Beziehung zerbrochen ist, dann deshalb, weil Sie alle Türen zugeschlagen haben, durch die man Ihnen hätte freundlich entgegenkommen können.

6. Werden wir wieder zusammenkommen?

Versöhnung wird nicht ausdrücklich versprochen. Doch mit der Zeit ändern sich die Dinge, eine neue Atmosphäre entsteht. Tun Sie dann, was angemessen scheint, was ehrlich und gut ist.

Vor allem müssen Sie sich mit Ihrer jetzigen Situation zufriedengeben, leben Sie in der Gegenwart und nicht auf eine ungewisse Zukunft hin.

7. Wie kann ich die Dinge wieder ins Lot bringen?

Das Beste, was Sie jetzt tun könnten, ist, Selbstdisziplin zu üben. Lassen Sie Ihren Zorn nicht an anderen Leuten aus und auch nicht an sich selbst. Es werden wahrscheinlich wieder bessere Zeiten folgen, zumindest in Hinsicht auf Ihre äußeren Umstände. Fügen Sie sich deshalb in Ihr gegenwärtiges Los.
Haben Sie mehr Vertrauen in die unermeßlichen Gaben der menschlichen Natur, und Ihre eigene innere Wahrheit wird leuchten können.

8. Was erhoffe ich mir vom Leben?

Ihr größter Wunsch ist augenblicklich, inneren Frieden zu finden, denn Sie haben längst erkannt, daß Frieden mit sich selbst der größte Schatz des Menschen ist.

206

DIE LINIEN

Eins ———⊖———

Es geht hier um zwei Menschen. Der eine möchte ganz uneigennützig seine Dienste und Hilfe anbieten, der andere ist der Empfänger dieser Hilfe. Ist die Beziehung zwischen diesen Menschen gut, gründet sie sich auf Verständnis, wird die Hilfe ausreichend sein und auch die Kräfte des Gebenden nicht überfordern. Der Empfangende muß darauf achten, daß er den Gebenden nicht über Gebühr ausnutzt.

Zwei ———⊖———

Wenn Sie anderen wirklich behilflich sein wollen, dürfen Sie dabei nicht Ihre Würde opfern, denn dieses Opfer würde niemandem nützen, vor allem Ihnen selbst nicht.

Drei ———X———

Sehr enge Beziehungen sind nur zwischen zwei Menschen möglich; mehr als zwei stören die Intimität. Finden Sie sich selbst, dann werden Sie auch den richtigen Partner finden.

Vier ———X———

Wenn Sie Ihre Freunde halten wollen, müssen Sie an sich selber arbeiten. Ein Teil der Probleme mag auf den äußeren Druck der Umgebung zurückzuführen sein. Wenn Sie die nötige Selbsteinsicht haben, werden Sie sehen, ob Sie sich von Ihrer Umgebung oder von bestimmten Menschen lösen müssen, damit diejenigen, die Ihre wahren Freunde sind, mit Ihnen zusammenkommen können. Es ist zum Besten aller, wenn Sie sich diesen Rat zu Herzen nehmen.

Fünf ———X———

Die Zeiten sind äußerst günstig für Sie. Irgend jemand über Ihnen mag Sie sehr. Das Schicksal hat Ihnen Glück bestimmt, daran kann nichts und niemand etwas ändern.

Sechs ———⊖———

Manche Menschen haben die großartige Eigenschaft, ihr Glück immer mit anderen zu teilen und sich immer für den Vorteil anderer einzusetzen. Solche Menschen finden immer andere, die Ihnen bei ihrer Arbeit helfen, wenn Hilfe nötig ist.

Hexagramm 42
SPIRITUELLER REICHTUM

Zunahme der inneren Werte;
Hilfsbereitschaft;
Einsatzfreude

1. Ist dieser Mensch der geeignete Partner für mich?

Dies ist eine gute Beziehung. Sie sehen Ihre Verantwortung darin, anderen behilflich zu sein, den Niedersten wie den Höchsten. Gemeinsam mit Ihrem Partner verfügen Sie über schier ungeahnte Möglichkeiten, denjenigen Hilfe zu leisten, die nicht so gut ausgestattet sind wie Sie. Ein guter Einsatz Ihrer Fähigkeiten! Wenn Sie bereit sind, anderen Menschen zu helfen und auch Ihre eigenen Fähigkeiten zu entwickeln, bringen Sie ausgezeichnete Ergebnisse zustande. All Ihre Talente sind auf diese Art der Arbeit fixiert.

2. Liebt mich mein Partner?

Da Sie ein Mensch sind, der einer Berufung folgt, ist Ihnen Ihre Arbeit von größter Wichtigkeit. Mit größter Wahrscheinlichkeit ziehen Sie einen Partner an, der Ihnen ähnlich ist. Seine Ideen und Ideale zu teilen, bereichert das Leben – die Liebe zwischen Ihrem Partner und Ihnen zeigt sich darin.

3. Haben wir eine gemeinsame Zukunft?

Der besonderen Zeit wegen hängt die Zukunft ihrer Beziehung davon ab, ob Sie Ihr Leben auf hohen moralischen Prinzipien aufgebaut haben und diese auch leben können. Auf dieser hohen Ebene wird Ihre Beziehung fruchtbar sein. Dann können Sie auch dort Erfolg haben, wo andere versagen.

4. Wie soll ich mich jetzt am besten verhalten?

Da Ihre Fähigkeiten sich auf das Leben, das Wohlergehen und das Glück anderer auswirken, ist es ein gutes Zeichen, daß Sie ein so ernsthafter Mensch sind. Wankelmütigkeit wäre gefährlich.

5. Warum ist unsere Beziehung zerbrochen?

Das Hexagramm bezeichnet eine Zeit, die für die Entwicklung persönlicher Beziehungen ganz hervorragend geeignet ist. Wenn es also in Ihrer Beziehung zu Unstimmigkeiten kam, so kann es nur daran liegen, daß Sie Ihr Leben nicht an den hohen moralischen Prinzipien ausgerichtet haben, die Ihr Leben eigentlich bestimmen sollten. Ein Versagen auf diesem Gebiet, sei es bei Ihnen selbst oder beim anderen, wird Ihnen natürlich bewußt. Sie müssen schon den Kopf in den Sand stecken, um Ihr Versagen verdrängen, nicht bemerken zu können – dies aber läßt das, was ganz offensichtlich falsch läuft, nicht verschwinden. Wenn Sie den weniger edlen Tendenzen Ihres Wesens erlauben, die Oberhand zu gewinnen, wird sich das negativ auf Ihre Beziehungen auswirken.

6. Werden wir wieder zusammenkommen?

Wenn Sie Ihre ganzen Energien darauf verwenden, die Dinge wieder in Ordnung zu bringen, werden Sie auch Erfolg haben. Auf geheimnisvolle Weise wird Ihnen Hilfe zukommen.

7. Wie kann ich die Dinge wieder ins Lot bringen?

Machen Sie mit sich reinen Tisch. Sie brauchen keinen anderen, der Ihnen zeigt, wo Ihre Fehler liegen. Sie kennen sie selbst, und das sollte Sie anspornen, Ihre Fehler auszumerzen. Das ist jetzt Ihre Aufgabe, besonders, wenn Sie Ihre Beziehung zu Ihrem Partner verbessern wollen.

8. Was erhoffe ich mir vom Leben?

Der Kern Ihrer Wünsche ist die Selbstopferung. Indem Sie sich aufopfern, helfen Sie anderen und entwickeln sich selbst. Wenn Sie sich diesem Ideal widmen, sind Sie für die Gesellschaft von unschätzbarem Wert.

DIE LINIEN

Eins ——●——

Einflüsse, die Sie aufrichten, ermöglichen es Ihnen, große Tatkraft freizusetzen. Wenn Sie sich aus reinen Motiven einsetzen, erzielen Sie wunderbare Ergebnisse. Damit ehren Sie die Hilfe, die Ihnen selbst zuteil wurde, am besten.

Zwei —— X ——

Sie sorgen sich sehr um andere Menschen, und das ist die eigentliche Bedeutung der Liebe. Dadurch stehen Sie im Einklang mit den Kräften des Universums.

Sie haben das Glück, das Gefühl zu haben, daß Ihre Existenz bedeutungsvoll ist. Das befähigt Sie, auch anderen Menschen ein Gefühl für ihren Wert zu vermitteln. Dies ist eine besondere und seltene Gabe.

Drei —— X ——

Dies ist eine Zeit, in der magische Kräfte wirksam werden. Ursprünglich zusammenhanglose Handlungen gewinnen plötzlich Harmonie und Stärke, und das Chaos in der Welt und den Herzen der Menschen verwandelt sich wie von selbst in Ordnung.

Vier ——— **X** ———

Sie verfügen über große kommunikative Kräfte. Das ist zum Nutzen anderer. Sie sind aufgefordert, diese Fähigkeit ganz in den Dienst anderer zu stellen, um die zu ehren, die Vertrauen in Sie setzen. Sie haben eine wichtige Stellung inne, und Sie haben die Fähigkeit, die Zukunft zum Guten hin zu lenken.

Fünf

Zu Recht erkennen Freunde in Ihnen einen von Grund auf freundlichen Menschen. Ihre Freundlichkeit hat auf andere einen sehr positiven Einfluß.

Sechs ——— O ———

Wenn Sie die Kraft haben, andere positiv zu beeinflussen, dann ist es Ihre Pflicht, diese Kraft auch zu nutzen. Tun Sie das nicht, setzen Sie sich der herben Kritik derer aus, die aus Ihrer Fähigkeit Nutzen ziehen könnten, denn diese sind sich Ihrer Fähigkeiten und der damit verbundenen Pflichten bewußt. Die Zeit erfordert es, daß Sie Ihre eigenen Bedürfnisse dem Wohlergehen anderer opfern. Wenn Sie diese Pflicht nicht erfüllen, wird es Ihnen selbst und anderen zum Schaden gereichen.

Hexagramm 43
PERSÖNLICHER MUT

Standhaftigkeit;
Entschlossenheit;
unerschrocken Widerstand leisten

1. Ist dieser Mensch der geeignete Partner für mich?

Sie müssen Kräfte sammeln, denn im Laufe dieser Beziehung werden Sie auf viele Schwierigkeiten stoßen. Druck von außen wird innere Spannungen erzeugen. Sie werden in Situationen geraten, in denen es leicht wäre, unehrlich zu sein oder nachzugeben, um dem Druck zu entfliehen. Es gibt zwei Möglichkeiten: Sie können Ihre inneren Kräfte mobilisieren und dem Druck standhalten, oder der Druck von außen bricht in Ihre Beziehung ein und sprengt sie. Es geht dabei weniger um die Frage, ob Ihr Partner zu Ihnen paßt oder nicht. Wichtig ist allein, ob Sie die Kraft haben, dem äußeren Druck zu widerstehen.

2. Liebt mich mein Partner?

Liebe ist beweglich und nachgiebig. Nur aus dem Verhalten Ihres Partners können Sie ablesen, ob er Sie liebt. Wenn sich Ihr Partner Ihnen und anderen gegenüber intolerant, häßlich und gereizt verhält, dann ist er (sie) nicht in der Lage, für Sie oder andere liebevolle Gefühle aufzubringen. Sie müssen die Frage mit Hilfe Ihrer Intuition selbst beantworten.

3. Haben wir eine gemeinsame Zukunft?

Die Zukunft einer Beziehung – wie auch die Zukunft der Welt – hängt davon ab, ob die Kräfte des Guten über die des Bösen die Oberhand gewinnen. Gewalt darf in einer Beziehung keine Macht haben. Wenn Gewalt die Art bestimmt, in der sich die Beziehung entwickelt, wird sie eines Tages zusammenbrechen. Und so ist es in der Welt: Wenn die Gewalt über die Kräfte des Guten siegt, wird die Welt zugrunde gehen.

Nur wo die Kräfte der Gewalt durch die Vernunft gezügelt sind, kann man an eine glückliche Zukunft denken. Zwar können Sie das, was außerhalb Ihrer Beziehung geschieht, nicht unter Kontrolle haben, wohl aber das, was innerhalb der Beziehung vorgeht. Wenn Sie die in Ihnen selbst wirksamen Kräfte unter die Kontrolle Ihres Verstandes bringen, öffnen Sie der Zukunft große Möglichkeiten. Die Kraft des Wandels liegt in Ihnen selbst. Sie sind den außerhalb wirkenden Kräften nicht auf Gedeih und Verderb ausgeliefert. So mißverstanden Sie sich auch fühlen mögen, Sie haben die Möglichkeit, die Dinge für sich selbst zu ändern. Die Zukunft Ihrer Beziehung liegt in Ihrer Fähigkeit, das Schlechte in sich selbst und im Partner zu überwinden. Wenn es Ihnen mißlingt, sind die Zukunftsaussichten nicht gut, gelingt es Ihnen aber, liegt eine strahlende Zukunft vor Ihnen.

4. Wie soll ich mich jetzt am besten verhalten?

Sie müssen die Gefahr erkennen. Begreifen Sie, daß die Kräfte, die Sie bedrohen, echt und nicht etwa eingebildet sind. Wenn Sie die Kontrolle über sich selbst verlieren, entgleitet Ihnen auch die Kontrolle über Ihre Beziehung und Ihre Zukunft.

Hüten Sie sich vor aller Selbstsucht. Klammern Sie sich nicht an, seien Sie nicht unbeweglich. Sie müssen nehmen aber auch geben. Wer immer nur von anderen nimmt, wird letztlich alles verlieren. Das heißt, Sie müssen die Bedeutung des Gebens begreifen. Der Wert der Liebe kann nur durch den Akt des Gebens erfaßt werden. Wenn Sie Liebe empfangen, müssen Sie bereit sein, sie weiterzugeben. Jede Stockung in diesem Fluß der Liebe ist schädlich und führt zu einer Verhärtung der Werte. Wenn Sie starr und unbeweglich werden, kann man Sie leicht zerbrechen. Wenn Sie aber weich und nachgiebig sind, dann können Sie sich anpassen und sich mit den Erfordernissen der Zeit ändern. Wenn Sie das Wesen der Liebe erkannt haben, dann werden Sie in der Lage sein, sich Ihrer Beziehung anzupassen.

5. Warum ist unsere Beziehung zerbrochen?

Es ist möglich, daß Sie sehr heftig reagieren, wenn Sie unter Druck geraten. Das ist nicht gut. Wenn Sie Gewalt mit Gewalt beantworten, haben Sie schon verloren. Die Kräfte, die hinter der Gewalt stehen, sind gegen Sie und gegen alles Gute in Ihrer Beziehung gerichtet. Wenn nötig, müssen Sie die Hilfe anderer in Anspruch nehmen, die diese Prinzipien besser durchschauen. Gewalt kann sich auch in Leidenschaft ausdrücken. Der Grund des Zusammenbruchs der Beziehung kann also auch darin gefunden werden, daß Sie Ihrer Leidenschaft allzu hitzig Ausdruck verliehen haben. Turbulente Gefühlsausbrüche vertreiben klare Gedanken. Die Vernunft aber ist die übergeordnete Macht, Leidenschaft die niedere. Der Verstand muß die Leidenschaft kontrollieren, nur dann kann den Kräften, die den Zusammenbruch der Beziehung herbeiführten, entgegengearbeitet werden.

6. Werden wir wieder zusammenkommen?

Mächtige, zerstörerische Kräfte haben Sie auseinandergetrieben. Die Kräfte waren innerhalb und außerhalb der Beziehung am Werk. Sie können nur wieder zusammenkommen, wenn der Druck nachläßt. Der innere Druck kann durch die Macht des ruhig und klar eingesetzten Verstandes abgebaut werden. Auch den äußerlich wirksamen Kräften muß man mit Verstand begegnen. Sie können diese Kräfte nicht kontrollieren, doch wenn Sie ihnen mit Gewalt begegnen, werden Sie nichts erreichen. Das Orakel schließt Versöhnung nicht aus, gibt aber Warnungen. Alle Gewaltanwendung muß unterbleiben; gehen Sie mit Verstand und Vernunft an die Sache heran. Sie müssen begreifen, daß Gewalt eine Macht des Bösen ist, das man ausschließlich mit friedlichen Mitteln bekämpfen kann. So schwierig es auch sein mag, begegnen Sie Ihrem Partner und allen anderen mit Offenheit und Ehrlichkeit! Wenn Ihre Ehrlichkeit sich in Freundlichkeit ausdrückt, werden Sie Menschen anziehen, die Ihnen helfen.

7. Wie kann ich die Dinge wieder ins Lot bringen?

Hören Sie auf, Haßgefühle zu nähren, sie bringen nur Gewalt hervor. Wo kein Haß ist, wird auch die Gewalt abgebaut. Je länger Sie in Gutmütigkeit durchhalten, desto schwächer wird der Widersacher. Sie müssen alle schlechten Gefühle an der Wurzel ausrotten, nur dann können Sie das Gute um sich herum wahrnehmen. Es ist ein Kampf zwischen Gut und Böse – unterschätzen Sie die Situation nicht. Wenn Sie das Böse direkt bekämpfen, gehen Sie ihm nur in die Falle, denn seine Strategie ist, Sie in den offenen Kampf zu locken – wie aber wollen Sie gewinnen?
Ihre Zukunft hängt davon ab, ob Sie das Gute in sich selbst und in anderen erkennen und dann schlicht immer dem Guten folgen. Auf diesem Weg werden Sie siegreich sein.

8. Was erhoffe ich mir vom Leben?

Ihr größter Wunsch ist es, frei geben zu können. Wenn Sie Ihre Bereitwilligkeit zu geben zeigen können, dann werden Sie erfahren, daß auch andere Ihnen geben möchten. Wenn Sie aber nur zögernd geben, dann sind Ihre Gaben wertlos, niemand will sie. Sie müssen Ihre Zeit, Ihre Gedanken, Ihre Gefühle anderen schenken, ohne an den Lohn zu denken.

*DIE LINIEN*_____

Eins ———O———

Sie spüren die Kraft in sich, vorwärts zu gehen, stoßen aber auf Widerstand. Sie kennen Ihre eigene Stärke nicht. Sie müssen Ihre Kräfte vorsichtig mit denen des Widersachers messen. Wenn Sie aufgrund Ihrer Unwissenheit frühe Rückschläge erleiden, kann Ihr Fortschritt gänzlich zum Stillstand gebracht werden. Sie können nur siegreich sein, wenn Sie Ihre Kräfte genau kennen, nicht aber, wenn Sie sie nur leichtfertig abschätzen.

Zwei ———O———

Am wichtigsten ist Vorsicht. Halten Sie die Augen offen! Die Gefahr lauert überall, und Sie dürfen ihr nicht unvorbereitet begegnen. Seien Sie fest, entwickeln Sie Ihren Charakter, andere werden dann freundschaftlich reagieren. Seien Sie resolut, vorsichtig, umsichtig. Ohne diese Eigenschaften werden Sie eine leichte Beute zerstörerischer Kräfte, die Ihre Position und Ihre Sicherheit unterhöhlen.

Drei ———— ⚊ ————

Sie sind von weniger entwickelten Menschen umgeben und fürchten, mißverstanden zu werden. Sie fühlen sich einsam in Ihrem Kampf, denn die anderen stehen nicht im Einklang mit Ihrem höheren Wesen. Man tut Ihnen unrecht, doch nur, wenn Sie auf Ihrer Haltung beharren, wenn Sie sich weigern, an dunklen, abweichlerischen Dingen teilzunehmen, erhalten Sie sich Ihre Fehlerlosigkeit. Sie müssen Vertrauen haben in Ihren Glauben, stärken Sie sich selbst, denn Sie sind von selbstlosen Motiven bestimmt. Gehen Sie Ihren Weg unbeirrt weiter, es wird Ihnen Glück bringen.

Vier ———— ⚊ ————

Wie können Sie den weisen Rat anderer nur unbeachtet lassen? Man hat Sie gebeten, weniger starrsinnig zu sein. Wenn Sie weiterhin gegen unnachgiebige Kräfte anstürmen und dadurch Konflikte heraufbeschwören, die nur Unbehagen in Ihnen selber schaffen, dann brauchen Sie sich nicht zu wundern, wenn alles schiefgeht. Wenn Sie so weitermachen, werden Sie die Unterstützung aller verlieren.

Fünf ———— ⚊ ————

Sie stehen zu einem Menschen in Opposition, der stärker ist als Sie. Es ist offensichtlich für Sie und andere, daß dieser Mensch seine Macht mißbraucht. Sie sind versucht, den Kampf aufzugeben, weil die Positionen so ungleich sind, doch das Orakel rät, durchzuhalten. Es ist ein gerechter Kampf.

Sechs ———— X ————

Sie haben weniger entwickelte Menschen und Kräfte lange Zeit bekämpft und glauben nun, daß der Kampf gewonnen ist. Das ist ein Irrtum! Die Macht, die Sie bekämpft haben, ist zwar klein, aber geschickt getarnt. Sie können Sie nicht sehen, und meinen deshalb, Sie sei nicht mehr vorhanden – darin liegt die Gefahr. Wenn Sie die Gegenwart dieser Macht jetzt ignorieren, wird sie wieder zu der mächtigen Stärke von einst anwachsen und Ihnen erneut schaden. Alles, was Sie bisher geleistet haben, ist dann zunichte. Sie müssen sorgfältig auch die letzten Überreste der bösen Macht besiegen, nur dann können Sie den Sieg für sich in Anspruch nehmen. Denken Sie daran: Das Böse ist lebendig – es muß vollständig ausgemerzt werden, ein halber Sieg ist gar kein Sieg.

Hexagramm 44
VERFÜHRUNG

Starke Anfechtung;
unter Einfluß geraten;
der Versuchung widerstehen

1. Ist dieser Mensch der geeignete Partner für mich?

Dieser Mensch ist nicht der richtige Partner für Sie. Sie können den Absichten dieses Menschen nicht trauen. Eine Frau ist eine Verführerin, ein Mann ein Verführer. Er (sie) ist voller Hinterlist, hegt unlautere Absichten und seine (ihre) Gefühle sind unecht. Für diese Leute hat die Zuneigung ihren Preis. Das Lächeln mag entwaffnend sein, doch was sich hinter dem Lächeln verbirgt, sollte Sie in Alarm versetzen.

Dieser Mensch nimmt, was er kriegen kann. Ihr Einfluß, Ihre Macht sind ihm mehr wert als Ihre Liebe, Ihr Reichtum wichtiger als Ihre Zuneigung. Dieser Mensch sucht keinen Partner, sondern ein gesellschaftliches Aushängeschild. Wenn Sie sich mit dieser Person einlassen, können Sie ihr leicht verfallen. Er (sie) wird aber Ihre Gefühle eiskalt für selbstsüchtige Zwecke mißbrauchen.

2. Liebt mich mein Partner?

Diese Person gibt nur vor, Sie zu lieben. Sie hegt eigensüchtige Hintergedanken. Ein vielgeübter Trick solcher Menschen ist es, Schwäche vorzutäuschen, um Mitleid zu erregen. Schauen Sie hinter die Fassade, lassen Sie sich nicht an der Nase herumfüh- ren. Je mehr Widerstand man solchen Menschen entgegen- setzt, desto eher erkennen sie, daß sie letztlich auch sich selbst betrügen, daß die Dinge, die sie so hoch schätzen, im Grunde wertlos sind.

3. Haben wir eine gemeinsame Zukunft?

Lernen Sie, zwischen einem echten Partner und dem hier be- schriebenen Verführer zu unter- scheiden. Wenn Sie das können, brauchen Sie die Zukunft nicht zu fürchten. Wenn Sie aber unter den Einfluß einer verführe- rischen Person geraten sind, wenn Sie den Verführungskün- sten auf den Leim gegangen sind, dann haben Sie jetzt Grund zur Reue. Diese Menschen sind so wankelmütig, daß man ihnen trotz all ihrer Beteuerungen nie- mals glauben und vertrauen kann, hinter allem steckt immer noch ein Hintergedanke. Zu guter Letzt betrügen sie natürlich sich selbst um die wahren Werte des Lebens. Solche Menschen haben keine Zukunft, sie hängen von dem ab, was der Zufall ihnen zukommen läßt. Lassen Sie nicht zu, daß so jemand Ihnen Ihre Zukunft stiehlt!

4. Wie soll ich mich jetzt am besten verhalten?

Seien Sie auf der Hut, seien Sie mißtrauisch! Man kann Sie zwar nicht leicht zum Narren halten, doch niemand ist unfehlbar. Sie gehen auf Nummer sicher, wenn Sie annehmen, daß Ihre neue Bekanntschaft unehrlich und unehrenhaft ist, daß die neue Beziehung von Hintergedanken regiert wird. Sie brauchen den Menschen nicht direkt mit Ihrem Mißtrauen zu konfrontieren; zie- hen Sie sich höflich zurück, aber lassen Sie keinen Zweifel daran aufkommen, daß Sie keine wei- tere Verbindung wünschen.

5. Warum ist unsere Beziehung zerbrochen?

Wenn Sie die Beziehung nicht schon gelöst haben, dann wären Sie gut beraten, das sofort zu tun. Dieser Mensch hat Ihnen nichts zu bieten, und er hat auch nicht die Absicht, es zu versuchen. Er will nur aus dem, was Sie zu bieten haben, seinen Nutzen ziehen. Sie können sicher sein, das Interesse dieses Menschen gründet sich nicht auf Zuneigung zu Ihnen. Vielleicht halten Sie die neue Bekanntschaft für völlig harmlos – deshalb haben Sie die verborgenen Krallen nicht gesehen. Wenn Sie die Verbindung nicht sofort lösen, werden Sie es später sehr bereuen!

6. Werden wir wieder zusammenkommen?

Seien Sie versichert, daß der Mensch, der Ihnen wirklich als Partner bestimmt ist, Ihnen auf halbem Wege entgegenkommt. Wenn die Zeit kommt, werden Sie keinen Zweifel haben, Sie werden die gegenseitige Zuneigung spüren. Im Fall Ihrer neuen Bekanntschaft ist die Frage irrelevant – die Beziehung hätte von vornherein nicht gepflegt werden dürfen.

7. Wie kann ich die Dinge wieder ins Lot bringen?

Wenn Sie Ihrem jetzigen Partner den kleinen Finger reichen, nimmt er gleich den ganzen Arm. Lassen Sie sich von dem freundlichen Lächeln, dem warmen Händedruck, dem tiefen Blick in die Augen nicht täuschen, es sind nur faule Tricks, um Ihr Vertrauen zu gewinnen. Lassen Sie diesen Menschen nicht nah an sich herankommen. Vertrauen Sie diesem Menschen nichts an, weder Gegenstände noch die Geheimnisse Ihres Herzens. Wenn Sie den Rat befolgen, wird alles gut.

8. Was erhoffe ich mir vom Leben?

Was Sie sich am meisten wünschen, ist das Zusammentreffen mit einem Menschen, der Ihre Zuneigung ehrlich erwidert. Wenn Sie bereit sind, auf einen solchen Menschen von sich aus zuzugehen und nicht abwarten, bis er auf Sie zukommt, wird Ihnen der richtige Partner begegnen. Sie werden in Ihrem Herzen spüren, daß es eine gute Beziehung ist, die sich auf offene, ehrliche Zuneigung gründet.

DIE LINIEN

Eins ——— **X** ———

Ein ungesunder Einfluß macht sich in Ihrem Leben breit. Es wird nicht ausdrücklich betont, daß ein Mensch in die Sache verwickelt ist, es könnte aber gut sein. Der Einfluß muß sofort abgeblockt werden, denn wenn er sich in Ihrem Leben verankern kann, werden Sie eine Menge Probleme und Schwierigkeiten bekommen.

Zwei ——— **O** ———

Sie können den ungesunden Einfluß nur mit sanften Mitteln daran hindern, sich in Ihrem Leben einzunisten. Behandeln Sie den Einfluß wie eine Krankheit. Er darf sich nicht ausbreiten, Sie dürfen nicht mit ihm in Berührung kommen, damit Sie sich nicht anstecken.

Drei ——— **O** ———

Sie müssen verhindern, daß Sie unter den Bann schlechter Einflüsse geraten. Während Sie vielleicht bereit wären, sich zu unterwerfen, sind Kräfte außerhalb Ihrer Kontrolle am Werk, die das

verhindern. Die Situation hat Sie um Ihre klare, verstandesgesteuerte Sicht gebracht. Nutzen Sie diese Warnung, durchleuchten Sie die Situation genau, damit Sie sie besser verstehen.

Vier ——— **O** ———

Auch Menschen mit großen Charakterschwächen haben ihren Platz im Leben. Obgleich Sie nicht den Wunsch hegen, solchen Menschen ein Übermaß an Zeit zu widmen, ist doch ein vernünftiges Maß an Toleranz angezeigt. Wenn Sie solche Menschen ohne das geringste Zeichen von Toleranz abweisen, nehmen Sie sich ebensoviel weg wie Sie ihnen vorenthalten.

Fünf ——— **O** ———

Der Geist der Toleranz herrscht vor. Die hier gemeinte Person hat hervorragende Charaktereigenschaften und ist zugleich bescheiden. Die Person stellt sich nicht auf ein Podest, sie wirkt durch ihr Charisma. Die Reaktion derjenigen, auf die diese Person Einfluß hat, ist freudige Zusammenarbeit.

Sechs ———— O ————

Die hier dargestellte Person betrachtet die Welt und die täglichen Sorgen des Alltags als ermüdende Plackerei, mit der er (sie) nichts mehr zu tun haben will. Wo immer dieser Mensch mit der unterwürfigen Haltung derer konfrontiert ist, die den Oberflächlichkeiten des Lebens zu großen Wert beimessen, reagiert er mit Verachtung. Andere halten diesen Menschen für arrogant, eingebildet, überheblich, doch da ihn das Urteil der anderen nicht interessiert, berührt es ihn nicht. Er setzt sein Leben fort und hält sich die niedrige, langweilige Welt vom Leibe. Diese Einstellung ist nicht ganz ungerechtfertigt, doch problematisch.

Hexagramm 45
DIE GRUPPE

Kollektiv; Interessengemeinschaft;
gedeihliches Miteinander;
Kooperation

1. Ist dieser Mensch der geeignete Partner für mich?

Sie und Ihr Partner fühlen sich im Rahmen einer größeren Gruppe zueinander hingezogen. Ein gemeinsames Interesse führt und hält Sie zusammen. Ihre Beziehung entwickelte sich durch die Identifizierung mit der gleichen Idee, Gruppe oder Situation; sie wird aus diesem gemeinsamen Interesse heraus weiter wachsen und gedeihen.

2. Liebt mich mein Partner?

Ihr Partner und Sie respektieren die Gruppe, die den Rahmen Ihrer Beziehung bildet. In der Atmosphäre dieser Gruppe blüht Ihre Liebe. An Ihrer gegenseitigen Zuneigung ist kein Zweifel.

3. Haben wir eine gemeinsame Zukunft?

Sie haben gemeinsame Interessen, gemeinsame Ziele und identifizieren sich mit einer größeren Gruppe. Es ist also ganz vernünftig, wenn Sie eine gemeinsame Zukunft erwarten. Außerhalb des Gruppengefüges gibt das Orakel allerdings keinen besonderen Rat bezüglich Ihrer Verbindung zueinander.

4. Wie soll ich mich jetzt am besten verhalten?

Im Mittelpunkt der Gruppe, der Sie angehören, steht eine Persönlichkeit mit starkem Charakter. Wenn Ihr Partner und Sie diese Person anerkennen, hat dies vermutlich auch einen stärkenden Effekt auf Ihre gegenseitige Haltung zueinander und zu den anderen Mitgliedern der Gruppe. Das ist unter den waltenden Umständen sehr gut. Sie brauchen sich nicht zu zwingen, sich Ihrem Partner oder der Gruppe anzupassen, es geschieht ganz von selber.

5. Warum ist unsere Beziehung zerbrochen?

Wenn Ihre Beziehung Schaden gelitten haben sollte, dann ist auch die Gruppe, zu der Sie gehören, betroffen. Äußere Kräfte haben überraschend angegriffen. Sie sollten aber wissen, daß jede Gruppe, die eng zusammenarbeitet, negative, zerstörerische Kräfte anzieht. Wie erfolgreich diese Kräfte sind, hängt jetzt von Ihrer Stärke ab. Die Kräfte, die den Zusammenbruch Ihrer Beziehung bewirkten, können – so ist das Orakel zu deuten – wieder unter Kontrolle gebracht werden.

6. Werden wir wieder zusammenkommen?

Soweit Ihre Beziehung Teil eines größeren Ganzen ist, können Sie mit Versöhnung rechnen, wenn Sie dem Rat des Orakels folgen. Es ist möglich, daß der Führer der Gruppe Vorsichtsmaßnahmen anordnet, um die Gruppe vor zukünftigen schlechten Einflüssen zu schützen.

7. Wie kann ich die Dinge wieder ins Lot bringen?

Vertrauen Sie Ihre Probleme dem Führer der Gruppe, der Sie angehören, an. Rat, Hilfe und Beistand dieser Person werden helfen, die Angelegenheit wieder einzurenken.

Vertiefen Sie die Verbindung zu Ihrer Gruppe und Ihrem Partner.

8. Was erhoffe ich mir vom Leben?

Sie sind sich darüber im klaren, daß die Gruppe, zu der Sie gehören, nicht um ihrer selbst willen existiert – sie will vielmehr den Zielen der Menschheit als Ganzes dienen. Ihr Wunsch ist es, Ihren Beitrag zur Erlangung dieses Ziels zu leisten, und sei er noch so klein.

*DIE LINIEN*_____

Eins ——— **X** ———   *Zwei* ——— **X** ———

Für jedes Mitglied Ihrer großen sozialen Gruppe ist es richtig und gerechtfertigt, dem Führer der Gruppe zu vertrauen. Alles, was das Vertrauen in den Leiter der Gruppe schwächt, wirkt sich auf die gesamte Gruppe aus. Wenn Sie Zweifel an den Fähigkeiten des Führers hegen, sollten Sie das keinem anderen als dem Führer selbst anvertrauen. Ihre Zweifel können zerstreut werden.

Sie werden von bestimmten Gruppierungen von Menschen magnetisch angezogen. Lassen Sie das ruhig geschehen. Hegen Sie wegen Ihrer Gründe und Motive keine Zweifel, vertrauen Sie darauf, daß Ihre Zugehörigkeit zur Gruppe allen Beteiligten nützt. Zwischen den Menschen in der Gruppe herrscht Einklang, und es bedarf keiner besonderen Zeremonien.

Drei ——— X ———

Sie identifizieren sich mit einer Gruppe von Menschen, die einen engen Zirkel bilden, in den Sie nicht eindringen können. Sie erkennen Ihre Zuneigung zu diesem Kreis und spüren, daß Sie dieses Gefühl mitteilen müssen, obgleich es Ihnen peinlich sein wird.

Vier

Sie sind wertvolles Mitglied einer Gruppe, denn Sie arbeiten für deren Fortbestand, ohne daraus persönliche Vorteile zu erwarten. Ihre Menschenfreundlichkeit zeigt sich in Ihrer Arbeit, und Sie erlangen die angemessene Anerkennung.

Fünf

Nicht jeder fühlt sich einer Gruppe oder dem Führer der Gruppe spontan verbunden. Manche Menschen wachsen nur langsam in eine solche Beziehung hinein, weil sie zu sehr ihren eigenen Vorstellungen folgen. Das ist hier kein wünschenswertes Vorgehen. Führer und Mitglieder einer Gruppe können solche zaghaften Annäherungsversuche unterstützen, wenn sie ihre eigene Position und Integrität bewahren und ihre Arbeit mit ungebrochener Kraft fortsetzen. Wer sich einer Arbeit mit allen Sinnen widmet, erweckt das Vertrauen anderer. Diejenigen, deren Haltung durch selbstsüchtige, unangemessene Vorstellungen gefärbt ist, werden langsam für die Sache gewonnen und schließen sich über die Arbeit den Mitgliedern der Gruppe an.

Sechs ——— X ———

Ihre Ernsthaftigkeit ist echt. Menschen, denen Sie Ihre Haltung mitteilen, verstehen auch, daß von Ihnen kein Schaden ausgeht. Fühlen Sie sich also nicht enttäuscht, denn Sie wissen, daß alle Befürchtungen eigentlich fehl am Platz sind. Da Ihre Lauterkeit alle Ihre Stimmungen überlagert und in keiner Weise vorgetäuscht ist, erkennen die Leute um Sie herum sie auch an und verstehen Ihre Beweggründe. Man wird Sie schließlich willkommen heißen.

Hexagramm 46
BEGINN DES AUFSTIEGS

Zusammenarbeit;
Prosperität;
Anerkennung und Erfolg

1. Ist dieser Mensch der geeignete Partner für mich?

Dies ist die Zeit für konstruktives Handeln. Wenig oder gar nichts steht Ihnen im Wege. Doch ohne daß Sie es versuchen, können Sie nichts erreichen. Sie wissen, was Sie vom Leben und von der Beziehung zu Ihrem Partner erwarten, Ihre Ziele sind klar.
Vielleicht hatten Sie in der Vergangenheit das Gefühl, daß etwas Ihre Bemühungen um Fortschritt behindert, nun aber ist das Hemmnis überwunden, Ihren Bemühungen wird kein Widerstand mehr entgegengesetzt. Sie können sich jetzt ohne Furcht vor Behinderung Ihren Zielen widmen. Solange Ihre Bemühungen von dem ernsten Willen nach Erfolg getragen sind, wird Ihnen von Ihrem Partner und anderen ungewöhnlich freundliche Hilfe zuteil. Die Initiative muß allerdings von Ihnen ausgehen. Das Orakel deutet an, daß Sie den richtigen Partner gefunden haben.

2. Liebt mich mein Partner?

Mitunter hält Ihr Partner Sie für eigenwillig. Er (sie) bewundert zwar Ihren starken Willen und Ihre Entscheidungskraft, doch zugleich wird ihm deutlich, daß Sie häufig Ermunterung brauchen. In der Haltung Ihres Partners Ihnen gegenüber mischt sich das Positive mit dem Negativen, das Positive freilich überwiegt. Sie sind ein Mensch mit großen Anlagen und Fähigkeiten, Sie sollten sich aber mehr Mühe geben.

Die Beziehung zu Ihrem Partner beruht auf einer tiefen geistigen Verbindung miteinander.

3. Haben wir eine gemeinsame Zukunft?

Selten wird etwas gleich beim ersten Versuch gelingen. Sie werden schließlich erreichen, was Sie sich mit Ihrem Partner vorgenommen haben, doch nur in kleinen Schritten. Nehmen Sie jeden Tag, wie er kommt, machen Sie das Beste aus allen sich bietenden Möglichkeiten.

Ihr Ziel sollte sein, die Zeit gut zu nutzen. Behalten Sie Ihre positive Einstellung bei, geben Sie den kleinen Ängsten des Alltags nicht nach, dann können Sie eine erfolgreiche Zukunft erwarten. Wenn Ihr Bestreben, Ihre Ziele zu erreichen, sich nicht zur Tyrannei entwickelt, wird auch Ihr Partner sich nicht unterdrückt fühlen. Ihre Willenskraft wird die Basis Ihrer Beziehung stärken und zur Sicherung Ihrer gemeinsamen Zukunft beitragen.

Die Zukunft Ihrer Beziehung hängt von Ihrem Wunsch und Ihrer Fähigkeit ab, an Ihrer Entwicklung zu arbeiten. Sie beide wissen, daß der Erfolg nur langsam kommt. Ziehen Sie Stärke aus dem Wissen, daß Sie eine tragfähige Basis haben, auf der Sie aufbauen können.

4. Wie soll ich mich jetzt am besten verhalten?

Harte Arbeit wird sich auszahlen. Es ist Zeit, sich mit permanenter Anstrengung einer langen, harten Arbeit zu widmen. Taten sind jetzt wichtig, nicht Worte. Von nichts kommt nichts. Die Grundlage wirkungsvoller Arbeit ist eine demütige Hingabe an diese Arbeit.

5. Warum ist unsere Beziehung zerbrochen?

Thema dieses Orakels ist die ernsthafte Anstrengung – es rät deshalb zur Inangriffnahme von Plänen und Vorhaben, vor allem auch in der Beziehung zu Ihrem Partner. Die Warnung des I Ging geht dahin, daß Sie sich dabei richtig verhalten müssen. Auf Kosten der Gefühle anderer kann nichts Gutes erreicht werden. Wenn Sie über irgend jemandes Gefühle hinweggegangen sind, um Ihre Ambitionen zu befriedigen, dann haben Sie sich unweigerlich Widerstände eingehandelt.

Vielleicht haben Sie aber auch versucht, zu schnell zuviel zu erreichen. Sie müssen zwar erhebliche Willenskraft einset-

zen, um Ihre Unternehmungen voranzutreiben, aber Sie dürfen nicht überstürzt oder gewaltsam handeln. Seien Sie immer bereit, sich nötigen Veränderungen anzupassen! Wenn Sie eine dieser Voraussetzungen nicht beachtet haben, kann es leicht sein, daß es zu Unstimmigkeiten zwischen Ihnen und Ihrem Partner gekommen ist.

Schließlich könnte es sein, daß Sie sich einfach nicht genug bemüht haben. Wenn Sie glaubten, alles würde sich schon von allein regeln, ohne daß Sie einen Finger rühren müssen, dann sehen Sie jetzt das Ergebnis Ihres Fehlers.

6. Werden wir wieder zusammenkommen?

Erforschen Sie Ihre Gefühle. Wollen Sie mit diesem Menschen überhaupt wieder zusammenkommen? Wenn ja, dann müssen Sie sich ernsthaft darum bemühen, die Initiative muß von Ihnen ausgehen. Wenn Sie zu willensstark erscheinen, dann sind Sie Ihrem Partner kein attraktives Gegenüber, erscheinen Sie aber willensschwach, dann sinken Sie in die Bedeutungslosigkeit ab. Sie müssen das rechte Gleichge-

wicht finden. Ihr Stichwort heißt Anpassungsfähigkeit. Es ist eine gute Zeit für Sie, sie sollten zuversichtlich sein. Vor allem dürfen Sie sich nicht vom Ziel ablenken lassen. Wenn Sie ernsthaft um eine Versöhnung bemüht sind, werden Sie Erfolg haben. Da von außen keine Widerstände zu erwarten sind, können Sie sogar mehr erreichen, als Sie ursprünglich erwartet haben.

7. Wie kann ich die Dinge wieder ins Lot bringen?

Wenn Ihnen Hindernisse im Weg stehen, dann versuchen Sie sie nicht mit Gewalt wegzuräumen; Sie müssen sich der Situation anpassen. Versuchen Sie, die Hindernisse zu umgehen; Beweglichkeit und Anpassungsfähigkeit sind jetzt gefragt. Wenn Sie dickköpfig oder starrsinnig sind, treffen Sie nur auf noch mehr Widerstand. Sie können jetzt viel erreichen, wenn Sie dem Rat des Orakels folgen. Charakterstärke und die Fähigkeit, hart arbeiten zu können, versprechen einen erfolgreichen Aufstieg zu den von Ihnen angestrebten Zielen.

8. Was erhoffe ich mir vom Leben?

Wenn keine Rückschläge Sie von Ihrem ursprünglichen Ziel abbringen, dann haben Sie alle nötigen Voraussetzungen, Großes zu erreichen. Menschen, die Ihre geistigen Fähigkeiten beurteilen können, akzeptieren Sie, und das ist der Markstein eines neuen Abschnitts in Ihrem Leben.

*DIE LINIEN*_____

Eins —— **X** ——   *Zwei* —— **O** ——

Dies ist eine für Sie günstige Zeit. Aus einer relativ unbedeutenden Position steigen Sie nun in höhere Ränge auf, in denen man Ihr Können und Ihre Erfolge anerkennt. Da die Ihnen Übergeordneten eine ähnliche Einstellung zu der Arbeit haben wie Sie, kommt Ihnen von dort Hilfe zu. Daraus ziehen Sie die Gewißheit, die begonnene Arbeit vollenden zu können.

Sie werden Glück haben, denn Sie haben grundsätzlich gute Absichten. Denjenigen, deren Anerkennung Sie suchen, erscheinen Sie zwar ein wenig ungehobelt, doch ist das verzeihlich; Sie dürfen dennoch ihre Unterstützung zur Erreichung Ihrer Ziele erwarten. Seien Sie sich über Ihre Unerfahrenheit im klaren, Sie brauchen die Hilfe und Führung anderer – dann steht dem Glück nichts im Wege.

Drei

Sie können momentan ungehindert ungeheure Fortschritte machen. Nutzen Sie die Zeit und gehen Sie Ihrer Arbeit mit großem Schwung nach – persönliche Zweifel können Sie sich jetzt nicht leisten! Dennoch ist die Situation nicht ohne Risiko. Ob das Ergebnis gut oder schlecht sein wird, ist noch offen. Lassen Sie sich von der Möglichkeit des Mißerfolgs nicht beirren.

Vier

Sie haben das Ziel Ihrer Wünsche erreicht, sind anerkannt und angesehen. Das ist eine außerordentlich günstige Situation. Sie haben sie durch harte Arbeit, Durchhaltevermögen und Willenskraft erreicht.

Fünf ——— X ———

Was Sie bisher erreicht haben, das haben Sie wohlverdient. Doch der Gipfel des Erfolges ist noch nicht erreicht, obgleich Sie ihn bereits sehen können. Jetzt heißt es, Fehler zu vermeiden! Versuchen Sie nicht, zu guter Letzt noch eine Abkürzung zu nehmen. Gehen Sie weiter, wie Sie angefangen haben: langsam und vorsichtig. Beachten Sie die Details, bleiben Sie ehrenhaft und fest. Wenn Sie in diesem Geiste voranschreiten, erreichen Sie die Spitze des Erfolges und haben es in jeder Hinsicht wohlverdient. Wenn Sie sich aber vom vorzeitigen Siegestaumel hinreißen lassen, werden Sie kurz vor dem Gipfel stürzen und sich und andere enttäuschen.

Sechs ——— X ———

Selbst wenn es so aussieht, als liefe alles gut, kann es doch sein, daß Sie Ihr eigentliches Ziel aus den Augen verloren haben. Sie arbeiten dann ungeordnet mal hier, mal da, denn ohne klares Ziel können Sie nichts unternehmen! Sobald Ihr Ziel einmal festgelegt ist, müssen Sie es unbeirrt verfolgen. Geben Sie nicht nach, lassen Sie sich nicht ablenken oder auf Seitenwege führen! Noch ist kein Schaden angerichtet, das Orakel warnt aber eindringlich vor der Möglichkeit.

Hexagramm 47
DEPRESSION

Vorübergehende Bedrängnis;
festgefahrene Situation;
Niedergeschlagenheit

1. Ist dieser Mensch der geeignete Partner für mich?

Augenblicklich ist es für Ihren Partner kein Vergnügen, mit Ihnen zusammenzusein. Sie sind zu Tode betrübt, depressiv, mit Ihrem Latein am Ende. Vielleicht läßt Sie das Gewicht Ihrer Sorgen verzweifeln, vielleicht fühlen Sie sich vernachlässigt. Das macht Ihr eigenes Leben trostlos und düster, aber das färbt auch auf denjenigen ab, der mit Ihnen zusammenlebt.

Sie wissen, daß es sich nur um eine vorübergehende Stimmung handelt, denn Sie haben das schon öfter durchgemacht und werden es wieder durchmachen, es sei denn, Sie unternehmen bewußte Anstrengungen dagegen. Gerade in diesen trüben Zeiten aber können Sie das Kind vom Mann unterscheiden. Das Kind ergibt sich seiner Stimmung, der Mann versucht, sie in den Griff zu bekommen und trotz allem ein lächelndes Gesicht zu zeigen; er unternimmt etwas gegen das niederdrückende Gefühl.

2. Liebt mich mein Partner?

Berauben Sie die Liebe Ihres Partners nicht ihrer Spontaneität, indem Sie sie unter allzugroßen Erwartungen begraben. Liebe, die nicht aus freien Stücken gegeben wird, ist keine Liebe. Unter Zwang angebotene Liebe ist Tyrannei; das Ergebnis sind verletzte Gefühle, Erschöpfung, Unterdrückung. Geben Sie, was Sie haben, versuchen Sie nicht, zu geben, was Sie nicht haben – Sie werden nur sich selbst und Ihren Partner erschöpfen.
Alles, was sich Ihr Partner wünscht, ist, daß Sie wieder Sie selbst werden, daß Sie fröhlich wie immer sind.

3. Haben wir eine gemeinsame Zukunft?

Wenn Sie lernen, Ihre negativen Gefühle zu überwinden, liegt eine strahlende Zukunft vor Ihnen. Bemühen Sie sich, Ihre düsteren Stimmungen zu ändern, besonders in Zeiten der Bedrängnis. Das Glück ist Ihnen am ehesten hold, wenn Sie fröhlich sind. Gedrückte Stimmungen erwachsen oft aus emotionaler Gier. Dabei kann Ihnen die Gier nach Gefühlen nur ein schweres Herz bescheren.

4. Wie soll ich mich jetzt am besten verhalten?

Was immer der Grund Ihrer Niedergeschlagenheit sein mag, bekämpfen Sie sie! Lassen Sie sich nicht unterkriegen. Geben Sie der Versuchung nicht nach, tatenlos herumzusitzen und Ihren Gedanken nachzuhängen. Üben Sie Selbstdisziplin, lernen Sie, Ihre Gefühle zu ändern.

5. Warum ist unsere Beziehung zerbrochen?

Sie ergeben sich Ihren Depressionen und düsteren Stimmungen. Das Auf und Ab Ihrer Stimmungen ist für Ihren Partner schwer zu ertragen. Selbst wenn die Zeiten hart sind, müssen Sie versuchen, das Beste daraus zu machen. Es mag sein, daß Sie Ihren Partner an den Rand seines Durchhaltevermögens getrieben haben; er (sie) konnte es einfach nicht länger ertragen.

6. Werden wir wieder zusammenkommen?

Fröhliche Menschen ziehen den Erfolg an. Glückliche Menschen haben Freunde. Freundliche Menschen haben Spaß am Leben. Vergebung ist überzeugender, wenn Sie lächelnd gewährt wird. Die Türen zur Versöhnung öffnen sich, wenn Sie guter Stimmung sind. Es ist sehr schwer, die Depressionen eines anderen zu ertragen. Behaupten Sie nicht immer, daß man Sie vernachlässigt! Ergehen Sie sich nicht in Selbstmitleid. Wenn Ihr Partner das Interesse an Ihnen verloren hat, dann versuchen Sie, es mit einem Lächeln zurückzugewinnen. Bemühen Sie sich, Ihre Schwarzseherei abzulegen. Helfen Sie sich selbst, dann werden auch andere Ihnen helfen. Es wird den Effekt haben, daß sich Ihr Charakter stärkt, daß Sie unabhängiger werden. Nehmen Sie das Leben, wie es ist. Gerade in widrigen Zeiten sollten Sie dem Vergnügen nachgehen und Sie werden sehen, daß die anziehenden Seiten Ihres Wesens sich ganz von allein entwickeln.

7. Wie kann ich die Dinge wieder ins Lot bringen?

Seien Sie fröhlich! Lassen Sie es nicht zu, daß Niedergeschlagenheit, Düsternis und Traurigkeit von Ihnen Besitz ergreifen. Stehen Sie auf und tun Sie etwas! Ganz egal was, wichtig ist nur, daß sich Ihre Einstellung ändert. Spülen Sie das Geschirr, schrubben Sie den Fußboden, tapezieren Sie die Wände, schreiben Sie ein Buch, machen Sie einen Spaziergang, telefonieren Sie mit Freunden, treiben Sie Sport – egal, solange es nur hilft, Ihre Depressionen zu vertreiben. Neue Taten schaffen neue Überlegungen.

8. Was erhoffe ich mir vom Leben?

Vielleicht können wir alle nichts besseres tun, als die Liebe, die wir brauchen, gegen die Liebe einzutauschen, die wir bekommen. Manchmal ist das Leben ohne unsere Schuld hart und ungerecht. Lachen Sie, und lassen Sie Gott den Rest tun.

DIE LINIEN

Eins ——— X ———

Sie fühlen sich niedergeschlagen. Sie erlauben einer depressiven Stimmung von Ihnen Besitz zu ergreifen. Das zehrt Ihre letzten Kräfte auf und untergräbt Ihre Willenskraft, dabei haben Sie die Sache in der Hand. Es geht bergab, doch Sie könnten die Bremse anziehen. Morgen ist auch noch ein Tag.

Zwei ——— O ———

Sie haben alles, was Sie brauchen und doch ist es nicht genug. Sie fühlen sich unter Druck gesetzt, doch Sie selbst sind es, der den Druck erzeugt. Neues Licht leuchtet am Horizont, es bringt die Hoffnung auf Verbesserung und Befreiung von der inneren Spannung. Seien Sie innerlich dankbar, versuchen Sie, nichts zu überstürzen. Nehmen Sie die Tage wie sie kommen.

Drei ——— X ———

Sie streben zu hastig vorwärts, wollen etwas mit Gewalt durchsetzen, doch dies ist nicht die Zeit des Fortschritts. Sie wollen mit dem Kopf durch die Wand; das erzeugt nur Kopfschmerzen und laugt Ihre Kräfte aus. Sie greifen nach jedem Strohhalm und klammern sich an trügerische Hoffnungen. Sie gehen auf sehr

dünnem Eis, man verliert das Vertrauen in Sie. Wenn Sie nicht sehr vorsichtig sind, wird sich alles in Tränen auflösen.

Vier ——— O ———

Sie möchten Ihre materiellen und geistigen Güter in den Dienst anderer stellen, um deren Los zu erleichtern. Die mangelnde Kooperation anderer, dieses edle Ziel zu erreichen, frustriert Sie. Lassen Sie sich nicht entmutigen, denken Sie vor allem nicht, Sie würden nicht das Richtige tun! Nicht lange, und die Umstände werden sich bessern.

Fünf ——— O ———

Sie wollen anderen helfen, doch Menschen, die geistig weniger weit entwickelt sind als Sie, schaffen Umstände, die Ihre Hilfe blockieren. Bleiben Sie sich und Ihrer Sache treu. Gaben, die im Geiste des Glaubens und Vertrauens gegeben werden, sind unschätzbar.

Sechs ——— X ———

Ihre eigene Vorsicht steht Ihnen im Weg. Sie zögern voranzugehen. Bis jetzt war Ihnen Ihr Dilemma noch nicht bewußt, doch bald werden Sie Einsichten erlangen, die all Ihre Zweifel zerstreuen.

Hexagramm 48

DER BRUNNEN

Quelle des Lebens;
Überfluß;
unerschöpfliche Liebe

Bei diesem Hexagramm bedient sich das I Ging des Bildes der Quelle, des Brunnens, um etwas Unveränderliches, Grundlegendes im Wesen des Menschen zu symbolisieren: Die sich niemals verändernde Essenz unseres Seins, die Lebenskraft selbst. Diese Qualität ist allen empfindenden Wesen gemeinsam und kann auch als Quelle der Weisheit, als Kelch der Liebe und Inspiration, als Überfluß des Lebens, als Licht und Sonne oder fruchtbare Wasser bezeichnet werden. All diese Bilder beschreiben eine einfache Idee, ein Phänomen, das wir alle kennen: die Liebe. Liebe ist die unveränderliche Grundlage unseres Wesens, wir brauchen sie, wir empfangen und geben sie.

Wie kompliziert und vielschichtig unsere politischen und gesellschaftlichen Systeme auch immer sein mögen, wie detailliert und ausgefeilt unsere Erklärungen des Universums, die allem zugrundeliegende Idee ist unveränderlich: Liebe. Liebe ist die Voraussetzung des Lebens, nicht seine Folge. Geradeso wie die Quelle existiert, um Wasser zu enthalten, existiert das Leben als Ausdruck der Liebe.

Liebe wird in diesem Hexagramm als das Wasser des Lebens dargestellt, das Wasser im Brunnen, in der Quelle. Liebe erst gibt dem Leben seinen Reichtum, seine Bedeutung, seinen Sinn. Ohne die Nahrung der Liebe würden wir verhungern, verdursten, aufhören zu existieren. Wo keine Liebe in unserem Leben ist, da hat das Leben keinen Sinn, ohne Liebe steht hinter unseren Gedanken kein Zweck – ja, würden wir ohne Liebe überhaupt denken?

Liebe und Leben sind im Überfluß vorhanden, die Quelle ist unerschöpflich, ewig. Jeder kann aus der Quelle schöpfen, sich laben und bereichern.

Das Orakel beschreibt die Quelle als Fundament aller sozialen und politischen Ordnungen. Ohne ein solches Fundament hätte alles, was wir im Leben aufbauen – jetzt und in Zukunft – keinen Wert und keine Bedeutung. Es wäre, als hätte es nie bestanden, pure Illusion, Maya, nichts. Auf diesem Fundament müssen alle menschlichen Beziehungen aufbauen.

1. Ist dieser Mensch der geeignete Partner für mich?

Wenn das Leitmotiv Ihrer Beziehung ein striktes, unkritisches Festhalten an Traditionen ist, dann ist Ihre Liebe ohne Kraft und gedankenlos. Die Liebe, die Sie und Ihr Partner füreinander empfinden, sollte aber der Quell des Lebens sein. Erst wenn das so ist, werden Sie spüren, daß allein die Liebe die Quelle aller Freuden ist. Sie erkennen dann, daß alles Lebendige den göttlichen Funken in sich trägt und daß allein die Liebe die Blumen erblühen läßt. Das Orakel benutzt das Bild des Brunnens, um unsere Herzen, aus denen die Liebe für andere unaufhörlich strömt, zu beschreiben.

2. Liebt mich mein Partner?

Das Orakel macht uns deutlich, daß wir eigentlich alle alles und jeden innig lieben, doch müssen wir oft tief in uns hineinforschen, um das zu erkennen. Es ist die Schwierigkeit des Lebens, diese Liebe zu erkennen und dann unser Handeln auf diese Erkenntnis einzustellen. Ihr Partner liebt Sie!

3. Haben wir eine gemeinsame Zukunft?

Die Zukunft jeder Beziehung, ja die Zukunft der Welt hängt davon ab, daß man die Antwort auf Frage zwei in ihrer ganzen Bedeutung erfaßt. Alles steht uns offen, doch wenn wir versuchen, die Zukunft auf ein anderes Fundament als die Liebe zu stellen, wird sich zeigen, daß nichts Haltbares dabei herauskommt. Wenn sich aber Kultur und Zivilisation auf diese einzige Einsicht stützen, wird das Leben fortbestehen bis in Ewigkeit. Solange es uns nicht gelingt, diese einzige Wahrheit zu erkennen und anzuwenden, werden wir als Individuen und als menschliche Rasse immer wieder den gleichen Fehler machen: Blutvergießen, Verlust, Zerstörung und Angst. All das wäre nicht nötig. Doch nur ein Lippenbekenntnis abzulegen ist gänzlich ohne Wert. Das wahre Verständnis muß aus dem innersten Herzen kommen.

Kurz: Sie und Ihr Partner haben eine gemeinsame Zukunft, wenn Sie begreifen, daß allein die Liebe die Türen Ihres persönlichen Gefängnisses öffnen kann, so wie die Welt eine Zukunft hat, wenn die Menschheit die universale Liebe begreift und annimmt. Wenn alle, ohne Ausnahme, die Liebe in unseren Herzen entdecken, wird die Welt erlöst sein. Sie dürfen darauf rückhaltlos bauen.

4. Wie soll ich mich jetzt am besten verhalten?

Das wichtigste ist momentan, Ihre Gedanken auf grundlegende Fragen zu richten: Wozu gibt es Gesetze? Wozu gibt es Verteidigungssysteme? Was bedeuten Vertrauen, Glaube, Zuversicht? Warum esse ich jeden Tag, warum sorge ich mich um das Essen anderer? Warum mache ich mir die Mühe, zu atmen? Warum bemühe ich mich überhaupt um irgend etwas? Warum will ich überleben? Worin sehe ich den Sinn meines Lebens? Warum existiere ich überhaupt?

Sie müssen zu einer gründlichen Bestandsaufnahme und einer Selbstreinigung bereit sein. Sie müssen bereit sein, tiefer zu gehen als bis zu den üblichen Selbstrechtfertigungen, die Ihnen bisher genügten. Sie müssen die Urgründe aller menschlicher Motivation erforschen und sie zu Ihrem Antrieb machen. Können Sie jetzt keine Antworten auf die Fragen finden, so werden sie immer wieder auftauchen, bis Sie die Lösungen gefunden haben.

5. Warum ist unsere Beziehung zerbrochen?

Die Antwort ist einfach. Unter der Oberfläche sind alle Menschen gleich. Jeder braucht Liebe, jeder muß Liebe geben. Wenn Sie zuviel Gewicht auf stereotype Traditionen gelegt, wenn Sie am Althergebrachten um seiner selbst willen gehangen, wenn Sie an unangebracht gewordenen gesellschaftlichen Formen strikt festgehalten und wenn Sie überholte Werte um ihrer selbst willen verfochten haben, dann war Ihre Beziehung unflexibel und von Anfang an auf Sand gebaut.

6. Werden wir wieder zusammenkommen?

Wenn Sie in der Vergangenheit die Bedürfnisse Ihres Partners nicht erfüllt haben – und das Orakel meint hier nicht die materiellen Bedürfnisse oder die Erfüllung eitler, oberflächlicher Begierden –, dann haben Sie aus der Quelle eine hohle, trockene Hülse gemacht, in der nur das Echo der Einsamkeit hallt. Wenn Sie sich nicht genügend um Ihren Partner gekümmert haben, haben Sie ihm das Herz gebrochen. Wenn Sie kein Vertrauen hatten, wenn Sie Schutzwälle um sich errichtet haben, dann haben Sie damit den Krieg geradezu herausgefordert. Diskussionen, Zwistigkeiten, in denen der Partner bat, Sie sollen die Mauern abreißen, haben Sie ignoriert. Mit Furcht können die Menschen nicht miteinander leben. Aus Furcht erwächst Enttäuschung, ja Verfolgungswahn. Und das alles aus keinem anderen Grund als dem Mangel an Vertrauen und der Unfähigkeit, zu geben statt nur zu nehmen.

Wo Liebe nach Freiheit dürstet, ist keine Mauer, keine Abschirmung stark genug, sie niederzuhalten. Geben Sie also Ihrem Herzen die Freiheit. Lassen Sie die Liebe, die Sie haben, sich entfalten. Wenn Sie ängstlich und mißtrauisch sind, sollten Sie das Risiko eingehen, Ihrem Herzen zu trauen – Sie werden sehen, daß die Liebe einen unerschöpflichen Born heilenden Balsams für die Welt darstellt.

7. Wie kann ich die Dinge wieder ins Lot bringen?

Alle Menschen sind im Grunde ihres Herzens gleich, also müssen wir uns an ihre Herzen wenden. Wir müssen gegenseitig unsere Bedürfnisse in diesem grundlegenden Sinne befriedigen. Sie müssen Ihre Zuneigung ohne Vorbehalte verschenken. Der im rechten Sinne erzogene ist der Mensch, der nach den Werten des Herzens lebt. Soziale und politische Systeme können die Werte des Herzens nicht ersetzen, wie tief in der Tradition sie auch verankert sein mögen. Wir müssen also immer an unserer eigenen Erziehung und Entwicklung weiterarbeiten, um zu den Werten des Herzens Zugang zu behalten. Wer das nicht tut, ist sich selbst und anderen eine Gefahr.

8. Was erhoffe ich mir vom Leben?

Sie erhoffen sich in Ihrem Leben vor allem wahre Liebe, denn diese bedeutet erst die eigentliche, lebenswerte Freiheit.

*DIE LINIEN*_____

Eins ———— **X** ———— *Zwei* ———— **O** ————

Sie sind wie die verschlammte, salzige Quelle, aus der man nicht trinken kann. Sie haben der Menschheit nichts zu bieten und die Menschheit bietet Ihnen nichts. Es mangelt Ihnen an jeglichem Interesse, weshalb niemand Interesse an Ihnen hat. Ein bedauernswerter Zustand.

Sie verfügen über Möglichkeiten, setzen Sie aber nicht voll ein. Sie haben viel zu geben – warum halten Sie es zurück? Wenn Sie Ihre Fähigkeiten nicht nutzen, werden Sie sie verlieren. Sie sollten Bilanz ziehen und die Dinge in die richtige Relation zueinander bringen.

Drei

Sie verfügen über hohe geistige Eigenschaften und wären bereit, Ihre Fähigkeiten in den Dienst anderer zu stellen, doch bietet sich dafür augenblicklich weit und breit keine Gelegenheit, obgleich viele Ihre guten Eigenschaften erkennen.

Vier

Die Linie beschreibt die persönliche Weiterentwicklung eines Menschen mit guten Anlagen, der sich die Zeit nimmt, diese Anlagen auszubauen. Dieser Prozeß kommt einer Selbstreinigung gleich – eine gute, wertvolle Arbeit. Sie wird den Menschen befähigen, anderen dereinst wertvolle Hilfe zu leisten.

Fünf ─────── O ───────

Der Wert großen Wissens liegt darin, daß es zum Nutzen anderer eingesetzt werden kann. Es sollte von allen benutzt werden können, wie die Bücher einer großen Bibliothek. Ein solcher Mensch gleicht einer Quelle, die mit den Wassern des Lebens gefüllt ist. Solange Menschen aus dieser Quelle schöpfen können, ist sie ihnen von größtem Nutzen. Nur aus einer verläßlichen Quelle kann man Weisheit schöpfen; Weisheit ist die Nahrung des Geistes.

Sechs

Die Linie bezeichnet einen Menschen, dessen Vorräte an Weisheit, Güte, Liebe und Wissen unerschöpflich scheinen. Jeder kann sich an dieser Quelle frei bedienen, niemand wird abgewiesen. Je mehr Menschen kommen, um sich zu laben, desto mächtiger sprudelt die Quelle. Dieser Mensch ist die Verkörperung der Legende vom nie versiegenden Brunnen. Dieser Mensch ist ein Segen der Menschheit.

Hexagramm 49
DYNAMIK

Permanente Veränderungen;
Selbsterkenntnis und Selbstdisziplin;
Altes ablegen und Neues annehmen

1. Ist dieser Mensch der geeignete Partner für mich?

Wenn zwei gegensätzliche Kräfte aufeinandertreffen, versetzen sie sich in Drehung. Ihr Partner und Sie sind vom Wesen her nicht unbedingt gegensätzlich, aber Sie handeln, als ob Sie es wären. Sie weigern sich übereinzustimmen, dadurch wühlen Sie mächtige Emotionen auf, was zu Konflikten führt. Solche permanenten Konflikte führen schließlich zu Wesensveränderungen und die Konsequenzen sollten nicht auf die leichte Schulter genommen werden.

Die sichtbaren Turbulenzen, die von Ihren jeweiligen Charakteren hervorgebracht werden, sind sozusagen jahreszeitlich bedingt. Die Zeit der Turbulenzen gleicht einem Chaos, doch tritt sie mit vorhersagbarer Regelmäßigkeit auf. Damit eine solch komplizierte Beziehung funktionieren kann, müssen Sie sich beide in Selbstdisziplin üben und sich darüber im klaren sein, daß die Turbulenzen vorübergehende Erscheinungen sind. In diesen Zeiten haben Sie größeren

Zugang zum wahren Selbst des anderen.

Je größer unsere Selbsterkenntnis, desto größer auch die Notwendigkeit der Selbstdisziplin, denn größere Selbsterkenntnis bringt auch größere Kenntnis des anderen mit sich, demgegenüber man sich selbst disziplinieren muß. Wenn Sie erkannt haben, daß in bestimmten Zeitabschnitten Zugang zueinander leichter ist als sonst, werden Sie auch sich selbst in dieser Zeit besser in den Griff bekommen. Das Orakel urteilt nicht darüber, ob Sie und Ihr Partner zusammenpassen, es macht nur darauf aufmerksam, daß eine Erkenntnis der Prozesse und der Auswirkungen dieser Dynamik nötig ist.

2. Liebt mich mein Partner?

Ein Mensch, der dieses Hexagramm wirft, ist kaum geneigt, sich eingehend mit dieser Frage zu befassen. Sie sind ein Mensch, der alles tut, um Liebe zu erlangen, dennoch gewinnen Sie nicht oft die Zuneigung anderer, weil Sie unbedacht sind. Fragen Sie sich ganz ehrlich, ob Sie die Liebe Ihres Partners verdienen. Wenn Sie sich keiner Selbsttäuschung hingeben, sollten Sie die Wahrheit sofort erfassen.

3. Haben wir eine gemeinsame Zukunft?

Sie gehen durch eine Phase der persönlichen Entwicklung, Sie sind jetzt in der Lage voranzuschreiten. Nicht alle in Ihrem Freundeskreis stimmen mit Ihnen und Ihren Ideen überein, lassen Sie sich dadurch nicht beirren. Sie müssen mit sich selbst im reinen sein, Sie müssen überzeugt sein, daß Sie den Anforderungen der Zeit genügen. Ihre Zukunft hängt davon ab, daß Sie Ihre jetzige Haltung und Position gründlich durchdacht haben. Nach einer Periode raschen, gewinnbringenden Wandels braucht man eine Ruheperiode, in der man Bilanz ziehen und die neue Situation durchdenken kann, ohne deshalb den weiteren Wandel zu behindern. Nichts weist darauf hin, daß die Zukunft Schlechtes bringt. Auch in Sachen der Liebe dürfen Sie jetzt nicht untätig sein, es bieten sich gerade im Moment große Möglichkeiten der Selbsterfüllung; es ist die Zeit, Ihre inneren Gaben und Werte zu prüfen.

4. Wie soll ich mich jetzt am besten verhalten?

Wenn Sie in einer Zeit des raschen Wandels unbedacht handeln, kann das Ergebnis nur schlecht ausfallen. Wenn Sie jetzt keine Selbstdisziplin und Zurückhaltung üben können, sollten Sie lieber überhaupt nichts unternehmen. Zweck der Selbstkontrolle ist es momentan, schlechte Kräfte fernzuhalten. Ansonsten stehen die Aussichten gut.

5. Warum ist unsere Beziehung zerbrochen?

Stellen Sie sich zwei ineinander verzahnte, sich bewegende Körper vor, die unkontrolliert umeinander kreisen. Sie setzen unbrauchbare Energien frei, die sich selbst verzehren. Vielleicht haben Sie beide übertrieben? Vielleicht haben die beiden miteinander verzahnten Objekte sich aber auch gegenseitig an der Bewegung gehindert, haben Reibung verursacht, Abnutzung? Oder zu rasche Bewegung hat zur Bildung von Funken geführt? Das Universum freilich verfügt über sich nie erschöpfende Möglichkeiten der Erneuerung, und so kann auch das Herz sich erneuern. Selbst wenn die Beziehung sich abgenutzt hat oder wenn sie explodiert ist, besteht doch die Möglichkeit, daß in einer neuen Jahreszeit neues Leben aus ihr hervorgeht.

6. Werden wir wieder zusammenkommen?

Es ist gut möglich, daß die zyklischen Kräfte, die Ihre Energien verbrauchten, in einer neuen Phase neue Energien erzeugen, die Sie wieder mit Ihrem Partner zusammenführen. Es gibt allerdings keine Garantie dafür, daß die sich neu entwickelnden Energien Sie beide dazu führen, sich wieder aufeinander zu konzentrieren. Die natürliche Dynamik Ihrer Naturen macht die Überwindung der Vergangenheit lediglich zu einer immerwährenden Möglichkeit. Auch hier ist die Selbstkontrolle das Ruder, mit dem das Schiff vom Zusammenbruch zur Versöhnung gesteuert werden kann. Der ideale Zustand wäre erreicht, wenn beide die Versöhnung wünschen, und nicht nur der eine, der den anderen dann unterbuttert.

7. Wie kann ich die Dinge wieder ins Lot bringen?

Es ist ein Wesenszug des Menschen, daß er gern an Althergebrachtem festhält. Man gewöhnt sich an alte Verhaltensmuster, nur zögernd paßt man sich veränderten Verhältnissen an. Ihrem Wesen allerdings entspricht es, jeden Wandel, so wie er kommt, hinzunehmen. Sie sind ungewöhnlich gut auf jeden Wechsel vorbereitet, er kommt selten überraschend.

Diesmal aber hat ein plötzlicher Wandel Sie überrascht. Sie müssen jetzt bereit sein, die Änderungen in Ihrer Beziehung zu Ihrem Partner zu akzeptieren, auch wenn Ihnen das ziemlich gegen den Strich geht. Hinnahme und Billigung ist eine Haltung, die bei Veränderungen ganz besonders wichtig ist, denn hierdurch wird trotz des offensichtlichen Chaos eine Ordnung erst möglich. Das heißt freilich nicht, daß man tatenlos bleiben soll. Im Gegenteil, man muß alles tun, um mit fähigen Menschen zusammenzukommen. Sie selbst müssen jetzt Vorbereitungen treffen, müssen sich innerlich bereitmachen, damit Sie die Veränderungen, die kommen werden, hinnehmen können, und auch in der Lage sind, selbst weitere Veränderungen herbeizuführen. Sie sind zur Zeit fähig, die Kontrolle zu übernehmen und die Beziehung in die nötige, langsamere Gangart zu zwingen.

8. Was erhoffe ich mir vom Leben?

Vor allem wollen Sie Ihre gegenwärtige Beziehung zu Ihrem Partner von Grund auf ändern. Sie wollen sie auf ein höheres Niveau erheben, wollen die Liebe, aber auch die Kontrolle erweitern. Das ist sehr schwer, denn es bedeutet Veränderung in allen Lebensbereichen. Zugleich fühlen Sie die Notwendigkeit, mit größter Vorsicht vorzugehen – dies bedeutet Widerspruch. Sie können nicht voranstürmen, Sie dürfen aber auch nicht langsam dahinschleichen. Nur, wenn Sie äußerste Selbstkontrolle üben, dürfen Sie hoffen, Fehler zu vermeiden.

In Zeiten der Entscheidung kann man sich nicht auf das Schicksal verlassen. Sie selbst müssen Ihre Entscheidung treffen und dann danach handeln. Die Betonung liegt jetzt auf der Art und Weise Ihres Handelns.

*DIE LINIEN*_____

Eins ——————●——————

Führen Sie Veränderungen nur
dann herbei, wenn sie notwendig sind. Seien Sie also vorsichtig, bewahren Sie Ruhe, üben Sie
sich in Geduld, vermeiden Sie
jede Art von Übertreibung!

Zwei ——————X——————

Wenn Sie die Notwendigkeit zu
einer radikalen Veränderung
sehen, so müssen Sie den Grund
und Boden dafür zunächst sorgfältig vorbereiten. Nehmen Sie
unter Umständen die Hilfe einer
fähigen Person in Anspruch, erwarten Sie aber nicht, daß diese
Person von sich aus auf Sie
zukommt. Sie müssen den ersten
Schritt tun. Große Veränderungen können so erfolgreich herbeigeführt werden.

Drei ——————●——————

Um Veränderungen großen Aus-
maßes herbeizuführen, beispielsweise in Ihrer Beziehung zu

Ihrem Partner, müssen Sie festen
Schrittes mitten auf der Straße
gehen. Seien Sie weder ungeduldig noch ungerecht, noch
zögernd oder zagend. Jede
Abweichung von der Mitte führt
ins Verderben. Überlegen Sie
genau, wo Veränderungen nötig
sind; nicht alle Bereiche des
Lebens sind betroffen, ändern
Sie nur das, wo es immer wieder
zu Schwierigkeiten kommt.
Hören Sie auf guten Rat!

Vier ——————●——————

Sie sind in eine Situation gestellt,
in der Sie Veränderungen bewirken können. Fragen Sie sich
ehrlich, ob Sie aus altruistischen
Motiven handeln oder aus
selbstsüchtigen. Wenn Veränderungen nicht aus innerer Wahrheit erwachsen, finden sie nicht
die Unterstützung anderer. Die
Menschen reagieren nur auf
solche Neuerungen positiv, von
denen sie spüren, daß sie
gerecht und gerechtfertigt sind.
Gerechter Wandel hat Erfolg.

Fünf ——— O ———

Die geeignete Person denkt über grundlegende Veränderungen nach. Dieser Mensch steht in sehr günstiger Position, er kann der bedingungslosen, sofortigen Unterstützung anderer sicher sein, ohne daß er zuvor deren Rat einholen müßte. Die Veränderungen sind hervorragend, die ganze Situation glücklich.

Sechs ——— X ———

Sobald die großen, weitreichenden Veränderungen abgeschlossen sind, können kleinere folgen, die nicht so tief wirken. Alles muß im Gleichgewicht gehalten werden. Die kleinen Veränderungen sollten nicht zu weit getrieben werden. Seien Sie zufrieden mit dem, was bereits erreicht wurde, die Kleinigkeiten können sich im Laufe der Zeit von allein entwickeln. Die wichtigen Veränderungen haben ja erfolgreich stattgefunden, erkennen Sie das an.

Hexagramm 50
WERTVOLLE ARBEIT

Pflege geistiger Werte;
kulturelle Bereicherung der Gesellschaft;
geistige Erfüllung

1. Ist dieser Mensch der geeignete Partner für mich?

Das Thema dieses Hexagramms ist die geistige Erfüllung. Es befaßt sich deshalb mit dem kulturellen Umfeld. Der Mensch, der dieses Orakel wirft, richtet sein Leben an der Verwirklichung der höchsten Werte der Menschheit aus. Einem solchen Menschen prophezeit das Orakel zukünftigen Erfolg.

Es ist sehr gut möglich, daß Sie ein ausgeprägtes Zielbewußtsein und zugleich eine starke Schicksalsgläubigkeit haben. Da Ihre Arbeit Ihnen selbst und anderen zu großer Erkenntnis verhilft, wird vermutlich auch die Beziehung zu Ihrem Partner von dieser Tatsache getragen. Dies wäre ein sehr gutes Vorzeichen. Was materielle Güter anbelangt, so sind Sie damit vielleicht überreich gesegnet, doch messen Sie ihnen keine überragende Bedeutung zu – die geistige Perspektive ist Ihnen und Ihrem Partner sehr viel wichtiger. Auf diese Weise erhalten Sie sich eine beruhigende Zufriedenheit in Ihrem arbeitsreichen Alltag.

Ihre Beziehung wird von grundlegender Ehrlichkeit getragen. Da Sie nichts voneinander verlangen, sind Sie beide in der Lage, freiwillig und großzügig zu geben. Da Liebe, Ehrlichkeit und Offenheit Ihr tägliches Leben bestimmen, verfügen Sie über eine außergewöhnliche Quelle der Freude und der gegenseitigen Erfüllung. Außenstehende sehen Sie als sanft und einfühlsam. Als Paar, das so gut miteinander harmoniert, bringt man Ihnen großes Vertrauen entgegen.

2. Liebt mich mein Partner?

Ihre Liebe beruht auf Gegenseitigkeit, daran ist kein Zweifel. In Ihrer täglichen Arbeit können Sie Ihre Liebe füreinander zum Ausdruck bringen. Der Keim Ihrer Liebe hat sich zu einem starken Stamm entwickelt und wird weiterwachsen.

3. Haben wir eine gemeinsame Zukunft?

Sie brauchen die Zukunft nicht zu fürchten. Längst haben Sie erkannt, daß die größte Freude nicht in der Zukunft, sondern in der bewußt gelebten Gegenwart liegt. Auf der Reise des Lebens durchwandert man viele Stadien. Das wichtigste ist, daß man dabei erkennt, daß die bewußt genossene Gegenwart die Früchte der Zukunft darstellt. Sie haben diese Weisheit erfaßt.

4. Wie soll ich mich jetzt am besten verhalten?

Demut und Ehrfurcht sind Ihnen schon eigen und auf geistige Einsicht und Wissen legen Sie mehr Wert als auf materiellen Gewinn. Es gibt hier nichts hinzuzufügen außer der Ermunterung, daß Sie sich diese Eigenschaften erhalten. Wenn Sie von ihnen abweichen, sollten Sie sie so rasch wie möglich wiederzuerlangen suchen.

5. Warum ist unsere Beziehung zerbrochen?

Selbst das gesegnetste, glücklichste Leben verläuft nicht ohne Schwierigkeiten. Ein nicht zu kittender Sprung in der Beziehung zu Ihrem Partner erscheint freilich sehr unwahrscheinlich. Kleinere Diskrepanzen mögen vorkommen, doch nichts deutet auf einen Zusammenbruch der Beziehung. Solange Sie sich Ihre Demut bewahren, wird eine objektive Analyse der Situation zu einer angemessenen Lösung des Problems führen.

6. Werden wir wieder zusammenkommen?

Es ist sehr unwahrscheinlich, daß die Differenzen zwischen Ihnen und Ihrem Partner zu einer echten Trennung geführt haben. Sie sind beide vernünftig und gehen mit reiflicher Überlegung Ihre Probleme an, das heißt, Sie können sich gegenseitig realistisch einschätzen. Die befriedigendste Lösung wird zustande kommen, wenn Sie beide dem Diktat Ihres Herzens folgen, denn so wird dies auch das Diktat des Schicksals sein.

7. Wie kann ich die Dinge wieder ins Lot bringen?

Es ist nicht nötig, daß Sie einen strategischen Plan entwerfen, um die Dinge wieder in Ordnung zu bringen. Ein ganz bestimmtes Vorgehen ist nicht angebracht, unternehmen Sie keine raschen Schritte, die ohnehin untypisch für Sie wären. Sie brauchen keine Notmaßnahmen zu ergreifen. Im Grunde ist Ihr Verhältnis zueinander ausbalanciert, unangebrachte Handlungen würden nur das Gleichgewicht stören. Erhalten Sie sich die klare Sicht, statt sie durch falsche Mittel zu verschleiern.

8. Was erhoffe ich mir vom Leben?

Eines Ihrer wichtigsten Anliegen ist die Pflege und Entwicklung der Kultur, in der Sie leben. Sie wissen, daß eine rein materielle Kultur ohne Unterstützung durch geistige Werte nicht lange überleben kann. Ihre Arbeit dient der geistigen Erneuerung und Bereicherung Ihrer Gesellschaft. Ihr Beitrag zur Gesellschaft liegt im Bereich der Kultur. Geben Sie nicht nach, wenn es darum geht, Ihre hohen Ziele zu verfolgen.

DIE LINIEN

Eins ———— X ————

Sie durchlaufen eine Periode der Selbstreinigung. Sie räumen unnötige, unbrauchbare Trümmer beiseite und säubern den Weg für die Zukunft. Sind Sie eine unverheiratete Frau mit Kind, so wird Ihnen Ehre zuteil werden. Die grundlegende Bedeutung der Linie besagt, daß jeder, der den Wunsch und Willen hat, sich geistig zu vervollkommnen, von anderen ganz unausweichlich begünstigt wird.

Zwei ———— O ————

Diese Linie deutet an, daß im Rahmen der Entwicklung geistig-kultureller Werte große Arbeit geleistet werden muß. Die Arbeit wird erfolgreich sein und Früchte tragen, doch auch Feindseligkeiten mit sich bringen. Vorausgesetzt, Sie behalten Ihre Demut gegenüber Ihrer Arbeit und anderen Menschen, wird die Feindseligkeit aber keinen bleibenden Schaden anrichten können.

Drei ———— O ————

Haben Sie Mut! Daß bisher Chancen und Reaktionen ausblieben, sagt nichts über Ihre Fähigkeiten aus. Ihre Zeit wird kommen, alle guten Anlagen sind da. Alles wird gut werden.

Vier ———— O ————

Die Linie beschreibt die unglücklichen, leider sehr dauerhaften Zustände menschlicher Gesellschaften. Sie bezieht sich auf Menschen, die Macht und Verantwortungen innehaben, die ihre Fähigkeiten und charakterlichen Qualitäten weit übersteigen. Sie können ihren Aufgaben in keiner Weise gerecht werden. Schwache Charaktere auf ehrenvollem Platz, spärliches Wissen und große Pläne, mangelnde Führungskraft und schwere Verantwortung werden selten der Katastrophe entgehen.

Fünf ———— X ————

Sie haben hart gearbeitet und sehr gelitten, um Ihre jetzige Position erreichen zu können, lassen Sie sich jetzt nicht ablenken!

Sechs ———— O ————

Die Linie steht für einen Menschen, der weisen Rat zu erteilen versteht. Wer seinen Rat erhält, sollte sich danach richten, denn der Rat ist sanft aber fest, ehrlich, weise und gut.

Hexagramm 51
SCHICKSALSSCHLAG

Tiefe Erschütterung;
Schock;
Hinführung zur Selbsterkenntnis

1. Ist dieser Mensch der geeignete Partner für mich?

Was in der Beziehung zwischen Ihnen und Ihrem Partner geschehen ist, kann man nur als Schicksalsschlag, als einen Akt Gottes bezeichnen. Sie sind plötzlich und völlig unvorhergesehen getrennt worden. Vielleicht ist Ihr Haus abgebrannt oder Sie haben all Ihr Geld verloren, einen schweren Unfall erlitten, sind von einem plötzlichen Todesfall betroffen – was immer es sein mag, es mußte passieren, es war vom Schicksal so und nicht anders vorbestimmt. Sie hätten nichts, absolut nichts tun können, um diese Katastrophe zu verhindern.

Das Hexagramm versucht zu zeigen, wie man mit einer solchen Situation fertig wird. Viele Menschen verlieren in dieser Lage den Kopf, sie brechen in Panik aus. Das ist nicht gut, es stiftet nur noch größere Verwirrung. Wenn Sie diese schwere Prüfung, die weitreichenden Einfluß auf Ihr Leben hat, meistern wollen, dann müssen Sie jetzt Ruhe bewahren. Holen Sie tief Luft und machen Sie sich die Bedeutung des Vorgefallenen in seiner ganzen Tragweite – aber in Ruhe – klar.

Da das Geschehene eine Schicksalsangelegenheit ist, läßt sich die Frage nach der Vereinbarkeit zwischen Ihnen und Ihrem Partner nicht im üblichen Sinne beantworten. Selbst wenn der Zusammenbruch der Beziehung die Katastrophe ist, von der Sie betroffen sind, sollte das nicht so interpretiert werden, daß Ihr Partner und Sie nicht zusammenpassen.

2. Liebt mich mein Partner?

In Zeiten wie diesen offenbart sich die Liebe auf anderen Ebenen. Im Lichte der gegenwärtigen Situation erkennen Sie und Ihr Partner, daß Sie über die Liebe noch viel zu lernen haben. Diese Erkenntnis wird Sie überraschen, doch wenn sich die ganze Tragweite des Ereignisses, das Ihnen widerfahren ist, gezeigt hat, werden Sie auch erkennen, daß dies gut und richtig ist.

3. Haben wir eine gemeinsame Zukunft?

Ein folgenschwerer Wandel hat stattgefunden, der Sie und Ihren Partner zu größerer Selbsterkenntnis führt. Es besteht keinerlei Aussicht, das wiederherzustellen, was vorher bestand. Im Lichte dessen, was geschehen ist, erkennen Sie, daß dies eine Zeit völliger Umwälzung ist. Sie sind gezwungen, neue und solidere Vorstellungen von der Realität zu entwickeln.

4. Wie soll ich mich jetzt am besten verhalten?

Verzweifeln Sie nicht, nehmen Sie die Angelegenheit aber auch nicht auf die leichte Schulter. Seien Sie demütig und bescheiden. Die Kräfte, die hinter den Ereignissen stehen, sind mächtiger als Sie glauben, es hat keinen Zweck, sich in sinnlosen Ängsten zu ergehen. Schauen Sie ruhigen Auges nach innen, suchen Sie nicht draußen nach Sündenböcken.

5. Warum ist unsere Beziehung zerbrochen?

Das Hexagramm geht den Details dieser Frage nicht nach. Es bestätigt lediglich, daß Sie sich mit der Tatsache abfinden müssen, daß das, was geschah, unvermeidlich war. Setzen Sie sich mit diesem Gedanken auseinander. Die Beschäftigung damit wird weitreichende Folgen haben. Sie werden Regionen Ihres Herzens erforschen, von deren Existenz Sie bisher keine Ahnung hatten.

6. Werden wir wieder zusammenkommen?

Sie und Ihr Partner werden die Erfahrung individueller Selbsterneuerung machen. Sie beide durchleben eine Phase weitreichender Veränderungen, eine Versöhnung wird nicht versprochen. Bei angemessener Zurückhaltung können Sie aus den Ereignissen sehr viel lernen, was Ihr zukünftiges Leben bereichern wird. Selbst wenn Sie mit Ihrem Partner nicht wieder zusammenkommen, werden die momentanen Ereignisse Auswirkungen auf zukünftige Beziehungen haben und diese konstruktiv beeinflussen.

7. Wie kann ich die Dinge wieder ins Lot bringen?

Die Auswirkungen der Ereignisse werden sich in Ihr Leben eingraben, sie werden ihre unauslöschlichen Spuren in Ihrem Bewußtsein hinterlassen. Innere Erkenntnisse werden Sie auf neue Pfade der rückhaltlosen Selbstprüfung führen. Die Suche nach Ihrem wahren Ich wird Ihnen Einblicke in Ihr Herz gewähren. Was Ihnen noch vor kurzem sicher erschien, wird plötzlich zweifelhaft. Sie werden die Vorstellungen, die Sie über sich selbst und über andere hatten, in Zweifel ziehen. All dies verspricht aber tiefere Einsicht.

8. Was erhoffe ich mir vom Leben?

Am liebsten hätten Sie das zurück, was Sie zuvor besessen haben, doch Sie wissen, daß das unmöglich ist. Es gibt kein Zurück. Wenn Sie aufgehört haben, sich die Vergangenheit wieder herbeizuwünschen, werden sich Ihre Gedanken auf höhere Ziele richten, etwa auf den Einsatz bisher ungenützter Fähigkeiten.

DIE LINIEN

Eins ———— O ————

Die Erfahrungen, die Sie momentan durchleben, sind so tiefgreifend, daß Sie sich wie in einer Feuerprobe fühlen. Der Schock der Ereignisse hat zu Einsichten geführt, die auch die geheimsten Winkel Ihres Herzens ausleuchteten. Dies alles macht Sie bescheiden und zurückhaltend. Das ist gut und als positives Vorzeichen für die Zukunft zu werten.

Zwei ———— X ————

In dieser außergewöhnlichen Zeit persönlicher Unruhe wurden Sie auch vieler materieller Güter beraubt, was Sie tief betrübt. Sie müssen sich aus dieser Verzweiflung lösen. Im Augenblick bringt es gar nichts, wenn Sie Ihr Hab und Gut zurückverlangen, später aber wird es möglich sein, daß Sie Ihren Verlust ohne große Schwierigkeiten wieder wettmachen.

Drei ———— X ————

Was geschehen ist, war unausweichlich, es sollte und mußte geschehen. Der Zugriff des Schicksals kann mitunter die Stabilität des Geistes bedrohen; halten Sie Ihre Sinne beieinander! Die Ereignisse haben auch den Effekt, Sie zu neuen

Taten zu motivieren. Wo Sie handeln können, handeln Sie!

Vier ———— O ————

Selbst unter Aufbietung aller Kräfte sind Sie nicht in der Lage, irgend etwas zu unternehmen, was die Situation bessern könnte. Umstände, über die Sie keine Kontrolle haben, hindern Sie an jeder Aktivität.

Fünf ———— X ————

Das Schicksal versetzt Ihnen harte Schläge, dennoch dürfen Sie den inneren Halt nicht verlieren. Sie sind in der Lage, alle Schicksalsschläge zu überstehen. Andere kommen nicht so leicht darüber hinweg.

Sechs ———— X ————

Die Ereignisse waren ein Schock. Das ganze Ausmaß des Geschehens wird Ihnen erst jetzt klar. Es besteht die Gefahr, daß Sie in Panik geraten, alle Selbstkontrolle verlieren. Panik ist ansteckend; versuchen Sie also so gut es geht, Ruhe zu bewahren, sich in der Kontrolle zu behalten.

Hexagramm 52
ZUR RUHE KOMMEN

Lernen, zu entspannen;
Konzentrationsschwäche; die Mitte wiederfinden;
zur Ruhe kommen

1. Ist dieser Mensch der geeignete Partner für mich?

Das Orakel befaßt sich nicht direkt mit der Frage, ob Sie und Ihr Partner zusammenpassen. Es ist sehr gut möglich, daß Sie selbst an der Frage nicht sonderlich interessiert sind. Im Augenblick ist es wichtig, daß Sie Ihren Seelenfrieden finden. Ihre Gedanken sind in Aufruhr, Sie sind verwirrt, drehen sich im Kreis. Sie wissen, wie wichtig es ist, daß Sie wieder zur Ruhe kommen.
Sehr wahrscheinlich waren Sie nicht sehr bei der Sache, als Sie die Münzen warfen, Ihre Gedanken sprangen von hier nach da, wahrscheinlich konnten Sie sich nicht auf den wirklich wichtigen Punkt konzentrieren. Es ist dringend nötig, daß Sie Herz und Verstand zur Ruhe bringen; entspannen Sie sich, versuchen Sie die Anspannng in Ihrem Innern zu lockern, zu lösen! Yoga oder eine andere Meditationsform könnte Ihnen hierbei von großer Hilfe sein.
Der Kernpunkt liegt verdeckt und verschüttet. Erst wenn Sie gelernt haben, sich in Ruhe zu konzentrieren, werden Sie den Kern Ihrer Probleme herausfinden und eine Lösung suchen können.

All dies heißt freilich nicht, daß Sie immerzu mit sich in Frieden und Einklang sein müssen. Frieden bedeutet ja auch Stillstand, wir müssen aber aktiv und in Bewegung bleiben, brauchen also gelegentlich auch Spannungen, die Bewegung hervorrufen. Nun aber ist eine Phase erreicht, in der die Bewegung angehalten werden muß, damit Sie ungestört Bilanz ziehen können. Daß auch in bezug auf Ihre Beziehung hierzu eine Notwendigkeit besteht, ist selbstverständlich. Zeit, die mit Ihrem Partner in absoluter innerer und äußerer Ruhe verbracht wird, kann die Türen zu tieferer Intimität aufstoßen. Indem Sie lernen, Ihren Verstand zu beruhigen, Ihr Herz von Gezwungenheit zu befreien, finden Sie auch einen Weg, der Sie näher zu Ihrem Partner führt. Dies erfordert freilich Übung.

2. Liebt mich mein Partner?

Nach großer physischer Anstrengung können wir uns tiefer und besser entspannen. Wenn Sie das Gefühl haben, daß Ihr Partner Sie nicht liebt, dann sind Sie nicht ruhig genug, um die Zuneigung Ihres Partners aufnehmen zu können. Trotzdem liebt Sie Ihr Partner. Sie dagegen dürften Ihrem Partner durchaus gelegentlich die Höflichkeit erweisen, ihm Ihr wahres Selbst zu zeigen und ihn an Ihren Zweifeln teilnehmen lassen. Es ist ungeheuer schwer, mit einem Menschen zusammenzuleben, der ständig einer überdrehten Feder gleicht. Sie haben keinen Rechtsanspruch auf Liebe – Sie müssen sie sich verdienen.

3. Haben wir eine gemeinsame Zukunft?

Wenn Sie allmählich lernen, ruhiger zu werden, dann steht einer gemeinsamen, freudvollen Zukunft kaum etwas im Wege. Sie sollten allerdings beachten, daß Sie aus der Sicht Ihres Partners ein Mensch sind, mit dem nicht leicht zu leben ist; Ihres Temperaments wegen sind Ihre Reaktionen unberechenbar. Wenn Sie lernen, sich zu entspannen, werden Sie nicht nur in der Lage sein, die kleinen Freuden des Alltags zusammen mit Ihrem Partner tiefer zu genießen, Sie werden vor allen Dingen auch Qualitäten in Ihrer Beziehung entdecken, die Ihnen bisher völlig entgangen sind.

4. Wie soll ich mich jetzt am besten verhalten?

Sie sollten sich darüber im klaren sein, daß Ihre Unfähigkeit, sich zu entspannen, Ihre geistige Anspannung und Verwirrung von körperlichen Spannungen herrührt. Mit einem verspannten Körper kann man keine ausgeruhten Gedanken fassen. Folgen Sie dem Rat des Orakels, lernen Sie eine Entspannungstechnik, eine Form der Meditation, wie etwa Yoga, und Sie werden sehen, wie sich – fast einem Wunder gleich – Ihre Beziehungen zu den Menschen, mit denen Sie leben, ändern werden. Das I Ging empfiehlt nur selten körperliche Lösungen für geistige Probleme, doch in diesem Fall ist diese Lösung angebracht.

5. Warum ist unsere Beziehung zerbrochen?

Wie können Sie eine klare Entscheidung fällen, wenn Ihr Verstand Amok läuft? Wie können Sie hören, was Ihr Partner sagt, wenn Ihre Gefühle ständig in Aufruhr sind? Sie sind bis zum Äußersten angespannt, wie können Sie da sanft und zärtlich sein? Dauernd stürmen Gedanken auf Sie ein, wie sollen Sie da Ruhe zur Selbsterneuerung finden? Der Grund für den Zusammenbruch Ihrer Beziehung liegt auf der Hand, Sie sind so voll innerer Spannungen, daß Sie nicht einmal mehr mit sich selbst ins reine kommen, wieviel weniger mit Ihrem Partner. Wie ein überdrehtes Uhrwerk haben Sie die Fähigkeit zur geschmeidigen Beweglichkeit verloren.

6. Werden wir wieder zusammenkommen?

Der ausschlaggebende Punkt ist der: Bekommen Sie sich selbst wieder in den Griff? Solange Sie Ihre innere Ruhe, Ihren Seelenfrieden nicht wiedergefunden haben, sind Sie für Ihren Partner eine Last. Es gibt keine Gewähr dafür, daß es zu einer Versöhnung kommt, denn das Problem besteht darin, daß Ihre »Überspanntheit« von Ihrem übermäßigen Selbstwertgefühl herrührt, Sie selbst das aber keineswegs so sehen. Andere sehen es aber so. Sie müssen also lernen, sich selbst mit den Augen des anderen zu sehen.

7. Wie kann ich die Dinge wieder ins Lot bringen?

Wenn Sie die Sache nicht schon zu weit getrieben haben, so daß Sie sich selbst bereits Schaden zugefügt haben – es könnte durchaus körperlicher Schaden sein –, dann ist es wohl möglich, die Dinge wieder einzurenken. Ein klärendes Gespräch freilich, eine freundliche Übereinkunft, reichen hier nicht aus. Die Schwierigkeiten rühren von der Spannung in Ihrem Innern her, diese Spannung muß gründlich und endgültig abgebaut werden. Sie müssen die Kraft entwickeln, sich auf einen einzigen Punkt zu konzentrieren, so daß Sie Ihre Gedanken bei der Sache haben, wenn Sie etwas tun. Bisher denken Sie an das eine und tun etwas anderes oder versuchen, mehrere Dinge gleichzeitig zu tun.

8. Was erhoffe ich mir vom Leben?

Frieden für Seele und Geist. Sobald Sie das erreicht haben, wird Ihr Verstand die bisherigen schmalen Pfade verlassen. Sie werden die Welt wie durch eine frischgeputzte Brille sehen, alles wird klarer und deutlicher. Sie werden die Vielfalt des Lebens erst richtig genießen lernen.

DIE LINIEN

Eins ——— **X** ———

Zwei ——— **X** ———

Als Sie losmarschierten, wußten Sie instinktiv, welche Richtung einzuschlagen war. Jetzt aber stürmen von allen Seiten Ideen und Gedanken auf Sie ein, Sie fühlen sich versucht, auf Seitenwege auszuweichen. Lassen Sie sich nicht von Ihrem ursprünglichen Ziel abbringen! Auch wenn Sie Hindernisse überwinden müssen, dürfen Sie das eigentliche Ziel nicht aus den Augen verlieren.

Sie sind zur Untätigkeit gezwungen. Sie haben erkannt, daß Sie in die falsche Richtung marschieren, haben sogar anhalten können, doch der Strom der anderen drängt in diese falsche Richtung weiter. Sie möchten diesen gern helfen, sie aufhalten, doch ihr Vorwärtsdrang ist zu stark, Sie können sie nicht aufhalten. Finden Sie sich mit der Situation ab, auch wenn es Ihnen schwerfällt. Sie müssen Ihren Weg allein gehen.

Drei ———— O ————

Bei Ihrer gegenwärtigen Ge-
mütsverfassung ist es ausgeschlossen, daß Sie sich entspannen können. Ruhe und Frieden kann man nicht erzwingen,
sie müssen sich von selbst einstellen. Es ist absolut sinnlos, sich
zur Meditation zu zwingen, wenn
man seine überschüssigen Energien in wilder körperlicher Bewegung abbauen möchte.
Machen Sie lieber einen Lang-
streckenlauf, gehen Sie schwimmen, und sammeln Sie erst dann
Ihre Gedanken. Ihre Bemühungen werden dann mehr Erfolg
haben.

Vier ———— X ————

Sie tun alles, was in Ihrer Macht
steht, um zu lernen, wie Sie sich
entspannen können, damit Sie
innere Ruhe finden. Das ist sehr
gut. Doch ehe Sie Ihre Bemühungen weitertreiben, sollten Sie die
Art und Natur des Hindernisses
ergründen, das in Ihrem Weg
steht: es ist Ihre Selbstüberschätzung. Lernen Sie, bescheiden zu
werden!

Fünf ———— X ————

Irgendwann werden Sie etwas,
das Sie gesagt oder getan haben,
bitter bereuen. Nehmen Sie sich
das nicht zu sehr zu Herzen. Die
Menschen sind nun einmal so,
daß sie leicht ein unbedachtes
Wort sagen, Sie sind keine Ausnahme. Trotzdem sollten auch
Sie erst überlegen, ehe Sie etwas
sagen.

Sechs ———— O ————

Sie haben einen Zustand des
inneren Friedens erreicht. Die
Flamme des Ehrgeizes verzehrt
Sie nicht mehr. Diese Ruhe hat
Ihnen volle Zufriedenheit gebracht. Ein heiterer Geist und ein
friedliches Herz sind gute Vorzeichen für die Zukunft; Glück
steht ins Haus.

ENTWICKLUNG

Vorsichtiges, stetiges Voranschreiten; Teilerfolge

1. Ist dieser Mensch der geeignete Partner für mich?

Es besteht gute Aussicht, daß diese Beziehung von langer Dauer und sehr bereichernd sein wird, aber Sie dürfen nichts überstürzen. Sie müssen langsam und vorsichtig vorgehen und beharrlich sein, wollen Sie diese Verbindung zu voller Entfaltung bringen. Man muß Zeit und Mühe aufwenden, um die nötigen Grundlagen für eine dauerhafte Beziehung zu schaffen. Jedes Stadium muß sich natürlich entwickeln und entfalten können. Schauen Sie nicht ängstlich in die Zukunft, alles wird sich nach seiner Art entwickeln. Auch Ihre eigene Persönlichkeit wird im Prozeß dieser Entfaltung wachsen, ein ganz entscheidender Aspekt. Gehen Sie langsam voran, aber hüten Sie sich vor Trägheit! So werden Sie sich Stärke aneignen und sich mit Anpassungsfähigkeit Ihrem Ziel nähern können. Ihre Beziehung ist geprägt von der Gewißheit, daß Sie einander vertrauen können.

2. Liebt mich mein Partner?

Sie verlieben sich nicht Hals über Kopf. Für Sie ist Liebe etwas, das langsam wachsen muß. Erst wenn Sie jemanden lange und genau kennen, sind Sie sicher, daß Ihre Liebe tragfähig ist und können auch erst dann erfahren, ob die Liebe Ihres Partners für Sie echt ist. Das Potential für eine dauerhafte Liebesbeziehung ist auf jeden Fall gegeben.

3. Haben wir eine gemeinsame Zukunft?

Ehe Sie über eine gemeinsame Zukunft mit Ihrem jetzigen Partner nachdenken, sollten Sie zwei Dinge beachten. Zum ersten wird sich Ihre Beziehung vertiefen, vorausgesetzt, sie lassen ihr Zeit, sich in Ruhe zu entwickeln. Zum zweiten wächst und entwickelt sich nicht nur diese Beziehung, sondern auch Ihre Persönlichkeit. Um ernstzunehmenden Einfluß aufeinander ausüben zu können, müssen Sie sanft vorgehen und sich anpassen können. Sie haben das Stehvermögen, das Sie brauchen, um die Dinge zu einem glücklichen Ende zu führen. Wenn Sie Ihre würdige, tugendhafte Haltung beibehalten, werden Sie in Ihrem Partner die gleichen positiven Eigenschaften wecken – auf diesem Wege werden Sie zu einer erfüllten gemeinsamen Zukunft finden.

4. Wie soll ich mich jetzt am besten verhalten?

Wenn Sie sich Ihrem Partner taktvoll und zartfühlend nähern, senken Sie die Wurzeln der Sanftheit in festen Grund. Auf diese Wurzeln können Sie sich verlassen, sie werden zu ihrer Zeit blühende Triebe hervorbringen. Wenn Sie Ihre Zuneigung aber überdüngen, dann erzielen Sie zwar vorübergehend einen beeindruckenden Effekt, doch er ist von kurzer Dauer. Und Ihrem eigenen Ruf könnten Sie dabei auch noch schaden. Wenn Sie erkennen, daß ein schrittweises Vorgehen hier angebracht ist, kommen Sie zum begehrten Ziel, ohne dabei Ihre eigene Persönlichkeitsentwicklung zu behindern. Ihre Beziehung wird gefestigt und geschützt.

Eine dauerhafte Beziehung muß sich auf Sanftheit, Würde und Hingabe stützen. Sind diese Voraussetzungen nicht vorhanden oder verlorengegangen, ist es unwahrscheinlich, daß man sie in der Beziehung zur gleichen Person wiedererlangt.

5. Warum ist unsere Beziehung zerbrochen?

Der ausschlaggebende Grund ist wahrscheinlich ein Vertrauensverlust, ausgelöst durch ein zu rasches Vorgehen. In einer Beziehung, die lange dauern soll, kann man nichts übers Knie brechen. Hastige, unüberlegte Entscheidungen sind eine Gefahr für jedes Vertrauensverhältnis; dadurch gerät das gemeinsame Zeitmaß aus dem Takt. Wenn einer übereilig ist, ist keine Verständigung mehr möglich. Es könnte sein, daß Sie annehmen, in einer neuen Beziehung Ihr Glück zu finden, doch bedenken Sie, daß der Keim für den Zusammenbruch in Ihnen selbst steckt. Es könnte sein, daß Sie den gleichen Fehler immer wieder begehen, daß Sie wieder zu rasch voranstürmen. Sie müssen lernen, sich dem Schritt anderer anzupassen.

War die Beziehung noch jung und erfolgte die Trennung sehr früh, dann fehlte es wahrscheinlich auch an tieferen Werten. Handelte es sich jedoch um eine schon langdauernde Beziehung, in der Sie beide Ihre Persönlichkeiten durch Zusammenarbeit entwickelt haben, dann bestehen gute Aussichten auf eine Versöhnung.

6. Werden wir wieder zusammenkommen?

Es ist denkbar, daß Sie beide einfach das Interesse aneinander verloren haben, daß Ihre Beziehung sozusagen ein natürliches Ende gefunden hat. Wenn die Entwicklung zu langsam vor sich ging, kann es zu einem Stillstand gekommen sein; ein neuer Antrieb könnte Sie wieder zusammenführen. Ihre Zuneigung zueinander muß echt und ungezwungen sein.

7. Wie kann ich die Dinge wieder ins Lot bringen?

Ihre Hoffnungen gründen sich auf gesunde Verhaltensnormen. Verlieren Sie also nicht das Vertrauen zu sich selbst, Sie sind auf dem Weg zum Erfolg.

8. Was erhoffe ich mir vom Leben?

Sie möchten gern die Gewißheit haben, daß die gegenwärtigen Anstrengungen fruchtbringend sind. Wenn Ihre Liebe aufrichtig ist, wenn Sie das Beste für Ihren Partner wollen, dann können Sie sicher sein, daß die Verbindung ein Leben lang halten wird.

*DIE LINIEN*_____

Eins ———— **X** ————

Ihre Verbindung könnte ein Leben lang halten. Vertrauen und Zuneigung sind vorhanden, dennoch fühlen Sie sich ausgeschlossen. Das freundliche Entgegenkommen anderer ermuntert Sie augenblicklich nicht; Sie fühlen sich alleingelassen. Das läßt Sie zögern. Sie wollen kein Risiko eingehen. Vorsicht und Umsichtigkeit sind kluge Haltungen. Da Sie von Natur kein Mensch mit großen Ansprüchen sind, können Sie zum guten Schluß Erfolg erwarten.

Zwei ———— **X** ————

Die Situation war in letzter Zeit nicht einfach, trotzdem haben Sie kleine Fortschritte gemacht, was Ihnen mehr Unabhängigkeit einbrachte. Sie sind eigentlich mit den Umständen zufrieden und zuversichtlich, auch weiterhin den Erwartungen gerecht werden zu können. Sie haben die Handlungsmöglichkeiten erkannt und nehmen die Chance wahr, für sich und andere eine Zukunft aufzubauen.

Drei

Die Linie deutet auf zwei verschiedene Wege hin, denen beiden der Versuch, die natürliche Entwicklung zu übergehen, als Fehler zugrunde liegt. Entweder haben Sie überstürzt und eigensinnig die Welt zu einem ungleichen Kampf herausgefordert, in dem Sie jetzt unterliegen, was auch für Ihre Familie eine Katastrophe bedeutet. Oder Sie stehen erst kurz davor, diese übereilte Handlung in Angriff zu nehmen. Dann sind Sie gewarnt. Halten Sie sofort inne, Sie bewirken sonst großes Unheil! Provozieren Sie keine Konflikte, es kann für Sie und Ihre Familie nur böse ausgehen, obgleich Sie sich damit rechtfertigen könnten, daß Sie in Notwehr gehandelt hätten.

Vier ——— **X** ———

Sie sind, ohne Ihre Schuld, in einer nicht sehr angenehmen Lage. Gelegentlich geraten Menschen im Laufe der natürlichen Entwicklung in mißliche Situationen, die durchaus auch gefährlich sein können. Um die Sache heil durchzustehen, sollten Sie sich auf Ihren gesunden Menschenverstand verlassen und nachgeben. Sie werden so, trotz aller Widrigkeiten, Ihre Persönlichkeitsentwicklung fortsetzen können, und neue Wege werden sich eröffnen.

Fünf

Die Situation ist keineswegs glücklich. Ohne Ihr Verschulden sind Sie in einer wenig beneidenswerten Lage, hervorgerufen von den Verleumdungen der Leute um Sie herum. Menschen, von denen Sie abhängig sind, mißverstehen Sie und schätzen Sie falsch ein. Diese Situation wird noch eine Weile andauern, dann aber wird sich alles klären und zum Guten wenden.

Sechs

Sie haben das Ziel Ihres Lebens erreicht. Sie sind zu jener geistigen Höhe vorgedrungen, die den Zweck des Lebens bildet. Ihr Leben gleicht einem vollendeten Muster. Sie hinterlassen ein strahlendes Licht, das anderen auf dem Weg zur Erkenntnis leuchten wird. Ihr Leben ist beispielhaft und weist den Menschen den Pfad zur Vollendung.

Hexagramm 54
DAS HEIRATSFÄHIGE MÄDCHEN

Unterschiedliche menschliche Reife;
junge Braut und erfahrener Ehemann

1. Ist dieser Mensch der geeignete Partner für mich?

Sie und Ihr Partner sind recht ungleich. Ein alter, weiser Mann heiratet eine junge, unerfahrene Frau. Der Unterschied liegt nicht allein im Alter (er könnte sogar gering sein), sondern es geht um die angesammelte Reife und die Erfahrungen. Ihre Liebe und Zuneigung macht Sie trotz dieser Unterschiede zu passenden Partnern. Das Hexagramm zeichnet das Bild einer sehr jungen Braut, die freudig die Ehe mit einem reifen Mann eingeht, denn die Ehe bietet ihr Sicherheit und Glück. Über die Verpflichtungen der Ehe hinaus ist es die tiefe Zuneigung, die sie beide zusammenführt.

2. Liebt mich mein Partner?

Noch muß die Beziehung der Prüfung durch Zeit und Erfahrung standhalten. Wenn zwei Menschen frei und unabhängig die Entscheidung fällen, einander heiraten zu wollen, so ist die gegenseitige Zuneigung der beiden das Rückgrat dieser Verbindung. Sie werden ganz selbstverständlich nicht nur Liebe, sondern auch Respekt füreinander empfinden.

3. Haben wir eine gemeinsame Zukunft?

Sie müssen als Paar bereit sein, am Aufbau der Beziehung zu arbeiten. Die Formalität der Eheschließung ist noch keine Garantie für eine funktionierende Ehe. Die Worte, die Sie bei der Zeremonie gesprochen haben, haben Bedeutung. Sie müssen die Versprechen auch in dem Geiste halten, in dem Sie sie gegeben haben. Die Zukunft wird um so strahlender, je größer die gemeinsam zu tragende Verantwortung ist, etwa wenn gemeinsame Kinder großzuziehen sind. Wenn Sie es verstehen, sich den Respekt für Ihre gegenseitige Unabhängigkeit zu bewahren, wird diese Verbindung in ihrer Ausgewogenheit ein Leben lang halten.

4. Wie soll ich mich jetzt am besten verhalten?

Geben Sie beide Ihren Gefühlen frei und spontan Ausdruck; kümmern Sie sich nicht um das, was die Umwelt von Ihnen erwartet. Verbergen Sie Ihre Zuneigung nicht voreinander, weil es als unschicklich gelten könnte, wenn Sie sie offen zeigen.

5. Warum ist unsere Beziehung zerbrochen?

Wenn Mißverständnisse und Probleme im frühen Stadium Ihrer Beziehung aufkamen – besonders nachdem das Eheversprechen gegeben war –, mag der Grund ein Mangel an Takt gewesen sein. Ein deutlich zur Schau gestellter Vertrauensbruch kann selbstverständlich nicht mit verzeihendem Entgegenkommen rechnen. Probleme dieser Art haben Sie ganz allein sich selbst zuzuschreiben; die Folgen können recht demütigend sein.

6. Werden wir wieder zusammenkommen?

Wenn sich Ihr Partner und Sie unter demütigenden Umständen getrennt haben, kann Versöhnung nur durch echte Vergebung zustande kommen. Versöhnung aus Pflichtgefühl ist nicht möglich. Sie haben sich freiwillig zusammengefunden, also muß auch der Wunsch, zu verzeihen, freiwillig sein. Das Orakel verspricht keine Wiedervereinigung, es nennt lediglich die Bedingungen, unter denen sie möglich wäre.

7. Wie kann ich die Dinge wieder ins Lot bringen?

Das Orakel beschreibt eine neue Beziehung, die alle Voraussetzungen hat, sich zu entwickeln. Kern Ihrer gegenseitigen Anziehung ist eine tiefe Zuneigung. Dieses Gefühl gibt all Ihrer gemeinsamen Arbeit ihren Wert. Wenn Sie durch Ihr Verhalten die spontane Zuneigung Ihres Partners verletzt haben, müssen Sie alles daransetzen, sie wiederzuwecken. Etwas anderes können Sie nicht tun. Versuchen Sie, wieder anziehend für Ihren Partner zu werden. Allerdings: Vorspiegelungen sind sinnlos; nur ehrliche, furchtlose Liebe kann Signale setzen. Es gibt keinen Hinweis darauf, daß die Liebe nach einem Bruch erwidert wird, aber auch keinen für das Gegenteil.

8. Was erhoffe ich mir vom Leben?

Die Liebe, die Sie und Ihr Partner füreinander empfinden, ist echt. Sie beide wollen, daß die Beziehung von Dauer ist. Deshalb suchen Sie nach noch vollkommeneren Formen des Zusammenlebens.

DIE LINIEN

Eins ——O——

Die Lage, in der Sie sich befinden, hätten Sie für sich selbst nicht frei gewählt. Sie hätten sich etwas Besseres gewünscht. Dessen ungeachtet geben Sie Ihr Bestes, um das Vertrauen Ihres Partners und persönliche Sicherheit zu gewinnen. Mit der Zeit wird Ihr Partner Ihre Qualitäten schätzen lernen.

Zwei ——O——

Die Erwartungen, die eine junge Frau an einen alten Ehemann stellt, sind nicht zu erfüllen; Sie bleibt ihm aber treu, trotz der beklagenswerten Umstände.

Drei ——X——

Ihr Partner erwartet entschieden zuviel von Ihnen, machen Sie keine Kompromisse. Sie können den Konsequenzen der Fehler, die Sie jetzt begehen, nicht mehr entkommen. Setzen Sie Ihre Glaubwürdigkeit nicht unnötig aufs Spiel.

Vier ——O——

Wenn die richtige Person kommt, werden sie heiraten. Sie hatten recht, nicht die erstbeste Gelegenheit zu ergreifen. Ihre Geduld und Integrität lohnen sich.

Fünf ——X——

Dies ist die Linie einer Frau, die einen Mann heiratet, obwohl sie weiß, daß er ihr nicht bieten kann, woran sie bisher gewöhnt war. Die Frau indessen besitzt tiefe Einsicht in die Bedeutung der Ehe und sucht nicht nach der oberflächlichen Entschädigung durch materielle Güter. Sie weiß, daß materieller Reichtum nichts ist im Vergleich zu Liebe und Zuneigung. Sie paßt sich dem neuen Leben ohne Schwierigkeiten an.

Sechs ——X——

Hier ist eine Situation dargestellt, in der das Ehegelöbnis ein reines Lippenbekenntnis war. Keiner der Ehepartner fühlt sich emotional oder geistig verpflichtet; die Zeremonie war eine reine Farce. Alles andere als ein vielversprechender Anfang.

Hexagramm 55
DER RANDVOLLE KELCH

Fülle an weltlichen Gütern;
Zwiespalt der Gefühle;
Überfluß und Vergänglichkeit

Dieses Hexagramm befaßt sich mit dem Erreichen des Gipfels in geistiger, emotionaler und materieller Hinsicht, symbolisiert durch die Mittagssonne. Obgleich Sie den Zenith des Lebens erreicht haben, sind Sie nicht glücklich oder sonderlich zufrieden. Melancholie durchzieht Ihre Gefühle, denn Sie erkennen, daß Sie zwar alles haben und daß Ihre Erfolge Ihnen auch Respekt eintragen, daß aber all dies nur weltliche Güter sind, die in einem höheren Sinne nichts bedeuten. Sie sehen Ihr Leben wie ein Panoramabild, und der Anblick ist bitter. Ihre Überlegungen sind von einer Schärfe und Klarheit, wie sie nur ein Mensch erreicht, der sein Bestes im Leben gegeben und viel zum Erfolg gebracht hat. Sie sehen die Notwendigkeit, zu einer höheren geistigen Erfüllung zu kommen, die Aussicht aber erfüllt Sie trotzdem nicht mit freudiger Erwartung. Auf völlig undramatische Weise ist Ihr Leben von zwiespältigen Gefühlen beherrscht: das Gefühl des Überflußes mischt sich mit dem des Ver-

lustes, Freude mit Traurigkeit. Vor allem beschäftigt Sie die Flüchtigkeit und Vergänglichkeit des Lebens. Sie haben einen Punkt erreicht, an dem Sie anhalten und nachdenken.

Die Botschaft des Orakels ist aufmunternd. Die Zeit ist gekommen, in tiefen Zügen aus dem Kelch zu trinken, den Sie sich selbst durch Ihre Arbeit und Leistung bis zum Rande gefüllt haben. Schieben Sie Ihre Sorgen und Bedenken beiseite, genießen Sie das Leben, denn Sie haben es sich wohlverdient!

1. Ist dieser Mensch der geeignete Partner für mich?

Ihr Partner nähert sich Ihnen in stiller Weise mit sanften Gefühlen, die ganz Ihrer Idealvorstellung von Liebe entsprechen. Was Sie immer ersehnt haben, besitzen Sie jetzt. Es ist nicht länger ein fernes Ideal, es ist Realität. Sie müssen die Sache aber auch im Hier und Jetzt mit Sinn erfüllen. Teilen Sie, was Sie haben, geben Sie, ohne der Kosten zu achten, nehmen Sie die Freude, die sich bietet, an, lassen Sie sie an die Oberfläche Ihres Lebens kommen!

2. Liebt mich mein Partner?

Ihr Partner stellt keine Ansprüche. Er (sie) sorgt sich um Sie und schenkt Ihnen alle Liebe, die Sie sich nur wünschen können. Sie dagegen haben diese Bezeugungen der Zuneigung entweder nicht voll erkannt oder Ihre Anerkennung nicht deutlich genug zum Ausdruck gebracht. Eigentlich sollte in Ihrem Herzen nicht der geringste Zweifel an der Liebe Ihres Partners herrschen.

3. Haben wir eine gemeinsame Zukunft?

Ihre gemeinsame Zukunft verspricht sehr viel besser zu werden als die Vergangenheit. All Ihre Befürchtungen werden sich zerstreuen.

4. Wie soll ich mich jetzt am besten verhalten?

Im Grunde sind Sie ein positiv eingestellter Mensch. Wenn Sie doch nur einsehen wollten, daß Sie durchaus noch immer in der Lage sind, anderen Freude zu bereiten; Sie könnten die Zeit ausgezeichnet nutzen.

5. Warum ist unsere Beziehung zerbrochen?

»Zerbrochen« ist hier nicht der richtige Ausdruck; die Beziehung besteht noch, aber sie schleppt sich mühsam dahin. Sie kennen sich gegenseitig zu genau, der Zauber ist dahin, ein Gefühl der Sinnlosigkeit hat sich breit gemacht. Noch ist es wahrscheinlich nicht zu spät, doch passen Sie auf, daß das Desinteresse nicht zur Gewohnheit wird.

6. Werden wir wieder zusammenkommen?

Das Orakel deutet nicht an, daß Sie sich überhaupt getrennt haben. Wenn es zu einer gewissen Entfremdung gekommen sein sollte, dann ziehen Sie Trost aus der Tatsache, daß längst nicht alles verloren ist – im Gegenteil, gerade jetzt ist die Zeit günstig, alte Fehler zu korrigieren und auszumerzen.

7. Wie kann ich die Dinge wieder ins Lot bringen?

Geben Sie Ihrer Freude rückhaltlos Ausdruck, verleihen Sie Ihrer Weisheit Wirksamkeit, seien Sie gerecht in der Beurteilung von Menschen und Ereignissen. Wenn es etwas Unangenehmes zu tun gibt, tun Sie es rasch und gründlich, ohne viel Aufhebens darum zu machen.

8. Was erhoffe ich mir vom Leben?

Ihr Wunsch ist es, daß alle Reste von Melancholie, die Ihren Gefühlen anhaften, durch wahre Freude ersetzt werden.

DIE LINIEN

Eins ———⊖———

Die Linie beschreibt zwei Menschen, die in der Zeit der Fülle zueinanderfinden. Beide verfügen über unterschiedliche Eigenschaften, die sich zu einer ganz erheblichen Kraft ergänzen. Einer besitzt klaren, scharfen Verstand, der andere Schaffenskraft. Miteinander verbrachte Zeit ist gut verbrachte Zeit.

Zwei ———X———

Zwei Menschen bilden ein hervorragendes Team und leisten außergewöhnliche Arbeit, doch eine dunkle Kraft greift von außen ein und hemmt den Fortschritt der Arbeit. Keiner von Ihnen beiden sollte die dunkle Macht bekämpfen; Widerstand würde Ihre Kraft lediglich stärken. Sie müssen ausharren, Kräfte sammeln, dürfen sich durch nichts beirren lassen. So werden Sie beide in die Lage versetzt, das Hemmnis zu überwinden und ihre großartige Arbeit fortzusetzten.

Drei ———⊖———

Die Situation ist wie in Linie zwei, nur ist die Macht der dunklen Kräfte noch stärker – es herrscht eine Sonnenfinsternis. Das Hemmnis ist total, niemand kann etwas dagegen unternehmen. Die Situation ist außergewöhnlich, aber nicht von Dauer. Die Kräfte wirken sich vor allem in Ihrem gesellschaftlichen Leben aus – halten Sie sich von unglaubwürdigen Menschen fern.

Vier ———⊖———

Die Sonnenfinsternis geht vorüber, das Tageslicht kommt wieder hervor. Freude und Erleichterung machen sich breit, sie können gemeinsam Ihre Arbeit zum Wohl anderer fortsetzen.

Fünf ———X———

Sie sind immer bereit, den Rat derer anzunehmen, die etwas Wichtiges und Wertvolles zu bieten haben. Sie erhalten so Anregungen, die Ihnen einen unglaublichen Aufstieg ermöglichen. Glück und Ehre werden Ihnen zuteil, was auch zum Nutzen anderer ist.

Sechs ———X———

Die Linie beschreibt einen wohlhabenden Menschen, der aber engstirnig, starrsinnig und egozentrisch ist. Er hört nicht auf andere und hat sich in seinem Dünkel ganz von anderen abgewendet. Er teilt mit niemandem. Die Situation ist dauerhaft und bietet nichts als Einsamkeit.

Hexagramm 56
DER REISENDE

Oberflächliche Kontakte;
ruhelose Wanderschaft;
flüchtige Beziehung

Thema dieses Hexagramms ist ein Mensch, der von Land zu Land, von Stadt zu Stadt reist. Ein solcher Mensch, der ständig unterwegs ist, kommt mit anderen nur oberflächlich in Berührung. Die Fragen und Antworten richten sich deshalb in besonderer Weise an den Reisenden.

1. Ist dieser Mensch der geeignete Partner für mich?

Die Antwort auf diese wie auf alle Fragen hängt davon ab, was Sie von einer Beziehung erwarten. Sie hängt auch davon ab, ob Sie selbst der Reisende sind oder die Person, die mit einem Reisenden verbunden ist. Die Beziehungen des Reisenden sind, seinem Lebensstil entsprechend, im allgemeinen nur kurzlebig.

Die Beziehung könnte die zu einem durchreisenden Fremden sein, der plötzlich in das Leben eines anderen tritt und es ebenso plötzlich wieder verläßt. Wenn das Verhalten dieses Menschen höflich, freundlich und wohlerzogen ist, hat man nichts zu befürchten und auch er muß keine Befürchtungen hegen, kommt man ihm in gleicher Weise entgegen. Doch befriedigt der Reisende – ob männlich oder weiblich – nicht den Wunsch nach einer dauerhaften, stabilen Beziehung. Der Reisende selbst sollte nicht vorgeben, derartiges zu bieten; wer die Zuneigung des Reisenden erfährt, sollte sich über die Absichten dieses Menschen keine Illusionen machen.

2. Liebt mich mein Partner?

Ihr Partner steht Ihnen nicht gleichgültig gegenüber, für den Augenblick mag er (sie) sogar Liebe empfinden. Doch flüchtig, wie die Bekanntschaft ist, mögen auch die Gefühle sein.

3. Haben wir eine gemeinsame Zukunft?

Eine gemeinsame Zukunft ist sehr unwahrscheinlich.

4. Wie soll ich mich jetzt am besten verhalten?

Als Reisender sammeln Sie ungezählte Eindrücke. Sie kennen die Wechselfälle des Lebens, seine Höhen und seine Tiefen. Für Sie ist wichtig, daß Sie sich dabei allezeit Ihre Rechtschaffenheit erhalten, daß Sie gegenüber denen, die Ihnen auf Ihrem Weg begegnen, Bescheidenheit zeigen, dann werden Sie überall gut und freundlich aufgenommen.

5. Warum ist unsere Beziehung zerbrochen?

Der Reisende, der eine tiefe, erfüllte Beziehung erwartet, muß bereit sein, Zeit zu investieren und Verpflichtungen zu übernehmen. Sind Sie aber der Empfänger der Zuneigung eines Reisenden, dann haben Sie den dummen Fehler gemacht, von einem Menschen Erfüllung und Bindung zu erwarten, der dies nicht geben kann.

6. Werden wir wieder zusammenkommen?

Wer weiß? Wenn der Reisende wieder Ihres Weges kommt, kann es sein, daß Sie einen Bund schließen. Sind Sie der Reisende, liegt es bei Ihnen, ob Sie die Möglichkeit dazu nutzen. Das Orakel deutet allerdings an, daß eine Wiedervereinigung unwahrscheinlich ist, es sei denn, das Schicksal greift ein.

7. Wie kann ich die Dinge wieder ins Lot bringen?

Es hat sich von vornherein nur um eine vorübergehende Episode gehandelt. Sie helfen sich selbst am besten, wenn Sie sich das klarmachen und es akzeptieren. Es besteht kein Grund zur Reue.

8. Was erhoffe ich mir vom Leben?

Wie das Feuer sind Sie immer auf der Suche nach neuer Nahrung. Sie suchen ständig nach neuen, lohnenden Zielen.

DIE LINIEN

Eins ———— X ————

Sie sind ein Reisender. Dementsprechend sind Ihre Erfahrungen mit anderen Menschen flüchtig. Sie sehen die Probleme anderer nur oberflächlich. Sie sollten nicht zu leicht nehmen, was anderen ernst und wichtig ist. Zeigen Sie mehr Bescheidenheit und Integrität. Geben Sie sich nicht der Täuschung hin, daß andere Sie nicht durchschauen und Sie nicht als das erkennen, was Sie sind – ein Durchreisender.

Zwei ———— X ————

Sie sind ein Mensch mit innerer Haltung. Eine Eigenschaft, die sich denen mitteilt, die Sie auf Ihrem Weg treffen, und die als anziehend empfunden wird. Sie finden dadurch einen wertvollen Freund.

Drei ———— O ————

Es ist nicht gut für einen Reisenden, sich in örtliche Angelegenheiten zu mischen, ohne die Bereitschaft, die Sache bis zum Ende durchzuhalten. Ihnen geht das nötige Pflichtgefühl ab, weshalb die Situation für Sie gefährlich wird. Sie können keine Sympathie erwarten, da Sie keine Freunde haben.

Vier ———— O ————

Sie bitten um wenig, es verlangt Sie aber nach mehr. Sie haben sich an einem Ort niedergelassen, finden aber keine Ruhe, fühlen sich nicht zu Hause. Das Gefühl, ein Reisender zu sein, schlägt durch und schafft immer mehr Unbehagen.

Fünf ———— X ————

Sie waren gezwungen, an einem fremden Ort eine Heimat zu suchen. Durch Ihr Handeln verdienen Sie das Lob und die Anerkennung derer, die Ihnen helfen, sich heimisch zu fühlen. Sie werden geehrt und man bietet Ihnen Arbeit.

Sechs ———— O ————

Die wertvollste Eigenschaft des Reisenden ist seine anspruchslose Anpassungsfähigkeit. Dieser Eigenschaft wegen ist er (sie) überall willkommen und deshalb auch kann er (sie) überall rasten. Wenn diese Eigenschaft aber mißachtet wird oder verlorengeht, gibt es leicht Grund zur Klage. Auch Ihre reisenden Kumpel trachten nach Kameradschaft; Sie sollten dieses Verhalten nicht schmähen oder mißbrauchen.

Hexagramm 57
BEEINDRUCKBARKEIT

Bereitschaft zur Unterordnung;
Zweifel und Mißtrauen;
Stärkung der Urteilskraft

1. Ist dieser Mensch der geeignete Partner für mich?

Es gibt Menschen, die man auf Anhieb mag oder niemals. Hier fühlen Sie sich spontan zu jemandem hingezogen, dennoch empfinden Sie ein gewisses Unbehagen, eine Unsicherheit. Sie wissen nicht, ob hinter dieser Stirn Ränke geschmiedet und düstere Pläne ausgeheckt werden oder ob Sie zu diesem Menschen blindes Vertrauen haben können.

Der erste Eindruck kann leicht täuschen. Wenn Sie herausfinden wollen, ob man Sie hinters Licht führt, dann gibt es nur einen Weg: Entscheiden Sie zunächst zugunsten dieses Menschen. Gehen Sie aber keine feste Bindung ein, ehe Sie nicht ganz sicher sind, um was für einen Menschen es sich handelt!

2. Liebt mich mein Partner?

Es scheint in der Tat, als sei Ihr Partner hinter einer undurchsichtigen Wand verborgen. Das ist äußerst frustrierend. Sie wissen nicht, ob seine (ihre) Absichten ehrenhaft sind, haben aber auch nichts in der Hand, um zu beweisen, daß sie unehrenhaft sind. Die schlechten Absichten brauchen Sie noch nicht einmal zu betreffen, sie können auch gegen andere gerichtet sein, einen Ehegatten oder Freund. Vielleicht ist dieser Mensch jemand anderem verpflichtet und spricht nicht darüber.

Vielleicht hat Ihr Partner ein Geheimnis. Solange Sie nicht eng miteinander verbunden sind, braucht Sie das nichts anzugehen, wenn Sie aber enger verbunden sind, dann sollten Sie etwas tiefer bohren, um der Sache auf den Grund zu gehen. Es könnte gut sein, daß Ihr Partner gerade in dieser Sache Ihre Hilfe braucht. Noch ist es zu früh, ein Urteil zu fällen; ohne guten Grund sollten Sie keine voreiligen Schlüsse oder Konsequenzen ziehen.

3. Haben wir eine gemeinsame Zukunft?

Die Vorstellung einer gemeinsamen Zukunft mit diesem Menschen erfüllt Sie mit Zweifeln, auch wenn Sie das vor Freunden und der Familie geheimhalten. Wenn es eine gemeinsame Zukunft geben soll, so muß sie hart erarbeitet werden, und es gibt keine Gewißheit, daß die Zukunft diese Anstrengungen wert ist. Sie müssen Ihre Intuition einsetzen, die Ohren spitzen. Setzen Sie

im Rahmen dieser Beziehung niemals Ihre Redlichkeit aufs Spiel, gehen Sie keinen faulen Kompromiß ein, dann sind Sie Ihres Glücks sicher. Es hängt alles von Ihrer unerschütterlichen Selbstdisziplin ab. Geben Sie keiner Versuchung nach, die Ihre Position schwächt; das gilt für alle Schwierigkeiten, die Sie nicht selbst heraufbeschworen haben.

4. Wie soll ich mich jetzt am besten verhalten?

Da Sie von der gegenwärtigen Situation nicht abhängig sind, brauchen Sie keine Privatinteressen zu vertreten. Sie können Ihren Einfluß fast unmerklich geltend machen. Da Sie in der Lage sind, Ihre Verantwortung auszuüben, ohne voreingenommen zu sein, können Sie behilflich sein, ohne sich aufzudrängen. Diese Eigenschaft ist für Ihren Partner und andere anziehend und weckt Vertrauen. Sie können deshalb zu Offenheit, Ehrlichkeit und zu einem klärenden Gespräch ermuntern. Auf dieser Grundlage kommen sinnvolle Entscheidungen zustande.

5. Warum ist unsere Beziehung zerbrochen?

Beziehungen wachsen im Klima echten Engegenkommens. Boshaftigkeit, plötzliche, ärgerliche Gefühlsausbrüche, Intoleranz und Ungeduld stören dieses Klima empfindlich. Wenn die Beziehung aus einem der genannten Gründe zusammengebrochen ist, dann ist es höchst bedauerlich. Es kann gut sein, daß die Stärke und Entscheidungskraft des einen und die Sanftmut und Unentschlossenheit des anderen die Beziehung unerträglich belastet haben. Sie waren beide nicht ernsthaft genug entschlossen, eine wirklich funktionierende Verbindung aufzubauen, deshalb ist sie auch weniger zerbrochen als vielmehr zerbröckelt und zu Nichts zerfallen.

6. Werden wir wieder zusammenkommen?

Bevor Sie einen Versöhnungsversuch unternehmen, sollten Sie sich mit Menschen beraten, auf deren Urteil Sie sich verlassen können: Freunde, Familienmitglieder, vielleicht ein Geistlicher. Sie müssen sich ganz sicher sein, daß Sie mit diesem Menschen auf jeden Fall wieder zusammenkommen wollen. Wenn das so ist, dann müssen Sie all Ihre Freundlichkeit, all Ihre Zuneigung auf diesen Punkt konzentrieren. Wenn Sie aber im Grunde Ihres Herzens von der Richtigkeit einer Aussöhnung nicht überzeugt sind, sollten Sie keine Schritte unternehmen; es würde Unglück bringen.

7. Wie kann ich die Dinge wieder ins Lot bringen?

Wenn wir es mit Gefühlsangelegenheiten zu tun haben, sind wir oft recht hilflos. Natürlich wollen Sie, daß sich alles wieder einrenkt. Erwarten Sie nicht, daß es hier eine einfache Lösung gibt, durch die alles wie durch ein Wunder wieder in Ordnung kommt. Jede Entscheidung, die Sie jetzt treffen, muß sorgfältig durchdacht sein. Bedenken Sie die möglichen Konsequenzen eines jeden Schrittes, ehe Sie sich auf irgend etwas bindend einlassen. Wenn Ihr Einfluß von Nutzen sein soll, dürfen Sie nicht wie ein Blitz aus heiterem Himmel dazwischenfahren. Handeln Sie vorsichtig und wohlüberlegt. Unentschlossenheit ist so unangebracht wie überstürztes, unüberlegtes Handeln.

8. Was erhoffe ich mir vom Leben?

Im Augenblick wollen Sie eigentlich nur eine verläßliche Aussage. Sie wollen anderen nicht schaden und hoffen, daß sich die jetzige Situation zum Guten wendet, daß es keine Verlierer gibt. Darüber hinaus wollen Sie, daß auch andere ehrlich mit sich selbst sind.

DIE LINIEN

Eins ——— X ———

Lassen Sie sich nicht von allem und jedem beeindrucken, schärfen Sie Ihr Urteilsvermögen! Lassen Sie sich nicht von anderen herumschieben, ergreifen Sie selbst die Initiative! Sie sind es nicht gewohnt, sich mit Gewalt durchzusetzen, aber Sie müssen lernen, energischer zu werden.

Zwei ——— O ———

Die, die Ihnen Böses wollen, agieren im Verborgenen. Sie können ungehindert Ihre Ränke schmieden, denn Sie kennen sie nicht und wissen nicht, wo sie sich verstecken. Es ist aber dringend nötig, daß das Böse ans Licht gezerrt und bloßgestellt wird. Nur so kann es zerstört werden. Nur schärfste Aufmerksamkeit, Einsicht und Scharfblick können zum Ziel führen.

Drei ——— O ———

Sie haben lange genug nachgedacht, jetzt wird es Zeit, zu handeln. Zaudern Sie nicht länger! Wenn Sie jetzt nichts unternehmen, ist die Chance verpaßt. Sie haben genügend Erfahrung, um Ihren Plan erfolgreich durchzuführen.

Vier ——— X ———

Sie verfügen über alle nötigen Eigenschaften, um zu Ruhm und Erfolg zu gelangen.

Fünf ——— O ———

In Ihrer jüngsten Vergangenheit waren Sie mit Schwierigkeiten konfrontiert, deren Nachwirkungen Ihnen noch immer zu schaffen machen. Es ergibt sich jetzt eine neue Entwicklung, die sich gut anläßt. Vorausgesetzt, Sie bleiben charakterfest, sind Sie jetzt in der bestmöglichen Position, um weitere Schritte zum Erfolg zu unternehmen. Denken Sie aber über jeden Schritt zunächst gründlich nach. Übereilen Sie nichts, der gute Anfang verspricht auch ein gutes Ende, wenn Sie korrekt vorgehen.

Sechs ——— O ———

Bisher sind Sie sehr gut vorangekommen, aber jetzt geht Ihnen die Puste aus. Sie haben nicht die nötige Kraft, nicht den Einfluß, nicht die Mittel, weiterzumachen, obgleich Sie erkennen, daß es notwendig wäre. Forcieren Sie jetzt nichts, Sie würden sich nur selbst schaden. Machen Sie eine Pause, bis die Zeit gekommen ist, die Arbeit wieder aufzunehmen.

FREUNDSCHAFT

Gegenseitige Bereicherung;
Genußfreude;
umfassende Zuneigung

1. Ist dieser Mensch der geeignete Partner für mich?

Sie haben eine sehr zufriedenstellende Beziehung zu Ihrem Partner, denn sie stimmen gefühlsmäßig und geistig miteinander überein. Wenn sich diese Verbindung weiterentwickeln kann, wird daraus eine Vermählung der Geister. Sie haben beide den Hang, Ideen zu teilen, und es bereitet Ihnen beiden großes Vergnügen, über alles mögliche miteinander zu reden. Sie können das Erhabene und das Profane miteinander diskutieren, dadurch wird das Band zwischen Ihnen gefestigt.

Ihre gegenseitige Zuneigung ist eine Ausgangsbasis für die Bereicherung Ihres Wissens. Es macht Ihnen Freude, gemeinsam Neues zu erkunden und voneinander zu lernen. Die Gegenwart des anderen ist für Sie immer ein Vergnügen, was dem alltäglichen Kleinkram des Lebens viel von seiner Langeweile nimmt.

2. Liebt mich mein Partner?

Was Ihre Beziehung zueinander so wertvoll macht, ist die Fähigkeit, sich ungehindert mitteilen zu können. Sie kennen kein Rivalitätsdenken, Sie können Ihre Ideen und Gefühle frei austauschen. Es besteht deshalb auch kein Grund, an der gegenseitigen Zuneigung zu zweifeln. Ihre Liebe gründet sich auf gegenseitigen Respekt voreinander und auf die Redlichkeit ihrer Charaktere – dies fügt der Liebe die Dimension der Freundschaft hinzu.

3. Haben wir eine gemeinsame Zukunft?

Die Regeln, die eine Freundschaft beherrschen, sind meist lockerer als die zwischen Liebenden. Bei Ihnen ist das anders. Sie müssen nicht zusammenleben, um Ihre Beziehung pflegen zu können. Sie verständigen sich auch über weite Entfernungen hinweg, es tut Ihrer Beziehung nicht im mindesten Abbruch, wenn Sie gelegentlich getrennt sind. Ihre Liebe und Freundschaft füreinander ist tief und aufrichtig, Sie werden sich immer gegenseitig Freude bringen. Es stellt eine besondere Herausforderung dar, zugleich Freund und Geliebter zu sein, doch gegenseitiger Respekt und Herzensadel befähigen dazu, sich dieser Herausforderung erfolgreich zu stellen. Die Intimität wächst in dem Maße, in dem man Intimität miteinander teilt. In gemeinsamer Anstrengung eignet man sich leichter Wissen an, es macht mehr Spaß, in freundschaftlicher Atmosphäre zu lernen, als sich sein Wissen allein anzueignen.

4. Wie soll ich mich jetzt am besten verhalten?

Das Gegenteil der Freude ist Traurigkeit und Melancholie. Wenn Sie Ihren Freund verloren haben, werden diese Gefühle Sie übermannen. Die einzige Möglichkeit, diese Gefühle zu überwinden, besteht darin, die Werte dieser Freundschaft in sich selbst erneut wachzurufen und sie sich fest einzuprägen. Haben Sie Ihren Freund nicht verloren, können Sie dennoch die Freude mehren, indem Sie Ihren Charakter weiterentwickeln. Selbst die besten Freunde brauchen Zeit, sich zu erneuern.

5. Warum ist unsere Beziehung zerbrochen?

Man muß sehr streng unterscheiden zwischen dem Vorrecht, die Gesellschaft und Gegenwart des anderen genießen zu dürfen und der leichtsinnig-oberflächlichen Ausnutzung dieser Möglichkeit. Wenn Sie den Unterschied zwischen beidem nicht begreifen, dann müssen Sie jetzt erkennen, daß sich wahre Freude, echtes Vergnügen immer sanft, zurückhaltend und bescheiden ausdrückt. Grund des Zusammenbruchs kann nur ein Niedergang der respekt- und taktvollen Annäherung sein; einer von Ihnen hat die Freundschaft als Freibrief für bedeutungslose, unwichtige Oberflächlichkeiten mißbraucht. Wenn die Dinge diesen Stand erreicht haben, ist es ein großer Verlust.

6. Werden wir wieder zusammenkommen?

Wenn die unter Punkt fünf beschriebenen Umstände zutreffen, dann ist die Möglichkeit für eine Aussöhnung verspielt. Wenn aber nur leichtfertiges Geplänkel den Respekt untergraben und die Beziehung unterhöhlt hat, dann kann es sein, daß ein erneutes Bekenntnis zur Freundschaft die Beziehung noch einmal rettet, doch dieses Bekenntnis muß von Herzen kommen und sehr ernst gemeint sein.

7. Wie kann ich die Dinge wieder ins Lot bringen?

Weichen Sie niemals von dem Prinzip ab, daß wahre Freude und echtes Vergnügen nur aus der echten Freundschaft geboren werden. Ist die Freundschaft einmal verloren, kann man sie nur sehr schwer wiedergewinnen. Sie müssen die wahre Natur Ihrer Übereinstimmung neu entdecken.

8. Was erhoffe ich mir vom Leben?

Freude steckt an. Seien Sie bereit, Ihre Freude zu teilen. Wenn Sie es nicht schon herausgefunden haben, dann wird es Zeit, daß Sie entdecken, daß viele Hindernisse im Leben leicht überwunden werden können, wenn man in aufrichtiger Freundschaft mit anderen verbunden ist.

DIE LINIEN

Eins ——o——

Die Freude, die Sie empfinden, ist unabhängig von anderen Menschen und hat nichts zu tun mit den äußerlichen Verlockungen materieller Güter. Sie lieben das Leben, das macht Sie für andere anziehend. Weil Ihre Sicherheit nicht von Reichtum abhängt, nicht einmal von Freundschaft, ist Ihr Herz stark und Ihr Verstand klar. Sie sind ein freier Mensch.

Zwei ——o——

Wenn Sie fraglichen Zeitvertreib und zweifelhafte Freizeitbeschäftigungen rigoros ablehnen, entmutigen Sie diejenigen, die solches anbieten. Man läßt Sie in Ruhe. Lassen Sie sich aber verleiten mitzumachen, werden Sie es später bedauern.

Drei ——X——

Wer verzweifelt ist, wem das Leben sinnlos erscheint, der ist verletzlich und wird leicht Opfer von Versuchungen, die angeblich Abhilfe schaffen sollen. Vielleicht möchten Sie Ihren Kummer in Alkohol ertränken. Versuchen Sie, stark zu sein, achten Sie darauf, daß Sie den Halt nicht verlieren!

Vier ——o——

Zwei Möglichkeiten stehen Ihnen offen, und Sie versuchen herauszufinden, welcher Weg der genußreichere sein wird. Der eine verspricht körperlichen, der andere geistigen Genuß – wählen Sie den, der Ihnen Frieden bringt.

Fünf ——o——

Wir können den Konsequenzen unserer Entscheidungen nicht davonlaufen, deshalb müssen wir bedacht und vorsichtig wählen. Selbst die Tüchtigsten stehen gelegentlich vor gefährlichen Alternativen. Es gibt fast immer eine gute Lösung, man muß nur die Konsequenzen seiner Entscheidungen rechtzeitig in Betracht ziehen.

Sechs ——X——

Dies ist die Linie eines Hedonisten, eines Menschen, der sich ganz und gar der Sinneslust und dem Genuß verschrieben hat. Dadurch haben Sie alle Gefühlswerte verloren. Ihre Willenskraft ist gebrochen, Sie können Ihr Leben nicht mehr selbst durch bewußte Wahl lenken und bestimmen. Sie haben den Gefahrenpunkt überschritten und sind der Gnade des Windes ausgesetzt, und der Wind ist kein wohlmeinender Freund.

Hexagramm 59
ENTWIRRUNG

Entwirren des Knotens;
selbstverschuldete Krise beheben;
Läuterung

1. Ist dieser Mensch der geeignete Partner für mich?

Sie haben dieses Orakel geworfen, weil Sie in einer geistigen Sackgasse stecken. Doch schon erhebt sich der kühle Wind des Wandels. Sie müssen den Knoten, den Sie in sich spüren, aufknüpfen.

Eine Vielzahl von Umständen hat dazu beigetragen, daß es zu dieser Krise kam; die meisten haben Sie selbst verschuldet. Sie müssen sich der Erkenntnis stellen, daß Sie an der Krise verantwortlich beteiligt sind. Jetzt hat sich alles verschworen und greift Sie am schmerzhaftesten Punkt an, da, wo Ihre Selbstüberschätzung Ihren Sitz hat. Wenn Sie in der Vergangenheit auf Herausforderungen stießen, wenn Ihr Ehrgeiz angestachelt wurde, dann konnten Sie sich auf Ihr Selbstwertgefühl verlassen. Angesichts von Konflikten klopften Sie sich auf die Schulter und waren sich sicher, daß Sie auf jeden Fall siegen würden. Jetzt erkennen Sie, daß Sie sich überschätzten, erst jetzt lernen Sie sich selbst wirklich kennen.

Niemand kann Ihnen die Aufgabe der Selbsterkenntnis abnehmen, aber wenn Sie ernsthaft bemüht sind, dann werden sich Leute finden, die Ihnen Hilfe leisten können.

Während Sie sich einem tiefgreifenden Prozeß der Läuterung unterziehen, werden Sie auch erkennen, daß Sie in der Vergangenheit nur Lippenbekenntnisse zu den Ideen abgelegt haben, denen zu dienen Sie vorgaben. Es ist eine Sache, von der besseren, neuen Ordnung zu reden und eine andere, eine klare Vorstellung von dieser neuen Ordnung zu haben. Es ist eine Sache, von der treibenden Kraft der Liebe zu sprechen, und eine andere, sich selbst von dieser Kraft antreiben zu lassen. Sie haben von Rechtschaffenheit und Wahrheit gesprochen, haben Sie auch danach gehandelt? Die hohen Ziele der Menschheit zu beschreiben, ist nicht genug, man muß als lebendes Beispiel vorangehen. Sie sind auf dem Wege der Erkenntnis, doch noch weit vom Ziel entfernt. Gehen Sie ehrlich mit sich ins Gericht. Beuten Sie nicht immer noch andere zu Ihren Zwecken aus und geben der Sache nur einfach einen anderen Namen? Machen Sie sich nichts vor; was Sie in Angriff genommen haben, muß gründlich bis zum Ende durchgeführt werden, lassen Sie keinen Winkel Ihres Herzens aus!

Selbst mit dem verträglichsten Partner wird die Beziehung nicht dauerhaft sein, solange Sie nicht gründlich reinen Tisch gemacht haben. Solange die Wand Ihres Dünkels nicht eingerissen ist, wird jede Beziehung früher oder später daran zerschellen. Das Orakel weist diese Zeit als günstig aus, die Mauer niederzureißen. Lösen Sie den Knoten Ihrer Selbstüberschätzung und setzen Sie an dessen Stelle aufrichtiges Verständnis.

2. Liebt mich mein Partner?

Würden Sie Ihren Partner selbst danach fragen, so würde er das sicher bejahen. Doch die Liebe, die Ihr Partner für Sie empfindet, ist nicht die Liebe eines freien Menschen, eines Gleichwertigen; es ist die Liebe eines Unterdrückten. Sie haben Ihren Partner zum Sklaven Ihrer Wünsche gemacht. Wenn Ihr Partner gegen diese Tyrannei nicht rebelliert hat, dann deswegen, weil Sie mit Ihrer aufgeblasenen Dünkelhaftigkeit – die Sie Weisheit nennen – seinen Widerstand und sein Herz gebrochen haben. Was Sie Liebe nennen, war tatsächlich emotionale Ausbeutung!

3. Haben wir eine gemeinsame Zukunft?

Die einzig wirkliche Liebe ist die aus freien Stücken gegebene. Ein gequältes, ersticktes Herz wird alles zugeben, in der Hoffnung, eines Tages wieder freizukommen. Die Schranken, die Sie um Ihren Partner errichtet haben, sind auch Ihre Schranken. Es ist Ihr Herz, das sich verhärtet, es ist der Knoten Ihrer Selbstüberschätzung, der sich enger zieht. Der einzige Weg in die Freiheit führt über die Entwicklung eines höheren Bewußtseins. Sie müssen begreifen lernen, daß Liebe die bindende Kraft des unendlichen Universums ist, und nicht die Mauer eines Gefängnisses. Die Liebe zwischen Menschen drückt sich im Raum zwischen ihnen aus. Ihre Zukunft hängt davon ab, welche Wahl Sie treffen: Sie können zu einem Pfeiler der Liebe in der Welt werden, und Sie können ein Kerkermeister der Liebe werden. Sie müssen erkennen, was ausgeschlossen und wer eingeschlossen wird!

4. Wie soll ich mich jetzt am besten verhalten?

Sie müssen den Tunnel Ihrer engen Vorstellungen verlassen, erst dann wird geistige Weite möglich. Was Sie jetzt brauchen, ist Beweglichkeit des Geistes und des Verstandes, das echte Interesse, die Zusammenhänge bis in ihre Wurzeln hinein verstehen und verarbeiten zu wollen.

5. Warum ist unsere Beziehung zerbrochen?

Aus der Sicht Ihres Partners sind Sie egozentrisch, selbstsüchtig, überspannt und maßlos eingebildet. Sie nehmen keinen guten Rat an, überlassen niemals einem anderen die Initiative. Sie erscheinen gefühllos und werden so manches Mal rigoros über die Gefühle Ihres Partners hinweggegangen sein, ohne auch nur einen Gedanken darauf zu verschwenden, welchen Schmerz Sie verursacht haben. Sie selbst halten sich für vernünftig, verständig, hilfsbereit, praktisch, klug, ja sogar für sanft und verzeihend. Dies sind aber die Eigenschaften, die Sie nun im Angesicht der harten Wahrheit erst einmal wirklich zeigen müssen.

6. Werden wir wieder zusammenkommen?

Ihre Gedanken sollten sich jetzt nicht auf die Möglichkeit einer Aussöhnung richten. Sie könnten es als Ausrede benutzen, sich von der eigentlichen Arbeit ablenken zu lassen, nämlich mit sich selbst ins reine zu kommen. Wenn Sie bedenken, wie Sie Ihrem Partner mitgespielt haben, ist da die Idee der Versöhnung nicht reichlich dreist?

7. Wie kann ich die Dinge wieder ins Lot bringen?

Während sich in Ihrem Innern der Prozeß der Selbsterkenntnis vollzieht, kann es sein, daß von außen Aufgaben an Sie herangetragen werden, die moralisch hohen Zielen dienen sollen. Widmen Sie sich diesen Aufgaben mit unerschrockener Ehrlichkeit, mit Beharrlichkeit und unverbrüchlicher Aufrichtigkeit. Behandeln Sie andere Menschen mit äußerster Nachsicht und Geduld, lassen Sie nicht selbstsüchtige Motive zum Motor Ihrer Handlungen werden.

8. Was erhoffe ich mir vom Leben?

Der Wind der Wandlungen hat Ihr Herz erfaßt und es freigesetzt. Indem Sie sich dem Dienst an den höheren Zielen der Menschheit verschreiben, kann es Ihnen gelingen, den Knoten der Selbstüberschätzung, der Sie gebunden hält, zu lösen.

DIE LINIEN

Eins ——— X ———

Konflikte, Zwistigkeiten und Miß-verständnisse zeichnen sich am Horizont ab. Wenn Sie Entfrem-dung, Meinungsverschiedenhei-ten und einseitige Sicht der Dinge vermeiden wollen, müssen Sie sofort eine gütliche Einigung anstreben. Erneuern Sie das Ver-trauen, von dem die Zukunft der Beziehung abhängt: Sie haben keine Zeit zu verlieren!

Zwei ——— O ———

Ihre Einschätzung anderer Men-schen ist durch ein Haßgefühl vernebelt. Dieses Gefühl ist ent-zweiend, es trennt Sie von ande-ren und von sich selbst. Ver-suchen Sie ganz bewußt und mit aller Kraft, gegen dieses Gefühl anzugehen, versuchen Sie, posi-tive Gefühle in sich zu wecken, die Ihnen dann neue Kraft verlei-hen werden.

Drei ——— X ———

Ihre Arbeit muß jetzt absolut im Mittelpunkt Ihres Lebens stehen, alle ablenkenden Ein-flüsse, einschließlich persön-licher Wünsche und Belange, müssen in den Hintergrund treten, wenn Sie die mit der Arbeit einhergehenden Pro-bleme überwinden wollen.

Vier ——— X ———

Dies ist die Linie eines Visionärs, eines weitsichtigen Menschen, der sich ferne Ziele gesteckt hat. Um diese edlen Ziele zu er-reichen, müssen Sie bereit sein, Opfer zu bringen. Sie dürfen sich dabei weder von Parteizuge-hörigkeiten noch von privaten Ansprüchen aus Freundschaften hindern lassen.

Fünf ——— O ———

In Zeiten großer Seelenqual steigt mitunter eine erleichternde Blase der Erkenntnis an die Oberfläche. Im Licht dieser auf-richtenden Erkenntnis weichen Mißverständnisse der wahren Einsicht und dem echten Ver-ständnis.

Sechs ——— O ———

Sie erkennen die Gefahr, die andere zu verschlingen droht, aber Sie kennen auch den Weg, der am schmerzlosesten aus der Gefahr führt. Da Sie selbst nicht bedroht sind, sind Sie in der Lage, anderen zu helfen, ihre Freiheit zu gewinnen.

291

Hexagramm 60
BESCHRÄNKUNG

Undifferenzierte Sympathieverteilung;
oberflächliche Beziehungen;
Bindungsangst

1. Ist dieser Mensch der geeignete Partner für mich?

Man bringt Ihnen viel Sympathie entgegen. Sie haben festgestellt, daß Sie mit jeder beliebigen Zahl von Menschen sehr gut umgehen können. Sie sind eine anpassungsfähige, bewegliche Person und nehmen deshalb an, daß jeder Partner zu Ihnen passen könnte. In Wahrheit aber liegt der Fall anders. Sie sind sich nicht sicher, welcher Partner wirklich zu Ihnen paßt, und das macht auch Ihrem Partner die Sache nicht leichter. Sie erscheinen den unterschiedlichsten Leuten sehr attraktiv – freilich nur an der Oberfläche. Lernen Sie sich selbst und Ihre wahren Bedürfnisse besser kennen, untersuchen Sie, welche Eigenschaften Sie wirklich besitzen, mit denen Sie die Bedürfnisse Ihres Partners befriedigen können.

Wenn Sie immer allen Ansprüchen zugleich gerecht werden wollen, dann müssen Sie dabei die klare Linie Ihres Charakters und Ihrer Persönlichkeit preisgeben; man kann nicht allen gefallen und trotzdem seinen eigenen Prinzipien treu bleiben. Sie müssen sich Schranken auferlegen im Bereich Ihrer Beziehungen. Finden Sie den gesunden Mittelweg. Geben Sie sich nicht damit zufrieden, mit Gott und der Welt oberflächliche Beziehungen zu unterhalten, weil Sie die tiefen Wasser fürchten. Freilich sind die tiefen Wasser gefährlicher, doch sie halten auch die Möglichkeit einer erfüllenden Beziehung bereit, wie Sie sie bisher nie erlebt haben. Werden Sie sich klar darüber, was Sie ganz konkret von einer Beziehung erwarten, und Sie werden mit sehr viel mehr Erfolg Ihre Kräfte in die richtige Richtung lenken können.

Es ist gut möglich, daß Sie keine Verpflichtung übernehmen wollen, aus Angst, sie könnten an die falsche Person gebunden werden – eine Art Casanova-Einstellung –, doch sollten Sie auch bedenken, daß Sie die Bedingungen mitbestimmen können. Die Entscheidung, ob ein bestimmter Partner der richtige ist, hängt davon ab, inwieweit Sie bereit sind, sich zu verpflichten. Bis zu welchem Grad wir uns festlegen können, ist ein Indikator unserer emotionalen Reife und unserer persönlichen Zuneigung.

2. Liebt mich mein Partner?

Ihr Partner liebt Sie, wenn Sie mit Ernst, Diskretion und wahrer Einfühlung auf seine Gefühle eingehen. Ihr Partner liebt Sie, wenn Sie vernünftig sind und mit Zielstrebigkeit Ihre Aufgaben angehen. Wo diese Charakteristika fehlen, erscheinen alle anderen Reize ziemlich seicht.

3. Haben wir eine gemeinsame Zukunft?

Sie sind ein Mensch mit guten Anlagen und großen Fähigkeiten, doch es ist sinnlos, von einem Menschen etwas zu verlangen, was er nicht – oder noch nicht – zu geben in der Lage ist. Sie verfügen über das Potential, sich zu zügeln, Ihre Handlungen so auszurichten, daß sie Ihrem Leben Richtung und Sinn, einen klaren Umriß geben, und es ist Ihre Sache, ob Sie es nutzen. Sie können echte Befriedigung daraus ziehen, wenn Ihre Bemühungen erfolgreich sind.

4. Wie soll ich mich jetzt am besten verhalten?

Die meisten Ihrer Lebensprobleme rühren daher, daß Sie in Ihren Liebesbeziehungen zu undifferenziert sind. Bringen Sie die Werte, nach denen Sie leben, in eine Rangordnung. Sie müssen eine verantwortungsvollere Haltung sich und anderen gegenüber einnehmen, besonders, wenn es um die Gefühle anderer Menschen geht.
Zugleich müssen Sie daran denken, daß Ihre Anpassungsfähigkeit Ihre attraktivste Eigenschaft ist. Legen Sie sich also keine Scheuklappen an, unterwerfen Sie sich keinen unnötigen Restriktionen. Geben Sie Ihrem Leben eine klare Richtung, legen Sie eine Rangfolge fest. Wenn Sie glauben, daß es Ihrem Wesen entspricht, alle und jeden zu lieben, dann geben Sie denen, die Ihnen am nächsten stehen, den größten Anteil, denn die sind es, von denen Sie am meisten erwarten.

5. Warum ist unsere Beziehung zerbrochen?

Sie sind der letzte Mensch in der Welt, der alles auf eine Karte setzen würde. Gerade deshalb aber kann die Beziehung zerbrochen sein. Wenn Sie sich Ihrem Partner nicht verpflichtet fühlten, dann hat er (sie) das natürlich irgendwann bemerkt. Je größer die Bindung in einer Beziehung, desto mehr sprüht jede Handlung von den Funken der Liebe (vorausgesetzt natürlich, daß das Interesse am Partner nicht erstickend ist). Je unverbindlicher Ihr Engagement, desto zielloser auch Ihre Anstrengungen, eine Beziehung aufzubauen. Im Grunde geht es um die Frage: Worauf konzentrieren Sie Ihre Energien? Wenn Sie versucht haben, gleichzeitig in zu vielen Lebensbereichen etwas zu erreichen, dann werden Sie in keinem Bereich Erfolg haben. Was hierbei die Gefühlsangelegenheiten anlangt, so kann sich nur Verwirrung der Gefühle entwickeln, wenn keine klare Linie sichtbar ist.

6. Werden wir wieder zusammenkommen?

Die Antwort hängt von Ihnen ab, nicht vom Schicksal. Äußere Einflüsse spielen keine Rolle, auch nicht die Vernunftgründe, die andere Menschen anführen. Vielleicht hat Ihr Partner inzwischen berechtigte Zweifel, daß Sie es ernst meinen und Ihnen an der Aufrechterhaltung der Beziehung etwas liegt, und niemand kann ihm (ihr) dieser Zweifel wegen Vorwürfe machen. Im großen und ganzen sind Sie nämlich ein Mensch, der sich gern vor der Verantwortung drückt, jedenfalls in bezug auf moralische Pflichten und Bindungen. Wenn Sie Ihren Partner wirklich zurückgewinnen wollen, dann müssen Sie jedoch bereit sein, Verpflichtungen zu übernehmen.

7. Wie kann ich die Dinge wieder ins Lot bringen?

Denken Sie einmal darüber nach, was Ihr Partner für wichtig im Leben hält! Sehr wahrscheinlich ist er (sie) keineswegs ein anspruchsvoller Mensch, der zuviel von Ihnen verlangt. Versuchen Sie, ihm zu geben, was Sie ihm noch immer vorenthalten: Zeit, Geduld, Toleranz und Treue. Entwickeln Sie einen Sinn für die Verantwortung, die Sie haben, nur so können Sie das Verhältnis zwischen sich verbessern.

8. Was erhoffe ich mir vom Leben?

Sie haben den starken Wunsch, Ihre Anlagen und Möglichkeiten voll zu nutzen, doch wegen Ihrer fehlenden Selbstdisziplin bringen Sie nicht halb soviel zustande, wie Sie könnten. Das Leben ist zu vielfältig, als daß Sie alles selbst erleben könnten, das wissen Sie; also müssen Sie wählen, auswählen, wenn Sie auch nur einen Ihrer Träume verwirklichen wollen. Die Verwirklichung von wenigstens einem dieser Wunschträume ist wichtiger für Sie, als Sie sich momentan eingestehen wollen.

DIE LINIEN

Eins ──── O ────

Unternehmen Sie jetzt nichts. Die Zukunft birgt die Möglichkeit großer Leistungen. Vergeuden Sie jetzt nicht Ihre Kräfte, indem Sie die augenblicklichen Hürden zu nehmen versuchen. Die Dinge sind noch nicht ausgereift. Sparen Sie Ihre Kräfte, warten Sie, bis die Zeit gekommen ist – behalten Sie auch Ihre Gedanken und Ideen für sich.

Zwei ──── O ────

Jetzt ist es Zeit, zu handeln. Wer jetzt zögert, hat verloren. Ergreifen Sie die Gelegenheit beim Schopfe, nichts steht Ihnen im Wege.

Drei ──── X ────

Sie geben sich einem äußerst egoistischen Vergnügungstaumel hin, aller Sinn für Anstand und Konvention ist Ihnen abhanden gekommen. Wenn jetzt etwas schiefgeht, müssen Sie sich selbst die Schuld zuschreiben. Bedenken Sie, daß Sie selbst der Architekt Ihres Glücks oder Unglücks sind.

Vier ──── X ────

Sie erkennen die Notwendigkeit, Ihre Kräfte auf ein bestimmtes Betätigungsfeld zu konzentrie-

ren. Erlegen Sie sich aber nur solche Beschränkungen auf, die Sie nicht als unangenehm empfinden, zuviel Einengung ist ebenso schlecht wie zuwenig. Die richtig proportionierte Beschränkung wird zum angestrebten Ziel führen.

Fünf ──── O ────

Dem Menschen, der in verantwortungsvoller Stellung sich selbst Beschränkungen auferlegt, ehe er von seinen Untergebenen Beschränkung erwartet, wird großer Respekt gezollt. Ein gutes Beispiel für den Leitsatz: »Taten sprechen lauter als Worte.«

Sechs ──── X ────

Grundsätzlich braucht der Mensch nur ein Minimum an Freiheit, um einigermaßen glücklich leben zu können. Wenn Menschen aber gezwungen sind, dieses Minimum zu unterschreiten, können sie den Druck nur kurze Zeit aushalten. Erst fühlen sie sich bedrängt, dann rebellieren sie – eine durchaus gerechtfertigte Reaktion. Nur wenn der Geist in ernsthafter Gefahr ist, mag es nötig und erlaubt sein, strenge persönliche Einengung zu praktizieren.

Hexagramm 61
INNERE WAHRHEIT

Liebe zur Menschheit;
hohe sittliche Reife

1. Ist dieser Mensch der geeignete Partner für mich?

Die Liebe, die dieses Orakel zum Gegenstand hat, ist nicht die nur auf einen bestimmten Partner bezogene Liebe, obgleich Ihr Partner Ihre starke Zuneigung fraglos spürt. Hier geht es um die Liebe zur Welt, zur Menschheit, um eine weitreichende, umfassende Liebe, die aus den Tiefen Ihres Wesens erwächst.

Wahre Liebe kommt von Herzen und drückt sich in Worten, Taten und Gedanken aus. Eine so tief empfundene Liebe kann nicht gezügelt werden. Die Liebe, die Sie für Ihren Partner empfinden, unterscheidet sich kaum von der Liebe, die Sie für die Menschheit als Ganzes haben. Es ist eine besondere, alles durchdringende Liebe, die keine Unterschiede macht, also auch keine besonderen Charakterzüge Ihres Partner bevorzugt und hintanstellt. Sie lieben den ganzen Menschen, mit seinen Vorzügen und seinen Fehlern, so wie er (sie) ist. Nur die von mächtiger geistiger Einsicht getragene Liebe ist zu dieser unterschiedslosen Hingabe fähig, es ist die Verbindung bester Eigenschaften, die Worten und Taten großen Einfluß verleiht.

Hier wird Verständigung durch Sanftmut, Takt und Einfühlungsvermögen erreicht. Da Sie ohne Vorurteile sind, keine ungerechtfertigten Gedanken hegen, können Sie sich noch den unzugänglichsten Menschen mitteilen und auch den unwilligsten noch belehren. Die Beziehung zu Ihrem Partner steht auf äußerst solidem Grund, die Kraft und Macht Ihrer Liebe überbrückt alle Grenzen des Raumes.

2. Liebt mich mein Partner?

Solange es keine wohlgehüteten Geheimnisse zwischen Ihnen gibt, ist die Antwort eindeutig: »Ja.« Doch ist die Situation nicht so einfach, wie es zunächst scheinen mag. Wenn die Bedingungen, auf die sich die Verbindung gründet, nicht aus reiner Redlichkeit erwachsen, dann kann das, was aus Freundschaft und Zuneigung entstand, leicht in sein Gegenteil umschlagen. Ergründen Sie, worauf die Beziehung wirklich aufbaut. Es ist die Stärke dieser Bindung, die alles andere zusammenhält.

3. Haben wir eine gemeinsame Zukunft?

Auf der Grundlage von Offenheit und Ehrlichkeit können Sie mit gutem Grund an eine gemeinsame Zukunft denken. Da die Qualitäten, die Ihr Leben bestimmen, innere Wahrheit und die Weisheit der Liebe sind, erscheinen auch die Zukunftsaussichten sehr günstig. Was Ihre Fähigkeit anbelangt, sich anderen Menschen auf jeder Ebene mitteilen zu können, gibt es keine Herausforderung in Ihrem Leben, der Sie nicht gewachsen wären, doch eine andere Gefahr muß bedacht sein. Ergründen Sie, ob Ihr Partner bereit ist, Ihnen offen, ehrlich und ohne Hintergedanken entgegenzutreten. Die Basis aller Beziehungen ist gegenseitige Zuneigung. Wer sich mit einem Partner zusammentut, dem die wahre, uneigennützige Hingabe abgeht, kann leicht enttäuscht werden. Lernen Sie, zwischen Freunden und Bekannten zu unterscheiden. Ein gutes Unterscheidungsmerkmal sind die Handlungsmotive.

4. Wie soll ich mich jetzt am besten verhalten?

Sie sind auf der Suche nach der Wahrheit. Die Ideen, die Sie am meisten faszinieren und inspirieren, sind jene, die sich mit dem größeren Verständnis Ihrer selbst und anderer befassen. Sie sind auf der Suche nach dem verbindenden Prinzip, das die Menschheit zur Einheit machen kann. Sie können es nicht ändern, daß Sie sozusagen der Suche nach dem Stein der Weisen verfallen sind. Längst haben Sie erkannt, daß alle Abhängigkeiten und Zusammenhänge in Verbindung mit der Menschheit, daß Gefühl und Glaube, Vorstellung, Hoffnung und Verzweiflung aufs innigste mit der Idee der Liebe verflochten sind.

Wenn es Ihnen gelingt, alle Einzelteile zu einem großen Mosaik zusammenzufügen, dann sind Sie ein schöpferisches Genie; Sie wissen aber auch, daß jeder Mensch die Anlage zum Genie in sich trägt. Dies Wissen hilft Ihnen, sich von Arroganz und Dünkel freizuhalten.

5. Warum ist unsere Beziehung zerbrochen?

Wahrer Einfluß kommt aus der Wahrheit des Herzens, nicht aus der Überredungskunst. Die Fähigkeit, Einfluß zu nehmen, erwächst aus einem inneren Zustand des Gleichgewichts. Wenn Sie von sich behaupten können, keine Vorurteile zu haben, und nicht aus Parteilichkeit oder mit hinterlistigen Absichten gehandelt zu haben, dann liegt der Grund für eine Entfremdung nicht bei Ihnen. Müssen Sie bei ehrlicher Prüfung jedoch zugeben, daß Sie eines der Prinzipien verletzt haben, so tragen Sie die Schuld an der Entfremdung.

6. Werden wir wieder zusammenkommen?

Wenn Sie aus Ihren wahren Gefühlen Ihrem Partner und anderen gegenüber kein Geheimnis machen, wenn Sie Ihrem Partner keine Auskünfte vorenthalten, von denen Sie wissen, daß auch Ihr Partner sie erfahren sollte, dann steht einer Versöhnung grundsätzlich nichts im Wege. Grundvoraussetzung ist allerdings, daß Sie keiner der Bedingungen auszuweichen suchen.

7. Wie kann ich die Dinge wieder ins Lot bringen?

Wenn Sie ganz genau wissen, daß Sie über die Motive eines anderen ein vorschnelles, ungerechtfertigtes Urteil gefällt haben, wenn Sie sich einer Fehleinschätzung schuldig gemacht haben, dann ist jetzt die Zeit, diesen Fehler zu korrigieren. Geben Sie Ihre Fehler offen zu. Es wird Ihre Sicht für die Zukunft schärfen. Ihr Zugang zur Wahrheit wird größer.

Wenn Sie erst die richtigen Grundlagen gefunden haben, auf denen Sie Ihre Werteinschätzungen aufbauen können, werden Sie in der Lage sein, im vollen Vertrauen auf das Wissen zu handeln, daß Sie die größten Schwierigkeiten meistern können, weil Ihre Entscheidungen richtig sind.

8. Was erhoffe ich mir vom Leben?

Seien Sie ehrlich mit sich selbst, dann können Sie mit anderen nicht unehrlich sein. Haben Sie diese Einsicht erst verinnerlicht, dann können Sie anderen ins

Herz sehen. Die ganze Klarheit Ihrer Sicht erwächst aus der Ehrlichkeit und Aufrichtigkeit Ihrer Person.

DIE LINIEN

Eins ———O———

Zwei ———O———

Wenn Sie anderen die Verantwortung für moralische Entscheidungen überlassen, verlieren Sie den Antrieb zu selbständiger, unabhängiger Handlung. Das ist nicht gut, denn Sie sollten selbst die Werte bestimmen, die Ihr Leben betreffen. Wenn Sie die Verantwortung für Entscheidungen anderen überlassen, riskieren Sie, Ihr Selbstwertgefühl zu verlieren. Setzen Sie Ihre innere Freiheit nicht aufs Spiel.

Gleich und Gleich gesellt sich gern, besonders in glücklichen Zeiten. Feierlichkeiten aller Art bringen gleichgesinnte Menschen zusammen. Diejenigen, die die Wahrheit in sich erkannt haben, erkennen sie auch sofort in anderen. Das Gute hat die geheimnisvolle Kraft, überall auf der Welt Hände zusammenzuschließen; nichts kann das Gute aufhalten. Die Stärke des Guten und der Wahrheit liegt in ihrer

Reinheit, man kann sie nicht manipulieren. Das Wahre, Gute hat Bestand, weil es gegenüber allen Einmischungen immun ist.

Drei

Wessen Glück von der Gnade anderer Menschen abhängt, der wird zum Sklaven. Die Quelle wahren Glücks liegt im eigenen Herzen. Bringen Sie Herz und Verstand miteinander in Einklang, oder Sie schwingen ständig zwischen den Polen himmelhochjauchzend – zu Tode betrübt. Sie werden dann unterdrückt und Ihre geistige Existenz wird ausgelöscht. Fragen Sie sich, ob Sie sich selbst noch treu sind.

Vier

Die Linie beschreibt Ihr inneres, geistiges Wachstum. Sie wandeln auf dem Pfad der Erleuchtung, doch Sie bedürfen der Führung und Hilfe derer, die Ihnen vorangehen. Bescheidenheit bringt Fortschritt. Öffnen Sie Ihr Herz und halten Sie die Augen am Boden.

Fünf ─────── O ───────

Wahre Kraft und guter Einfluß erwachsen aus der Quelle der inneren Wahrheit – wieder und wieder bestätigt es das I Ging. Hier ist ein Mensch beschrieben, der anderen Führer und Vorbild ist, weil seine innere Klarheit ihm Charisma verleiht.

Wenn ein solcher Mensch seine Fähigkeiten mißbraucht, um die, die zu ihm aufschauen, wissentlich in die Irre zu führen, wird seine Macht zum Nichts zerbröckeln, wenn er der eigentlichen Herausforderung entgegentreten muß.

Sechs ─────── O ───────

Auch wenn Sie über eine ganz erstaunliche Rednergabe verfügen, sprechen Taten doch lauter als Worte. Wenn Sie es ernst meinen, was Sie sagen, dann müssen Sie auch selbst Ihren Worten folgen, ihnen durch Ihre Handlung Gewicht verleihen.

Hexagramm 62
ÜBERSCHWENGLICHKEIT

Sorgfältige Selbsteinschätzung;
mögliche Selbstüberschätzung;
Verzerrung

1. Ist dieser Mensch der geeignete Partner für mich?

Die Frage nach Vereinbarkeit oder Unvereinbarkeit mit Ihrem Partner erhebt sich in diesem Hexagramm weder in allgemeiner noch in besonderer Hinsicht. Tenor dieses Orakels ist vielmehr Ihr Wissen darum, wo Ihre Stärken und wo Ihre Schwächen liegen. Wenn Sie Ihre vorsichtige, bescheidenen Zurückhaltung beibehalten, wird sich Ihr sicheres Gefühl für Ihre Gaben und Fähigkeiten nicht in stolze Aufgeblasenheit wandeln.

Zweifellos ist Ihre augenblickliche Situation in jeder Hinsicht außergewöhnlich. Sie haben Ihre Position nicht nur durch ungewöhnliche Mittel erreicht, auch die Situation ist beinahe beispiellos. Ihre Gaben und Fähigkeiten strömen förmlich aus Ihnen heraus, machen Sie zum Medium, durch das sich höhere Kräfte ausdrücken.

Dabei machen Sie auf Außenstehende eher den Eindruck, als hätten Sie nicht die Stärke, Ihre

Talente voll einzusetzen und zu nutzen. Ihr Partner aber erkennt Ihren wahren Wert, und solange Sie in der Lage sind, der Mensch zu sein, den Ihr Partner in Ihnen sieht, werden Sie auch den nötigen Zusammenhalt haben, der erforderlich ist, um ohne Illusionen und Fehler alles durchzustehen. Es besteht wenig Gefahr, daß Sie in sich selbst oder mit den Menschen, mit denen Sie zusammenarbeiten, Spannungen heraufbeschwören.

Was Ihre Arbeit anlangt, müssen Sie sehr wach sein. Beugen Sie jeder Tendenz zur unnützen Verschleuderung Ihrer Fähigkeiten vor. Sie haben die natürliche Gabe zur Erkenntnis, so wie ein Vogel die Gabe hat zu fliegen, Sie aber müssen diese Gabe pflegen. Bleiben Sie auf dem Teppich, wenn die Umstände es verlangen! Solange Sie wirklich Ihr Bestes geben, zeigt sich die Stärke, über die Sie verfügen, in allem, was Sie unternehmen.

2. Liebt mich mein Partner?

Ihr Partner kennt Ihr wahres Selbst, und nur darauf reagiert er. Wenn es Diskrepanzen gibt zwischen der Art, wie Sie selbst sich sehen und der Art, wie Ihr Partner Sie sieht, dann dürfen Sie sicher sein, daß Ihr Partner den klareren Blick hat; seine (ihre) Sicht ist die richtige. Vertrauen Sie Ihrem Partner, er (sie) kann

Sie leiten. Obgleich die Liebe Ihres Partners einengend wirkt, schützt sie Sie doch vor Fehleinschätzungen Ihrer selbst. Begreifen Sie, daß Ihr Partner Ihnen im Moment eine große Stütze ist, kommen Sie ihm (ihr) deshalb mit angemessenem Respekt, mit Würde und Liebe entgegen.

3. Haben wir eine gemeinsame Zukunft?

Wenn Sie nicht versuchen, mehr zu geben als Sie haben, das, was Sie haben, aber rückhaltlos einsetzen, dann dürfen Sie sicher sein, daß sich die Zukunft mit Ihrem Partner auf Ehrlichkeit gründet. Ihrem Partner genügt das, obgleich er (sie) Ihnen mehr zugetan ist als umgekehrt. Täuschen Sie keine Gefühle vor, die nicht vorhanden sind. Es ist

nicht Ihre Art und würde nicht überzeugen. Fühlen Sie sich auch nicht dazu verpflichtet, nur weil Ihr Partner in dieser Beziehung mehr aus sich herausgeht. Im Endeffekt würden Sie Ihren Partner nur verwirren und die gegenseitigen Sympathien aufs Spiel setzen. Um zu verhindern, daß sich Groll entwickelt, ist Ehrlichkeit und Offenheit nötig.

4. Wie soll ich mich jetzt am besten verhalten?

Sie leben nicht in einem Vakuum; die Umstände zwingen Sie, mit der Außenwelt Kontakt zu halten. Das geht nicht ohne Probleme. Es kommt also hier auf die richtige Haltung gegenüber Ihrer Arbeit und gegenüber Ihrem Partner an. Wenn Sie von sich selbst und anderen – vor allem Ihrem Partner – zuviel erwarten, zieht dies Ihre Aufmerksamkeit von Ihrer Arbeit ab. Obgleich Außenstehende Ihre Beweggründe nicht verstehen, ist die richtige Haltung jetzt eine anspruchslose, völlig selbstgenügsame Einstellung, die Ihnen hilft, einen hohen Grad von Bewußtheit bei allem, was Sie tun, zu erlangen. Ganz gleich, was geschieht, ob es gut oder schlecht ist, behalten Sie diese Einstellung bei, selbst wenn dieser Rat ungewöhnlich scheint. So können Sie in dieser mehr als ungewöhnlichen Situation Fehler vermeiden.

5. Warum ist unsere Beziehung zerbrochen?

Das Sprichwort »Hochmut kommt vor dem Fall« umreißt die Situation. Der Zusammenbruch ist sicherlich nicht Schuld Ihres Partners, vielmehr haben Sie versucht, mehr zu leisten, als Ihre Kräfte und Fähigkeiten erlauben. Sie waren weder bescheiden noch vorsichtig, Sie haben Ihre wahren Talente vernachlässigt und Kräfte vorgetäuscht, über die Sie gar nicht verfügen. Sie haben Ihrem Partner Gefühle vorgespielt, die Sie gar nicht empfanden, um ihn in Sicherheit zu wiegen. Ihr Partner hat glücklicherweise während der ganzen Zeit Ihre wahren Werte und Fähigkeiten gekannt. Durch Ihre eigene Fehleinschätzung haben Sie diese Werte und Fähigkeiten entstellt. Das Orakel rät deshalb: »Erkenne dich selbst.«
Der Grund für den Zusammenbruch ist also, kurz gesagt, in einem Fehler Ihres Charakters zu suchen. Halten Sie unangebrachte Überschwenglichkeit im Zaume, Sie schaffen sich selbst sonst einen gänzlich falschen Eindruck von der Wirklichkeit.

6. Werden wir wieder zusammenkommen?

Sie haben versucht, die Grenzen Ihrer Fähigkeiten und Stärken zu überschreiten, und das hat Ihnen Unglück gebracht. Sobald Sie wieder auf dem Boden der Tatsachen gelandet sind – und es wird angenommen, daß Sie beim Sturz keine schweren Verletzungen davongetragen haben – sind Sie in der Lage, Wege zur Aussöhnung zu finden, nicht nur mit Ihrem Partner sondern vor allem auch mit sich selbst.

7. Wie kann ich die Dinge wieder ins Lot bringen?

Die Beziehung zu Ihrem Partner war keinem ungewöhnlichen Druck ausgesetzt. Die Fehler, die gemacht wurden, beruhten auf einer Fehleinschätzung Ihrer selbst. Die Situation kann bereinigt werden, wenn Sie zu einer neuen, richtigen Selbsteinschätzung gelangen, indem Sie Ihre wahren Fähigkeiten und Kräfte kennenlernen. Dies wird Sie in die Lage versetzen, Ihrer Beziehung wieder Integrität zu geben und sich nicht grundlos Ihrem Partner unterzuordnen. Schützen Sie Ihre Würde, ohne dabei arrogant zu werden.

Hüten Sie sich davor, den alltäglichen Kleinkram überzubewerten. Selbstgenügsam heißt nicht selbstgerecht sein! Jemand, der moralisches Bewußtsein hat, muß nicht prüde sein. Setzen Sie Schicksalsbewußtsein nicht mit übertriebenem Fatalismus gleich. Wenn Sie die Möglichkeit sehen, Ideen zu entwickeln, so müssen Sie nicht glauben, daß Sie selbst über die Kraft verfügen, alle Verantwortung dieser Welt auf Ihren Schultern tragen zu können.

In so außergewöhnlichen Situationen wie der, in der Sie sich augenblicklich befinden, müssen Sie Ihre Perspektive den aktuellen Erfordernissen der Arbeit und Ihrer Beziehung angleichen. Sie dürfen sich weder übernehmen noch sich zuwenig zutrauen.

8. Was erhoffe ich mir vom Leben?

Sie haben eine Stimme, die von anderen gehört werden sollte. Sie haben schon immer gespürt, daß man Sie eines Tages auch tatsächlich hören wird. Wenn Ihre Stimme aber klar und fest sein soll, dann müssen Sie sich von Ihrem natürlichen Charme leiten lassen. Stellen Sie keine unangemessen hohen Forderungen an sich, deren Wurzeln nur im Stolz liegen können.

DIE LINIEN

Eins ——— X ———

Die Zeit zum Handeln ist noch nicht gekommen, Sie sind noch nicht bereit. Warten Sie, bis die Zeit reif ist, sonst vergeuden Sie Ihre Kräfte sinnlos.

Zwei ——— X ———

Unter ungewöhnlichen Umständen kommen ungewöhnliche Eigenschaften zum Zuge. Sie stehen in einer Situation, in der Ihnen die ganz besondere Einsicht zukommt, wie Sie nun zu handeln haben. Wenn Sie sich gewissenhaft an diese Eingebung halten, alles tun, was die Situation erfordert, dabei bescheiden und nicht aggressiv sind, wird alles gut ausgehen.

Drei ——— O ———

Sie sind allzu zuversichtlich. Sie glauben, daß alles sicher ist und ungehindert vorangeht, deshalb sind Sie auf Überraschungsangriffe nicht vorbereitet. Das Orakel warnt Sie sehr eindringlich; die Situation ist ganz und gar nicht so sicher, wie Sie glauben! Ergreifen Sie Vorsichtsmaßnahmen. Fallen und Fußangeln sind in Details versteckt. Achten Sie mehr auf Kleinigkeiten.

Vier ——— O ———

Was Sie tun, ergibt für den außenstehenden Zuschauer keinen Sinn. Sie scheinen untätig zu sein, tatsächlich aber konzentrieren Sie Ihre ganze Willenskraft auf eine bestimmte Situation. Wenn Sie jetzt weiter vorangehen, ohne den Rat anderer einzuholen, kommt die hartkantige Seite Ihres Orakels zum Vorschein, und das wird Ihnen zum Schaden gereichen. Hierin liegt eine große Gefahr, seien Sie also vorsichtig!

Fünf ——— **X** ———

Die Linie deutet auf Schaffenskraft und die Fähigkeit hin, anderen Gutes zu tun, doch ist die
betroffene Person an ihrer Arbeit
gehindert, weil es ihr an der nötigen Hilfe fehlt. Solche Hilfe
kommt aber, wenn nur richtig
nach ihr gesucht wird. Der Helfer
darf allerdings nicht seines
Rufes, sondern er muß seiner
Taten wegen gewählt werden.
Der Helfer ist freilich nicht verpflichtet zu helfen, er sollte sich
aus Überzeugung zur Hilfe bereit
finden. Der Tenor der Linie ist
durchaus vielversprechend, es
gibt einen starken Hinweis, daß
sich für die besondere Arbeit, die
getan werden muß, auch die
richtigen Leute finden.

Sechs ——— **X** ———

Diese Linie ist eine Warnung.
Höchste Aufmerksamkeit muß
auch den kleinsten Details ge-
schenkt werden. Allein diese
Konzentration kann vielleicht
verhindern, daß Sie sich in dieser
außergewöhnlichen Zeit hinreißen lassen und damit Ihre
Arbeit zunichte machen.

Hexagramm 63
ERREICHTE VOLLENDUNG

Ausgewogenheit;
Einklang; Erfüllung;
Lebensspirale

1. Ist dieser Mensch der geeignete Partner für mich?

Zwischen Ihrem Partner und Ihnen herrscht vollkommene Ausgewogenheit. Sie leben beide mit sich selbst und Ihrer Verbindung zueinander im Einklang. Die Unordnung ist der Ordnung gewichen, und Sie erleben jetzt die ganze Kraft Ihrer Zusammengehörigkeit. Obgleich Warnungen nicht ausbleiben, ist der Tenor des Orakels doch grundsätzlich zuversichtlich, das Schicksal ist auf Ihrer Seite.

2. Liebt mich mein Partner?

So wie die Dinge augenblicklich stehen, sind sie ganz und gar im Einklang miteinander. Ihre Liebe beruht auf Gegenseitigkeit, Ihre Beziehung klappt. Und doch eröffnen sich dieser Liebe noch weitere Möglichkeiten und Perspektiven, die zu höheren Ebenen der Harmonie führen.

3. Haben wir eine gemeinsame Zukunft?

Erwarten Sie nicht, daß Sie sich für alle Zeiten so gut fühlen wie im Augenblick. Stimmungen ändern sich, und es werden immer wieder andere Anforderungen an Sie gestellt. Jede neue Situation erfordert eine neue Haltung. Das Grundmuster der Zukunft liegt schon fest. Vorausgesetzt, Sie versuchen nicht, es gewaltsam zu ändern, sondern machen weiter wie bisher, sind keine drastischen Umschwünge zu erwarten. Freilich sollten Sie sich nicht erlauben, selbstgefällig zu werden.

4. Wie soll ich mich jetzt am besten verhalten?

Ein wichtiges Charakteristikum einer Übergangszeit ist die Mischung zwischen Positivem und Negativem. Es entsteht eine Spannung, die wiederum den Wandel bewirkt. Wenn diese widerstreitenden Kräfte im Gleichgewicht sind, bricht eine neue Zeit an.
Wenn das eine überwiegt, wird das andere zerstört. Die wichtigste Aufgabe ist es deshalb, ein Gleichgewicht zwischen den widerstreitenden Kräften herzustellen, um eine gesunde Spannung zu schaffen, die die Dinge vorantreibt.
Die Spannung, von der hier die Rede ist, entspricht etwa der einer Saite auf einem Instrument. Wenn die Saite einer Geige zu schlaff ist, kommt kein Ton zustande, ist sie zu straff, kann sie springen. Nur die richtige Spannung der Saite bringt auch den klaren Ton hervor.

5. Warum ist unsere Beziehung zerbrochen?

Wenn alles in vollkommenem Gleichgewicht ist, bewirkt schon die geringste Veränderung ein Ungleichgewicht. Das Gewicht einer Feder genügt, um die Waagschale zu senken. Diese Möglichkeit wohnt auch Ihrer gegenwärtigen Situation inne. Das ganze Muster Ihres Lebens ist im Wandel begriffen, die ganze Alltagsroutine muß sich einem neuen Muster anpassen. Wenn die Grundstruktur einer Beziehung solide ist, muß man sich in einer solchen Zeit des Wandels nur um Details kümmern. Ungenügende Aufmerksamkeit auf diesem Gebiet zieht allerdings unweigerlich Probleme nach sich. Sie haben Ihre Sache gut gemacht, Sie sollten deshalb jetzt nicht anmaßend werden, denn das könnte die Wurzel einer Trennung sein.

6. Werden wir wieder zusammenkommen?

Wenn Ihnen eine Aussöhnung mit Ihrem Partner wirklich wichtig ist, wenn die Beziehung nicht durch übertriebenes Verhalten ausgelöscht ist, dann besteht eine Möglichkeit, wieder zusammenzukommen. Machen Sie sich aber über die Gefühle Ihres Partners keine Illusionen. Be-achten Sie alle Regeln des Takts, halten Sie die Zuneigung Ihres Partners nicht für selbstverständlich und maßen Sie sich vor allem kein Urteil über die Vergangenheit an, denn völlig neue Umstände kommen jetzt zum Tragen.

7. Wie kann ich die Dinge wieder ins Lot bringen?

Wenn die Gefühle und Empfindungen im Gleichgewicht sind, scheint alles leicht. Wenn man sich in dieser idealen Situation aber gehenläßt, dann wendet sich das Blatt. Am besten können Sie Ihrer Liebe jetzt Ausdruck verleihen, indem Sie sich gerade um die unbedeutenden Kleinigkeiten sorgen. Ruhen Sie sich nicht auf Ihren Lorbeeren aus, Sie müssen immer wieder unter Beweis stellen, daß Sie sich sorgen und kümmern. Dies erfordert ständigen, andauernden Einsatz von Ihnen.

8. Was erhoffe ich mir vom Leben?

Das Gefühl des Wohlbefindens, das Sie im Moment erleben, ist äußerst wertvoll, und Sie wissen das. Sie treten jetzt in eine neue Phase ein, die andere Harmonien aber auch Disharmonien mit sich bringt. Schließlich wer-den Sie auf höherer Ebene zu einem Ort, wo Sie sich wohlfühlen, zurückkehren, wie es der Spirale Ihres Lebens entspricht. Auch diese neue Phase wird wieder Änderung nach sich ziehen.

DIE LINIEN

Eins ———————○———————

Lassen Sie sich nicht von den Aussichten auf die neuen, wunderbaren Möglichkeiten, die sich Ihnen jetzt erschließen, hinreißen. Haushalten Sie mit Ihren Kräften, stürmen Sie nicht voran, schreiten Sie ruhig und gelassen vorwärts. Es ist gut, erwartungsvoll zu sein, aber vermeiden Sie einen Fehlstart.

Zwei ———————X———————

In Ihrer persönlichen Beziehung und auch in Ihrer Arbeit geht alles gut voran, Sie können die Edelsteine Ihrer Fähigkeiten funkeln lassen – doch leider schaut niemand hin. Das ist nicht Ihre Schuld, den Schaden haben die, die sich weigern, Ihre besonderen Fähigkeiten zur Kenntnis zu nehmen. Obgleich die Versuchung sicherlich groß ist, jetzt die Aufmerksamkeit der anderen mit Gewalt auf sich zu lenken, dürfen Sie ihr nicht nachgeben. Werfen Sie Ihre Perlen nicht vor die Säue, nur damit sie bemerkt werden. Üben Sie sich in Geduld; was gut für Sie ist, wird sich ereignen, ohne daß Sie Zwang ausüben. Machen Sie weiter wie bisher, doch forcieren Sie nichts. Die Sonne geht gerade erst auf, lassen Sie ihr Zeit, den Zenith zu erreichen.

Drei ———————○———————

Die ganz natürliche Folge der Vollendung eines Lebenszyklus ist das Anwachsen der Kraft und Macht, die Sie durch Erfahrungen und Erweiterungen Ihrer Möglichkeiten erworben haben. Sie bauen jetzt auf den Bemühungen der Vergangenheit auf, und nur Sie wissen, welche Anstrengung es gekostet hat. Nun sind Sie in der Lage, Ihr Leben neu zu organisieren, um weitere Pläne und größere Vorhaben in Angriff zu nehmen. Nun freilich ist es notwendig, daß Sie sich tadellos und einwandfrei verhalten, damit Sie den erneuten Herausforderungen der Zukunft gewachsen sind.

Das Orakel warnt davor, hochnäsig auf andere herabzuschauen. Arroganz läßt sich niemals rechtfertigen, welche Höhen Sie auch immer erklimmen mögen. Einbildung und Dünkel sind häßliche Eigenschaften und bei den Aufgaben, die vor Ihnen liegen, können Sie sich keine Flecken auf Ihrem Charakter leisten.

Vier ——— **X** ———

Das Schiff ist erfolgreich vom Stapel gelaufen, man feiert. Doch Sie bemerken einen haarfeinen Riß im Ruder. Die Bergleute sind auf eine neues, bisher nicht entdecktes Kohlenflötz gestoßen. Während alle jubilieren, merken Sie, daß einer der Grubenvögel verendet ist.

Die Situation braucht noch nicht sehr ernst zu sein. Es könnte sein, daß Sie mit einer Schramme davonkommen, doch in jedem Fall muß man für die Nachlässigkeit zahlen. Daß Sie zukünftige Gefahren rechtzeitig erkannt haben, ist gut, doch verfallen Sie jetzt nicht in das Extrem, überall lauernde Gefahren zu wittern. Aufmerksamkeit und Scharfblick genügen, um zu bemerken, wann etwas schiefgeht, das für die Zukunft fatale Folgen haben könnte.

Fünf ——— **O** ———

Hier geht es um die Heuchler, die falsche Frömmigkeit vortäuschen. Die Linie erinnert an den Pharisäer, der kein Mitleid kennt; an das arme, alte Weib, das seinen letzten Groschen gibt, während der Reiche nur ein paar Pfennige spendet, um sein Gewissen zu beruhigen. Das Sprichwort »Der Mensch sieht nur das Äußere, Gott aber schaut ins Herz« umreißt die Situation. Derjenige, der diese Linie geworfen hat, tut gut daran, über die Worte des Orakels nachzudenken. Nur die Schätze des Herzens haben wahren Wert, alles andere ist eitler Tand.

Sechs ——— **X** ———

Sie haben Gutes geleistet, doch dürfen Sie sich nicht auf Ihren Lorbeeren ausruhen. Stolzieren Sie nicht eitel wie ein Pfau, singen Sie nicht Ihr eigenes Lob. Während Sie nämlich dabei sind, sich in Ihr neu gewonnenes Bild von sich selbst zu verlieben, braut sich die Gefahr über Ihrem Kopf zusammen. Noch bleibt Ihnen Zeit, gehen Sie strikt geradeaus und vermeiden Sie all die herrlichen Verführungen der Selbstgefälligkeit.

Hexagramm 64
LETZTE VORBEREITUNGEN

Hindernisse überwinden;
vorsichtiges Vorgehen;
Suche nach innerem Sinn;
verworrene Lage klären

Obgleich nur Teile dieses Hexagramms direkt für Sie von Bedeutung sein mögen, sollten Sie doch die Antworten auf alle Fragen gründlich lesen, um die volle Bedeutung des Orakels und der für Sie relevanten Texte erfassen zu können.

1. Ist dieser Mensch der geeignete Partner für mich?

Dieses Hexagramm hat eine weitreichende, umfassende Bedeutung. Nichts übersteigt die Idee der Liebe, doch es gibt größeres als die persönliche Liebe zwischen zwei Menschen. Sie haben einen kritischen Punkt in Ihrer geistig-seelischen Entwicklung erreicht, große Schwierigkeiten müssen gemeistert werden.
Um festzustellen, ob Ihr Partner und Sie zusammenpassen, müssen Sie zunächst einige Hinder-

nisse auf Ihrem Lebensweg überwinden. Grundsätzlich gibt es gute Gründe, optimistisch zu sein. Doch ist es für den Weg, den Sie momentan verfolgen, völlig unerheblich, ob Ihnen von außen Hilfe geboten wird oder nicht; Sie müssen selbst Ordnung in Ihrer Welt schaffen.

Nichts hindert Sie, dieses Ziel zu erreichen, doch die herrschenden Umstände lassen die Situation an sich schwierig erscheinen. Beachten Sie die Warnung, behutsam und vorsichtig zu sein, und beziehen Sie alle Lebensbe-reiche mit ein, dann werden Sie Erfolg haben.

Eine ruhige, doch allumfassende Wachsamkeit ist geboten. Was die Frage nach der Verträglich-keit mit Ihrem Partner anlangt, so liegt der Akzent des Orakels eher auf Ihnen – Sie versuchen, ein passender Partner zu werden. Allerdings ist es unwahrschein-lich, daß sich Ihre Gedanken und Gefühle momentan auf eine ganz bestimmte Person konzentrie-ren. Sie sind sich allerdings be-wußt, daß dieses ein bedeuten-der Abschnitt Ihres Lebens ist.

2. Liebt mich mein Partner?

Es ist sehr unwahrscheinlich, daß die Frage Sie momentan überhaupt beschäftigt. Es kann aber eine Parallele gezogen wer-den zwischen der Suche nach Liebe oder der Suche nach der Wahrheit der Liebe und der Suche nach dem inneren Sinn.

3. Haben wir eine gemeinsame Zukunft?

Das Geschick der Menschheit hängt davon ab, ob sie in Liebe zur Einheit findet. Alle positiven Werte führen letztlich zu diesem Ziel hin; nur bei korrektem Ver-halten also kann es eine Zukunft geben. Das Hexagramm deutet an, daß eine optimistische Ein-stellung durchaus gerechtfertigt scheint.

4. Wie soll ich mich jetzt am besten verhalten?

Wenn Sie augenblicklich in einem Zustand der Verwirrung sind, dann deshalb, weil Sie etwas ganz Entscheidendes nicht bedenken: im Grunde ist alles in Harmonie, und welchen Wert Sie persönlich den Dingen beimessen, ist letztlich einerlei. Wenn Sie Ihre Aktivitäten auf diese Einsicht hin ausrichten, werden Sie auch die Welt im rechten Licht sehen. Messen Sie dem einen Aspekt Ihres Lebens nicht zuviel, dem anderen nicht zuwenig Wert bei. Engen Sie sich nicht auf bestimmte Handlungsvoraussetzungen ein. Man kann überall laufen, auf Sand und auf Felsen. Auch über das Wasser kann man sich fortbewegen, man kann schwimmen. Jede Fortbewegungsart ist die richtige, wenn es nötig ist, ein Ziel zu erreichen.

5. Warum ist unsere Beziehung zerbrochen?

Sie haben einen kritischen Punkt in Ihrer persönlichen Entwicklung erreicht und sind deshalb momentan nicht in Einklang mit den Erfordernissen der Zeit. Es ist jetzt Wachsamkeit, Vorsicht und überlegtes Vorgehen gefragt. Wenn es zu einer Trennung von Ihrem Partner gekommen ist, dann deshalb, weil Sie überstürzt, überoptimistisch oder mit unangemessener Spaßhaftigkeit gehandelt haben.
Das Orakel weist darauf hin, daß die Umstände in sich gefährlich sind, dementsprechend fühlen Sie sich, als hätte man Ihnen den Boden unter den Füßen weggezogen, als seien all Ihre jüngsten Unternehmungen wertlos. Während im allgemeinen das »Wie« einer Handlung mindestens so wichtig ist wie das Ergebnis, gilt in diesem speziellen Fall: Der Zweck heiligt die Mittel. Wenn Sie den jetzigen Handlungszyklus nicht zu einer erfolgreicher Vollendung bringen, ist auch der Erfolg der vorausgegangenen Zyklen zunichte.

6. Werden wir wieder zusammenkommen?

Wenn Sie wieder von vorn anfangen und den Kurs unbeirrt beibehalten, ist nichts unmöglich. Der glückliche Ausgang wird nicht versprochen, doch der Wunsch, einen neuen Anlauf zu nehmen, führt wieder zu dem Ort, an dem Sie soeben versagt haben. Ohne Zweifel ist das Ziel alle erneuten Anstregungen wert.

7. Wie kann ich die Dinge wieder ins Lot bringen?

Die Herausforderung des Augenblicks läßt sich leicht darstellen: Sie wachsen über Ihr vergangenes Selbst hinaus, um sich mit einer höheren Ordnung zu verbinden. Wenn Sie dieses Ziel verfolgen, ist Ihnen klar, daß Ihr Handeln bestimmten Phasen unterworfen ist. Zu gewissen Zeiten ist es richtig voranzuschreiten, zu anderen nicht. Ihr Einfühlungsvermögen und Ihre Intuition sind Ihre Werkzeuge des Fortschritts. Wenn Sie Ihre unmittelbare Umgebung genau betrachten, sehen Sie, daß Vorsicht geboten ist. Ihre Gefühle müssen unfehlbar sein. Dies ist keine Zeit, in Ängste und Kleinlichkeiten zu verfallen. Wenn Sie unüberlegt handeln, tun Sie das Falsche. Der Akzent des Orakels liegt ganz eindeutig auf Ihrem Verhalten.

8. Was erhoffe ich mir vom Leben?

Ihr Weg hat Sie fast bis zum Ende dieses Zyklus geführt. Es war Ihr Herzenswunsch, auch diesen Zyklus erfolgreich zu beenden, ehe der nächste Kreislauf beginnt, ein Zyklus auf höherer Ebene, der weitere geistige Erkenntnisse bringt. Auf dieses Ziel richten sich all Ihre Handlungen, Gefühle und Empfindungen. Der Vollendung dieses Ziels gilt Ihr Bestreben immer wieder aufs neue, bis wieder eine Spiralebene erobert ist.

DIE LINIEN

Eins —— **X** ——   *Zwei* —— **O** ——

Ist das Ende in Sicht, ist die Versuchung groß, darauf zuzurennen und alle Vorsicht in den Wind zu schlagen. Wenn Sie das tun, werden Sie verlieren. Richtig ist es, jetzt anzuhalten, Bilanz zu ziehen und sich auf den nächsten Schritt gut vorzubereiten.

Warten Sie, ruhen Sie aus, aber seien Sie wachsam! Sie müssen Ihr Ziel im Blick behalten, doch zugleich geduldig sein. Ihre nächsten Schritte müssen auf der Tadellosigkeit Ihres bisherigen Verhaltens aufbauen.

Drei ——— X ———

Sie erkennen, daß jetzt die Chance besteht, zu handeln. Tun Sie es oder die Chance ist verpaßt. Um eine Situation richtig einschätzen zu können, muß man sich in eine andere Situation versetzen. Nur so läßt sich eine fixe Idee vermeiden. Widmen Sie sich, mit der Hilfe anderer, einem ganz anderen Operationsfeld. Unternehmen Sie etwas Handgreifliches, so trivial es auch scheinen mag. Beobachten Sie sich selbst sozusagen aus dem Augenwinkel, Sie werden so Aspekte erkennen, die Sie vorher nicht wahrnehmen konnten. Diese Aspekte sind wichtig, wenn Sie zur Selbsterfüllung gelangen wollen.

Vier ———  ———

Die positiven Kräfte in Ihnen sind stärker als die negativen, dennoch sind letztere stark und müssen resolut bekämpft werden. Die Zeit für den Kampf ist jetzt gekommen. Wenn Sie wieder Ordnung in das Chaos bringen wollen, müssen Sie kämpfen wie ein Tiger. Die korrekte Haltung heißt jetzt nicht Unbekümmertheit oder gar Vermessenheit, vielmehr müssen Sie mit allen Mitteln versuchen, die säuselnden Stimmen zu kontrollieren, die Sie zum Mißerfolg locken wollen. Disziplinieren Sie Ihre innere Stimme, und Sie werden den Übergang vom Niederen zum Höheren schaffen. Sie legen damit den Grundstein für Ihre Zukunft.

Fünf ——— X ———

Der Weg zum Wandel steht Ihnen offen, nichts hindert Sie mehr.

Sechs ———  ———

Behaupten Sie sich, überwinden Sie Ihre Zweifel! Sie haben den Übergang geschafft und erleben nun das reiche Gefühl des Wohlbefindens. Es ist ein ganz natürlicher Impuls, dieses Gefühl mit anderen teilen zu wollen. Indem Sie sich das gute Gefühl, das Sie empfinden, erhalten, vergrößern Sie dessen Stärke. Die Zukunft erscheint Ihnen nicht nur strahlend, sie ist es auch. Sie können diesem Gefühl des Wohlbehagens vertrauen.

Tabellarische Übersicht zum Auffinden der Hexagramme

Die Hexagramme zerfallen in zwei Teile, ein unteres und ein oberes Trigramm. Um die Nummer des von Ihnen geworfenen Hexagramms herauszufinden, suchen Sie zunächst in der

TRIGRAMME

OBERE ▶ UNTERE ▼	☰	☳	☵
☰	1	34	5
☳	25	51	3
☵	6	40	29
☶	33	62	39
☷	12	16	8
☴	44	32	48
☲	13	55	63
☱	10	54	60

links senkrecht verlaufenden Kolumne das untere Halbzeichen Ihres Hexagramms. Dann suchen Sie in der oben waagerecht verlaufenden Kolumne das obere Halbzeichen Ihres Hexagramms. Folgen Sie einer gedachten Linie vom unteren Halbzeichen bis zur Reihe unter dem oberen Halbzeichen; die dort stehende Zahl ist die Nummer des von Ihnen geworfenen Hexagramms.

26	11	9	14	43
27	24	42	21	17
4	7	59	64	47
52	15	53	56	31
23	2	20	35	45
18	46	57	50	28
22	36	37	30	49
41	19	61	38	58

Unser Tip

Frauenträume – Männerträume
und ihre Bedeutung
(4198) Von Gerti Senger,
272 Seiten, mit Traumlexikon,
Pappband, **DM 29,80,** S 239,–

FALKEN-HANDBUCH
Astrologie
Charakterkunde · Schicksal,
Liebe und Beruf · Berechnung
und Deutung von Horoskopen ·
Aszendenttabelle
(4068) Von Bernd A. Mertz,
342 Seiten, 60 erläuternde
Grafiken, gebunden, **DM 29,80,**
S 239,–

FALKEN-HANDBUCH
Kartenlegen
Wahrsagen mit Tarot-, Skat-,
Lenormand- und Zigeunerblättern
(4226) Von Bernd A. Mertz,
228 Seiten, 38 Farb- und 108 s/w-
Abbildungen, Pappband,
DM 39,–, S 319,–

Erkennen Sie Psyche und
Charakter durch
Handdeutung
(4176) Von Bernd A. Mertz,
252 Seiten, 9 s/w-Fotos,
160 Zeichnungen, Pappband,
DM 36,–, S 298,–

Falls durch besondere Umstände Preisänderungen notwendig werden, erfolgt
Auftragserledigung zu dem bei der Lieferung gültigen Preis.